iBT対策

目標スコア80〜100点

改訂版

TOEFL®テスト 集中攻略 リスニング

トフルゼミナール 編

テイエス企画

はじめに

TOEFL iBT テストは、米国の Educational Testing Service（ETS）によって開発された、英語を第一言語としない人を対象としたテストです。主に英語圏の大学や大学院で授業を受ける際に必要となる英語力を測るために利用されています。さまざまな国で実施されており、世界で最も普及している英語の試験の 1 つと言えるでしょう。日本では留学を予定している学生が受験する試験として定着しているだけでなく、一部の大学では入試の英語力判定にも使われています。

TOEFL iBT テストは Reading、Listening、Speaking、Writing の 4 つのセクションで構成されますが、本書は Listening セクションの対策をしようとする人のために作られました。高等教育機関で学ぶのに必要な英語力を試すテストなので、実際に大学内で話される会話や、授業で学習する内容と同じような英語を聞き、解いていくことになります。講義問題では自然科学、社会科学、人文科学の幅広い学問分野が題材として取り上げられますので、自分の専門分野以外のものについても聞かなければいけません。内容を理解したり問題を解いたりするのに専門的な知識は必要とされませんが、それでも高いレベルの語彙力が使われたアカデミックな内容を聞いていくためのリスニング力が問われます。

本書は、TOEFL iBT テストで出題される設問タイプを確認した上で、会話、講義、ディスカッションそれぞれで数多くの問題演習をこなし、本番 4 回分の実戦模試で総仕上げをします。みなさんが本書を使って試験形式に慣れ、リスニングに対する苦手意識を克服し、目標スコアを達成できることを願っています。

2021 年 2 月
トフルゼミナール

目次

本書の利用法

本書は、TOEFL iBT テストの Listening セクションのスコアを確実に伸ばすために最適な 5 つの章で構成されています。合計で 38 の問題が収録されていますので、本番前に英文をたくさん聞いて練習したい方におすすめです。本番で実力を発揮できるように、問題に挑戦した後も何度も復習して重要表現や設問形式に慣れていきましょう。

スコアアップのための５つの章

第１章　設問タイプの攻略

例題を通して TOEFL iBT で出題される 6 つの設問タイプを解説します。その後、会話、講義、ディスカッションの 3 つの問題パターンを解きます。重要ポイントとともに、解答の方法やテスト対策上の留意点をしっかり把握しましょう。

第２章　問題演習 会話

大学での生活に関わるやや長めの会話問題について学習します。

第３章　問題演習 講義

多岐にわたる学問分野についての講義が展開されます。色々なトピックへの背景知識を増やすことを心がけましょう。

第４章　問題演習 ディスカッション

講義中の、教授と学生、または学生同士によるディスカッションです。語彙・表現リストを利用して苦手分野の用語もしっかり覚えましょう。

第５章　実戦模試

本試験と同じように、会話、講義、ディスカッションを組み合わせた模擬試験を 4 回分用意しました。本番で実力を出しきるための総仕上げをしましょう。

各章の学習の流れ

「第1章　設問タイプの攻略」

1 「TOEFL iBT リスニング攻略法」を読む

まず、TOEFL iBT テストのリスニングセクションの概要を把握しておきましょう。どのようなトピックが取り上げらえるのか、どのような心構えを持って解き進めるべきなのかといった基本情報を確認してください。

2 「TOEFL iBT リスニングの設問タイプ」を確認する

6つの設問タイプの特徴をしっかり押さえましょう。典型的な設問パターンも掲載していますので、同様の問題が出題された際にどのように取り組むべきか十分に理解しておいてください。

設問タイプの説明

TOEFL iBT リスニングの設問タイプ

TOEFL リスニングの設問タイプは以下のとおり、大きく6つに分類することができます。

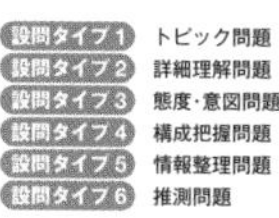

設問タイプ1　トピック問題
設問タイプ2　詳細理解問題
設問タイプ3　態度・意図問題
設問タイプ4　構成把握問題
設問タイプ5　情報整理問題
設問タイプ6　推測問題

26

TOEFL iBT リスニングの設問タイプ

第1章　設問タイプの攻略

設問タイプ1　トピック問題

これは文章全体の話題が何であるかを理解しているかどうかを問う設問です。細部に集中しすぎて全体像を見失ってしまうと答えることができません。話の中で展開される話題は、すべて全体のトピックと関連しています。細部については、常に全体の話題との関係で聞いていくようにしましょう。

このタイプの設問は、会話、講義、ディスカッションを問わず、ほとんどの場合、ほぼ必ず最初に出題されるので、放送を聞いている段階から待ち構えて準備をすることができます。

先の「解くときの心構え」で述べたように、言い換えも含めてキーワードに注目しましょう。また、Let's talk about...（…について話しましょう）や、I would like to introduce you to...（…についてご紹介したいと思います）といった話題を切り出す表現が出てきたら、聞き逃さないようにしてください。こういった表現は、話の早い段階で出てくる場合がほとんどですが、少し雑談をしてからやっと本題に入ることもあります。また、最後にそれまでの話の内容を簡潔にまとめることもあります。いずれにせよ、大事な事柄は最初から最後まで話題の中心であり続けるので、それが何かを突き止められるようにしましょう。

典型的な設問パターン

What is the main topic of the conversation?
会話の主なトピックは何か。
What is the professor mainly talking about?
教授は主に何について話しているか。
What is the lecture mainly about?
主に何についての講義か。

設問を見ればすぐにトピック問題とわかるものばかりです。なお、会話問題では Why does the student visit the professor?（なぜ学生は教授を訪ねているのですか）のように、行動の目的を問うものもあります。

設問タイプ2　詳細理解問題

これはトピック問題とは違い、細かな情報を正確に把握できているかを問われます。リーディングの内容一致問題をイメージすればよいでしょう。細部を聞き取り、正しく把握するのはかなり大変ですが、ある程度きちんと全体の論理をつかめていれば、少々細かいところを忘れてしまっても、消去法で解ける場合もあります。

全体の話題を問うトピック問題に対し、詳細理解問題はそのトピックについて何が話されているかを理解できているかどうかが問われます。記憶や手もとのメモ、全体の理解を擦り合わせて、適切な答えを選ぶ練習が必要です。

27

3 例題① ② ③を解く

音声を聞き、会話、講義、ディスカッションの問題をそれぞれ解きましょう。実際の試験では会話や講義を聞いている時に設問と選択肢はコンピューターの画面上に表示されませんので、会話や講義が流れている間は設問と選択肢を見ないようにしましょう。メモを取ることは許可されていますので重要なことを書き写し、全体像を把握することを心がけてください。音声ファイルでは各設問文が読み上げられるごとに解答に適したポーズを入れてありますが、設問ごとに音声を停止させて解答時間を延長しても結構です。

第1章 例題① 会話

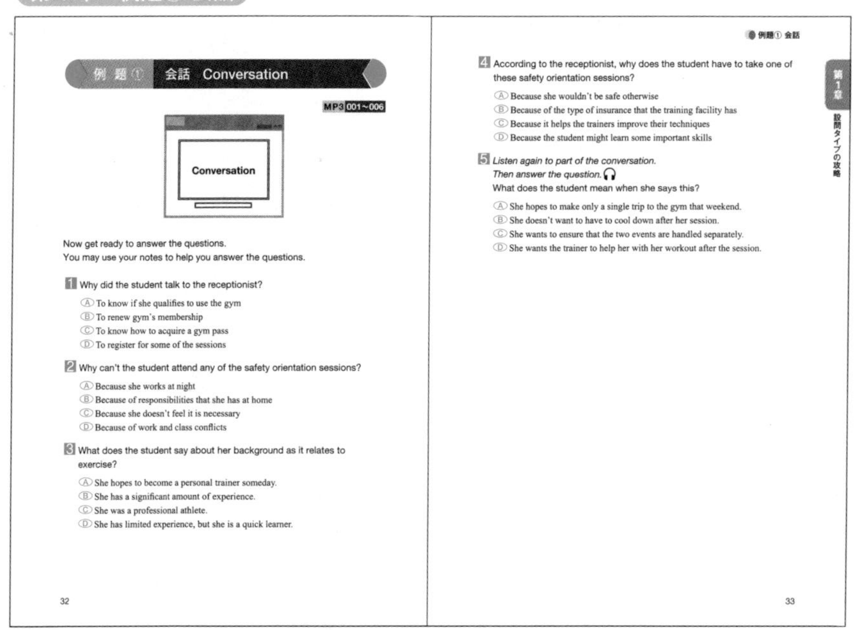
例題① 会話 Conversation

MP3 001~006

Conversation

Now get ready to answer the questions.
You may use your notes to help you answer the questions.

1 Why did the student talk to the receptionist?

Ⓐ To know if she qualifies to use the gym
Ⓑ To renew gym's membership
Ⓒ To know how to acquire a gym pass
Ⓓ To register for some of the sessions

2 Why can't the student attend any of the safety orientation sessions?

Ⓐ Because she works at night
Ⓑ Because of responsibilities that she has at home
Ⓒ Because she doesn't feel it is necessary
Ⓓ Because of work and class conflicts

3 What does the student say about her background as it relates to exercise?

Ⓐ She hopes to become a personal trainer someday.
Ⓑ She has a significant amount of experience.
Ⓒ She was a professional athlete.
Ⓓ She has limited experience, but she is a quick learner.

32

例題① 会話

第1章 設問タイプの攻略

4 According to the receptionist, why does the student have to take one of these safety orientation sessions?

Ⓐ Because she wouldn't be safe otherwise
Ⓑ Because of the type of insurance that the training facility has
Ⓒ Because it helps the trainers improve their techniques
Ⓓ Because the student might learn some important skills

5 *Listen again to part of the conversation.*
Then answer the question.
What does the student mean when she says this?

Ⓐ She hopes to make only a single trip to the gym that weekend.
Ⓑ She doesn't want to have to cool down after her session.
Ⓒ She wants to ensure that the two events are handled separately.
Ⓓ She wants the trainer to help her with her workout after the session.

33

4 答え合わせをし、設問タイプを再確認する

例題3問を解き終えたら、解答とその根拠を確認すると同時に、頻出の設問タイプの特徴を再確認しましょう。間違えた設問については解説を読むだけでなく、再度解法のポイントや手順を確認してください。

「第２～４章　問題演習」の学習

1 問題に取り組む

各章で会話、講義、ディスカッションの問題を５問連続して解きます。これらの章でそれぞれの形式への理解を深めましょう。

実際の試験では会話や講義を聞いている時に設問と選択肢はコンピューターの画面上に表示されませんので、会話や講義が流れている間は設問と選択肢を見ないようにしましょう。メモを取ることは許可されていますので重要なことを書き写し、全体像を把握することを心がけてください。

各設問の解答時間は平均して30秒程度ですが、他よりも長い解答時間が必要な設問タイプもあります。音声ファイルでは各設問文が読み上げられるごとに解答に適したポーズを入れてありますが、時間が短いと感じるようなら設問ごとに音声を停止させて解答時間を延長しても結構です。問題量をこなしながら、ポーズ内で解答できるようにしましょう。

問題演習

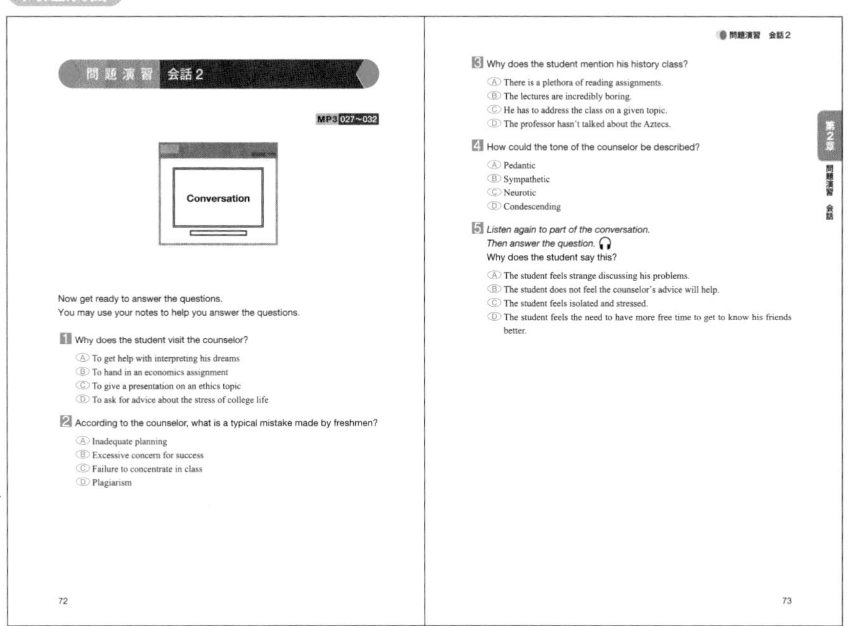

問題演習　会話２

MP3 027～032

Conversation

Now get ready to answer the questions.
You may use your notes to help you answer the questions.

1 Why does the student visit the counselor?

Ⓐ To get help with interpreting his dreams
Ⓑ To hand in an economics assignment
Ⓒ To give a presentation on an ethics topic
Ⓓ To ask for advice about the stress of college life

2 According to the counselor, what is a typical mistake made by freshmen?

Ⓐ Inadequate planning
Ⓑ Excessive concern for success
Ⓒ Failure to concentrate in class
Ⓓ Plagiarism

72

問題演習　会話２

3 Why does the student mention his history class?

Ⓐ There is a plethora of reading assignments.
Ⓑ The lectures are incredibly boring.
Ⓒ He has to address the class on a given topic.
Ⓓ The professor hasn't talked about the Aztecs.

4 How could the tone of the counselor be described?

Ⓐ Pedantic
Ⓑ Sympathetic
Ⓒ Neurotic
Ⓓ Condescending

5 *Listen again to part of the conversation.*
Then answer the question.
Why does the student say this?

Ⓐ The student feels strange discussing his problems.
Ⓑ The student does not feel the counselor's advice will help.
Ⓒ The student feels isolated and stressed.
Ⓓ The student feels the need to have more free time to get to know his friends better.

第２章　問題演習　会話

73

2 解答と解説を確認する

正解一覧・スクリプト・訳・設問の訳・正解・解説・語彙・表現リストが含まれます。正解率が気になるでしょうが、正解一覧を見て答え合わせをするだけでは不十分です。毎回必ず解説を読み、正解した設問では正解の根拠を、不正解だった設問では正解に至るまでの解答のプロセスをしっかり確認することで解答力を鍛えていきましょう。

正解一覧・解答と解説

問題演習　会話2　解答・解説

Conversation　Questions 1–5

正解一覧

1. Ⓓ　2. Ⓐ　3. Ⓒ　4. Ⓑ　5. Ⓒ

スクリプト

MP3 027

Listen to a conversation between a student and a counselor.

Student ① : I can't handle all of the demands that college life is putting on me; I'm just frazzled and feel like giving up already.

Counselor ① : When you say you are "frazzled," what do you mean by that?

Student ② : Q1 Key Well, for starters, I can't even fall asleep at night because I keep thinking about all of the stuff I'm supposed to do. Then, when I finally do fall asleep, I have all these crazy dreams about forgetting exams, losing textbooks, or not having enough money to pay rent. Plus I just generally feel exhausted all of the time.

Counselor ② : Believe it or not, what you describe is pretty typical for a college freshman. Starting university is a high-pressure situation and many of your fellow students are in the same boat. So, the first thing I'd like you to do is know that you are not alone.

Student ③ : That is helpful; it seems like everybody else is floating along without a care in the world.

Counselor ③ : As you get accustomed to university life, you'll figure out the best ways for you to deal with stress, but I can give you a few tips. Q2 Key One of the biggest mistakes new students make is failing to plan: disorganization breeds stress.

Student ④ : I don't have time to sit down and plan out what I'm going to do. I've got way too much work that needs to be done by a deadline.

Counselor ④ : How about we map out a schedule right now? What projects are you working on at this moment and when are they due?

Student ⑤ : Well, my econ professor thinks I have all the time in the world to read and has assigned us three textbooks. Q3 Key Meanwhile, I'm taking a Latin American history class and have to give a presentation on the life of the Aztecs the first week of April.

74

問題演習　会話2

Counselor ⑤ : Okay, so far it sounds like you have to allot at least one hour a day to reading to keep up with your economics class and that you have to get an outline together for your presentation. What else?

Student ⑥ : Q5 If the truth be told, just talking to you this morning has made me feel so much better. Q5 Key I don't have a lot of close friends yet and I'm feeling kind of bottled up.

Counselor ⑥ : If you ever need a sympathetic ear, I'm always here for you. Meanwhile, I urge you to take a few minutes every day and be systematic about your studies. With a positive attitude and a little experience, you'll discover that college life is wonderful.

訳

学生とカウンセラーの会話を聞きなさい。

学生①：私には大学生活が課すすべてには応えることはできないです。もうただ疲れ切って、やめたい気分です。

カウンセラー①：「疲れ切っている」と言うと、どういう意味で、ですか。

学生②：ええと、最初に、やらなきゃいけないことを考え続けてしまって、夜眠りに入ることさえできません。そしてやっと眠りに落ちたら、試験を忘れたり、教科書をなくしたり、家賃を払うお金が足りないなど本当に奇妙な夢ばかり見るのです。さらに、疲労感が常にあります。

カウンセラー②：信じないかもしれないけれど、あなたが説明してくれたことは新入生にはよくあることよ。大学生活を始めることは、とてもプレッシャーのかかる状況で、あなたの同期生の多くも同じ苦しみを味わっているのよ。だから、まずあなたにしてほしいことは自分だけじゃないと知ることね。

学生③：それは助かります。ほかのみんなは何の心配もなくこなしているみたいで。

カウンセラー③：大学生活に慣れるにつれて、ストレスに対処する自分に一番合った方法を見つけるでしょうけど、いくつかアドバイスはできます。新入生がしてしまう最も大きな間違いの1つは計画を怠ることなの。無計画はストレスを生み出すのよ。

学生④：落ち着いてこれから何をするのか計画する時間がありません。期日までに終わらせなくてはいけない課題がありすぎます。

カウンセラー④：今ここでスケジュールを一緒に確認するのはどうかしら。今、何のプロジェクトに取り組んでいて、締め切りはいつかしら。

学生⑤：ええと、経済学の教授は私には読書する時間があり余っていると思っていて、3冊の教科書を課題に出しました。同時に、ラテンアメリカの歴史の授業を取っていて、4月の第1週にアステカ人の生活についてプレゼンテーションをしなくてはいけません。

75

第2章　問題演習　会話

3 語彙·表現リストで語彙力を強化する

問題ごとに必修語句を整理していますので、語彙力強化に役立ててください。リスニングセクションのスコアアップには頻出分野に関する語彙を身につけることが必須ですので、しっかりと復習しましょう。

語彙·表現リスト

問題演習　会話2の語彙·表現

Student ①

□ handle	〔動〕（物事を）扱う、処理する
□ demand	〔名〕要求
□ frazzled	〔形〕疲れ切った、心身ともぼろぼろで
□ feel like V-ing	〔熟〕Vしたい気がする

Student ②

□ for starters	〔熟〕まず第一に
□ fall asleep	〔動〕眠りに落ちる
□ keep V-ing	〔熟〕Vし続ける
□ stuff	〔名〕物事
□ be supposed to V	〔熟〕Vすることになっている
□ rent	〔名〕家賃
□ exhausted	〔形〕疲れ果てている

Counselor ②

□ believe it or not	〔熟〕信じないかもしれないが、驚くかもしれないが
□ pretty	〔副〕かなり
□ typical	〔形〕典型的な
□ freshman	〔名〕1年生
□ fellow	〔形〕仲間の
□ be in the same boat	〔名〕同じように難しい状況にいる

Student ③

□ float along	〔動〕漂う

Counselor ③

□ get accustomed to	〔熟〕～に慣れる
□ figure out	〔動〕～を解明する、割り出す
□ deal with	〔動〕～に対処する
□ tip	〔名〕助言、アドバイス
□ fail to V	〔熟〕Vしない、Vするのを怠る、失敗する
□ disorganization	〔名〕無計画
□ breed	〔動〕引き起こす

Student ④

□ way too much	〔熟〕あまりに多すぎる
□ deadline	〔名〕締め切り、期日

Counselor ④

□ work on	〔動〕～に取り組む
□ due	〔形〕（課題などが）提出期日である

Student ⑤

□ econ	〔名〕経済学《economicsの略称》
□ assign	〔動〕課題を出す
□ meanwhile	〔副〕その間

Counselor ⑤

□ so far	〔副〕今までのところ
□ it sounds like	〔熟〕～のようだ
□ allot	〔動〕割り当てる
□ at least	〔副〕少なくとも
□ keep up with	〔熟〕～に遅れずについていく

Student ⑥

□ if the truth be told	〔熟〕実は、本当のことを言えば
□ close	〔形〕親密な
□ bottle up	〔動〕（怒りや悲しみなどの感情を）押さえ込む

Counselor ⑥

□ sympathetic ear	〔名〕相談相手、悩みを相談できる相手
□ meanwhile	〔副〕その間に、一方では = on the other hand
□ systematic	〔形〕計画的な

第2章　問題演習　会話

78　79

「第５章　実戦模試」の学習

1　問題に取り組む

会話、講義、ディスカッションを組み合わせた４つの模試を解きます。第２～４章の問題演習と異なり、解答と解説は模試ごとに５題まとめて掲載しています。

実際の試験では会話や講義を聞いている時に設問と選択肢はコンピューターの画面上に表示されませんので、会話や講義が流れている間は設問と選択肢を見ないようにしましょう。メモを取ることは許可されていますので重要なことを書き写し、全体像を把握することを心がけてください。

音声ファイルでは各設問文が読み上げられるごとに解答に適したポーズを入れてあります。例題や演習問題のように音声を途中で停止させることなく、必ずポーズ内で解答しましょう。

実戦模試

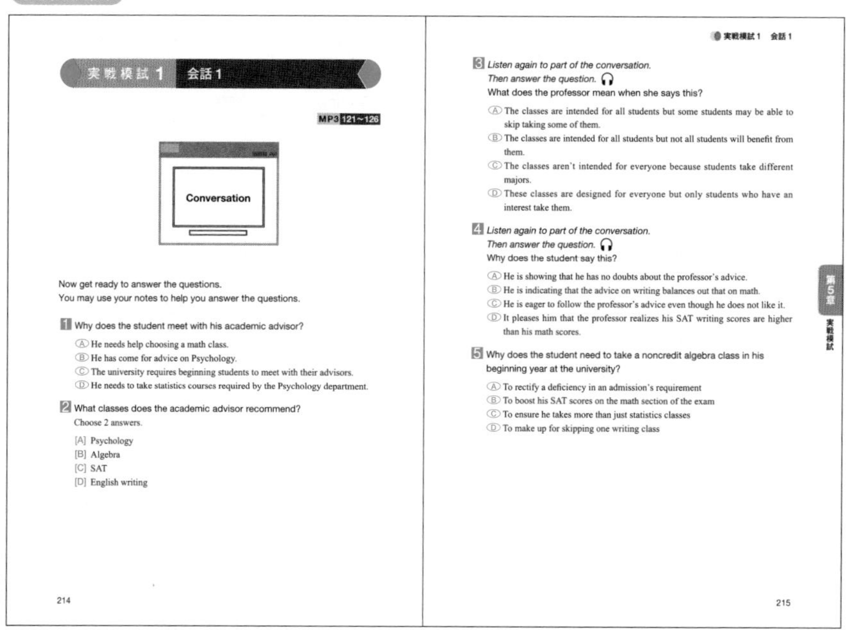

実戦模試 1　会話 1

MP3 121～126

Conversation

Now get ready to answer the questions.
You may use your notes to help you answer the questions.

1 Why does the student meet with his academic advisor?

Ⓐ He needs help choosing a math class.
Ⓑ He has come for advice on Psychology.
Ⓒ The university requires beginning students to meet with their advisors.
Ⓓ He needs to take statistics courses required by the Psychology department.

2 What classes does the academic advisor recommend?
Choose 2 answers.

[A] Psychology
[B] Algebra
[C] SAT
[D] English writing

214

実戦模試 1　会話 1

3 *Listen again to part of the conversation.*
Then answer the question.
What does the professor mean when she says this?

Ⓐ The classes are intended for all students but some students may be able to skip taking some of them.
Ⓑ The classes are intended for all students but not all students will benefit from them.
Ⓒ The classes aren't intended for everyone because students take different majors.
Ⓓ These classes are designed for everyone but only students who have an interest take them.

4 *Listen again to part of the conversation.*
Then answer the question.
Why does the student say this?

Ⓐ He is showing that he has no doubts about the professor's advice.
Ⓑ He is indicating that the advice on writing balances out that on math.
Ⓒ He is eager to follow the professor's advice even though he does not like it.
Ⓓ It pleases him that the professor realizes his SAT writing scores are higher than his math scores.

5 Why does the student need to take a noncredit algebra class in his beginning year at the university?

Ⓐ To rectify a deficiency in an admission's requirement
Ⓑ To boost his SAT scores on the math section of the exam
Ⓒ To ensure he takes more than just statistics classes
Ⓓ To make up for skipping one writing class

第5章　実戦模試

215

2　解答と解説を確認する

第２～４章の問題演習と同様、解説をしっかり読みましょう。これまでの章で学習してきたことの総仕上げをする段階なので、正解できなかった設問や苦手な設問タイプの取り組み方については念入りに確認して、試験本番に備えてください。

TOEFLについて

TOEFL（Test of English as a Foreign Language）は、非英語圏の人を対象にした英語力診断試験です。アメリカのETS（Educational Testing Service）の運営・実施により世界約165カ国で試験が行われており、そのスコアは世界中、10,000以上の短大や大学などの機関において総合的な英語力評価の目安として採用されています。とくにアメリカ、カナダを中心とした英語圏の大学や大学院に留学する場合には、この試験のスコアの提出が不可欠といえます。

また、近年、入学試験や単位認定にTOEFLを利用する日本の大学も増加しており、国内進学を希望する高校生や就職活動に有利だとする大学生など、留学希望者以外の受験者も増えています。日本では、現在iBT（Internet-based test）方式で試験が行われており、全国各地の試験会場で実施されています。

TOEFL iBTは、日常生活や大学での講義など、非英語圏の人たちが大学で遭遇するさまざまな場面において必要なリーディング力、リスニング力、ライティング力、スピーキング力を客観的にスコアで判定するテストです。問題には「読む／聞く／質問に答えて話す」、「読む／聞く／質問に答えて書く」、といった総合力を試す形式（Integrated Task）が導入されています。

Reading Section（54 ～ 72 分）コンピューター画面上、マウスでクリックして解答。 パッセージ3 ～ 4 題。（各パッセージ10の設問）

↓

Listening Section（41 ～ 57 分）ヘッドセットを装着。コンピューター画面上、マウスでクリックして解答。 講義問題3 ～ 4 題（各問題6つの設問）。会話問題2 ～ 3 題（各問題5つの設問）。

↓

休憩（10 分）

↓

Speaking Section（約17 分）ヘッドセットを装着。マイクに向かって解答を録音。 Independent Task（独立問題）1 題、Integrated Task（総合問題）3 題。

↓

Writing Section（約50 分）ヘッドセットを装着（総合問題）。キーボード入力で解答作成。 Independent Task（独立問題）1 題、Integrated Task（総合問題）1 題。

テストはコンピューター上で行われ、Speaking Sectionではマイクに向かって答えたものがデジタル録音されます。Writing Sectionではキーボード入力で解答を作成

します。また、テスト全体にわたりメモを取ることが許されています。テストは1日で終わり、試験時間はおよそ3時間です。

TOEFL iBT の問題構成

◆ Reading Section（54 ～ 72 分）

700 語前後のパッセージが 3 ～ 4 出題され、各パッセージに 10 の設問がつく。パッセージが 4 題出題される場合、そのうち 1 題が採点されないダミー問題。

問題形式：4 択問題の他、パッセージ中の適切な場所に指定の文を挿入する問題、複数の選択肢を適切に並べて表や要約を完成させる問題も出題される。

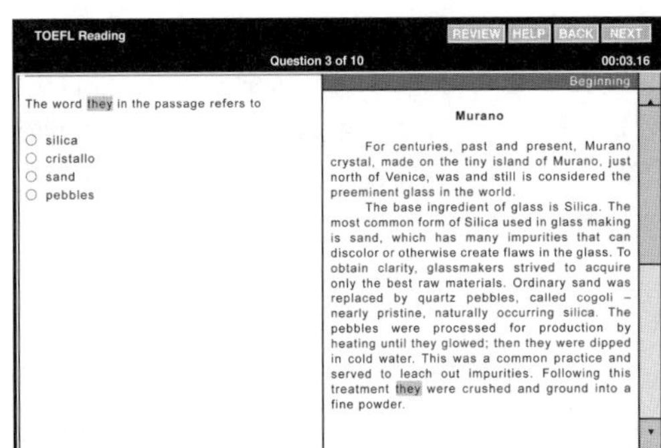

▶ 4 択問題

選択肢をクリックして解答する。

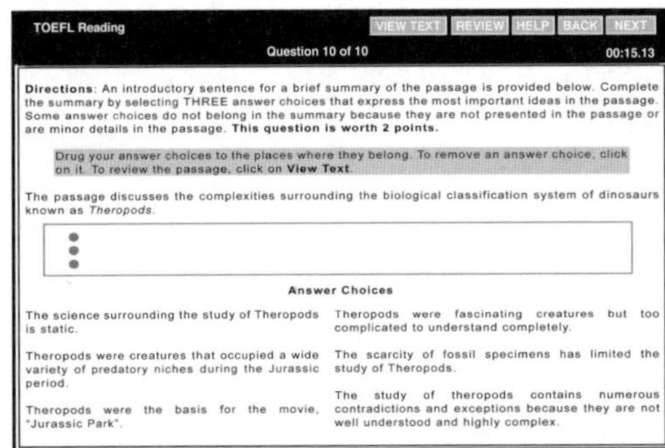

▶要約完成問題

選択肢を空欄にドラッグして解答する。

◆ Listening Section（41 ～ 57 分）

3 ～ 5 分の講義を聞く問題と 3 分程度の会話を聞く問題の 2 つに大別される。

・講義：教授のみが話すモノローグ形式と教授と生徒の対話形式の 2 つがある。3 ～ 4 出題され、それぞれ 6 つの設問がつく。

・会話：2 ～ 3 出題され、それぞれ 5 つの設問がつく。

セクション全体は会話1題と講義1～2題で構成されるセットに分割され、2～3セット出題される。3セット出題される場合、1セットは採点されないダミー問題。

問題形式：4択問題が最も多い。複数の正解を選ぶものや4つ以上の選択肢から2つ以上の正解を選ぶ問題、まとめや関係を示す表の欄をクリックして埋める問題が出題される。また、会話や講義の一部を再度聞いて質問に答える replay 問題が出題される。

▶講義の聞き取り

講義の音声とともに講義風景が展開される。

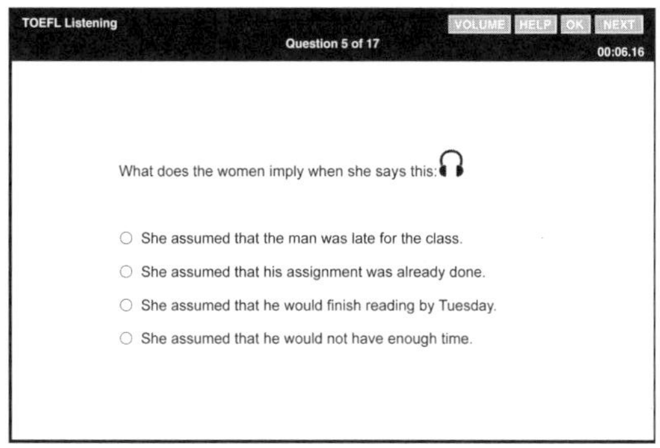

▶ replay 問題

ヘッドホンのマークの箇所は、講義や会話の音声が再生される。

◆ Speaking Section（17分）

4つの task から構成される：

Independent Task（独立問題）1題、Integrated Task（総合問題）3題。

1. Independent Task

質問に対して答える（準備時間:15秒、解答時間:45秒）。

問題形式:2つの選択肢のうちから支持するものを選び、理由を加えて意見を述べる。

2. Integrated Task―Read/Listen/Speak

75 ～ 100 語程度の英文を読む→ 150 ～ 180 語程度の英文（60 ～ 80 秒）を聞く→質問に対して答える（準備時間:30 秒、解答時間:60 秒）。

問題形式：短い英文を読み、キャンパスでの会話を聞いた後、ポイントをまとめて説明する。

3. Integrated Task―Read/Listen/Speak

75 ～ 100 語程度の英文を読む→ 150 ～ 220 語程度の講義（60 ～ 90 秒）を聞く→質問に対して答える（準備時間:30 秒、解答時間:60 秒）。

問題形式：短い英文を読み、講義の一部を聞いた後、中心的な見解や法則などと具体的な例との関連性を説明する。

4. Integrated Task―Listen/Speak

230 ～ 280 語程度の講義（90 ～ 120 秒）を聞く→質問に対して答える（準備時間:20 秒、解答時間:60 秒）。

問題形式:講義の一部を聞いた後、中心的な見解や法則などの要約をする。

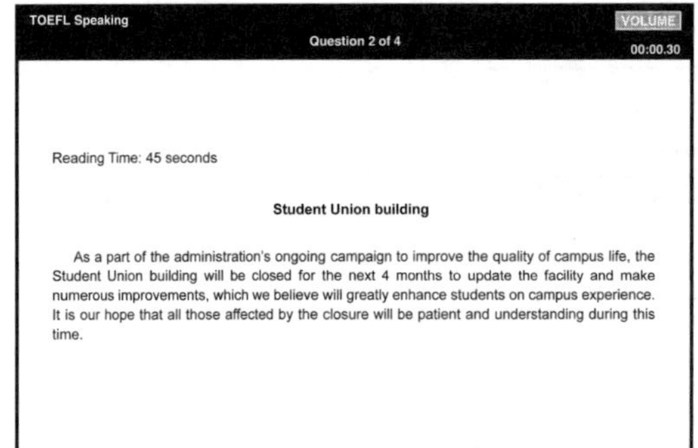

▶ Integrated Task：Read
制限時間内で英文を読む。

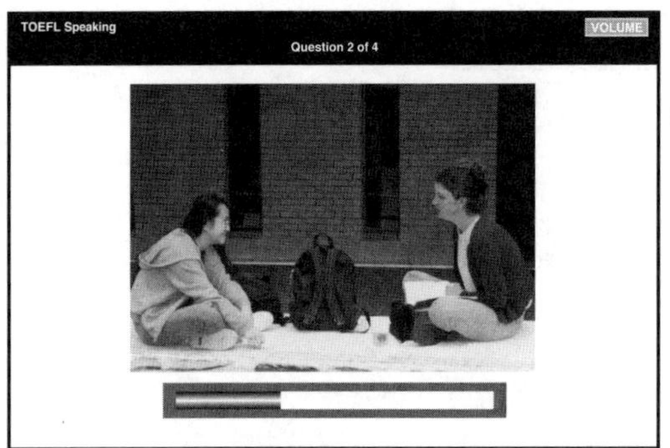

▶ Integrated Task：Listen
会話の画面例。キャンパス関連のやりとりを聞き取る。

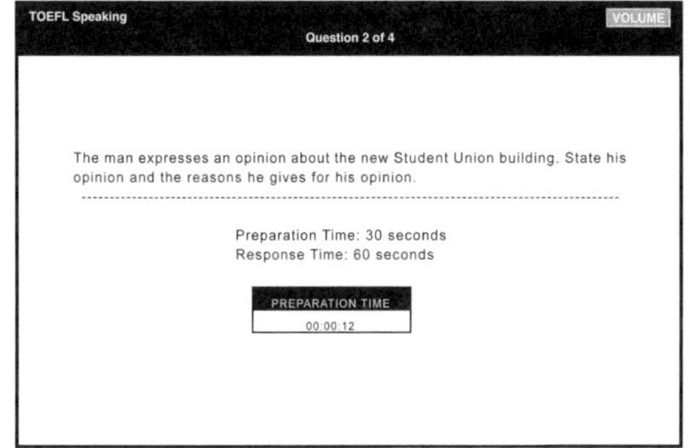

TOEFL Speaking
VOLUME
Question 2 of 4
The man expresses an opinion about the new Student Union building. State his opinion and the reasons he gives for his opinion.
Preparation Time: 30 seconds
Response Time: 60 seconds
PREPARATION TIME
00:00:12

▶ Integrated Task：Speak
解答準備時間が与えられた後、マイクに向かって質問に答える。

◆ **Writing Section**（約 50 分）

2 つの task から構成される：
Independent Task（独立問題）1 題、Integrated Task（総合問題）1 題。

1. Integrated Task—Read/Listen/Write

230 ～ 300 語の英文（3 分）を読む→講義（約 2 分）を聞く→質問に対して答える（150 ～ 225 語程度の長さ、それ以上の長さでも減点されることはない。解答時間：20 分）。

問題形式：英文を読み、講義を聞いた後、質問に対して答える。講義の要約と英文の内容との関連性が問われる。

2. Independent Task

トピックについて答える（300 語以上の長さ、解答時間：30 分）。
問題形式：トピックが与えられ、自分の意見を述べる。

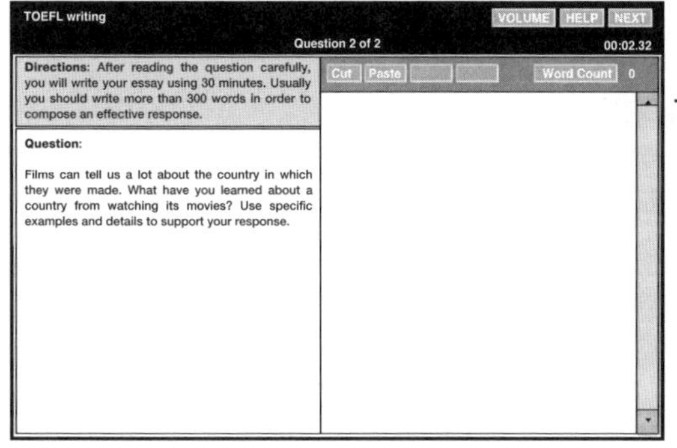

TOEFL writing
VOLUME
HELP
NEXT
Question 2 of 2
00:02.32
Directions: After reading the question carefully, you will write your essay using 30 minutes. Usually you should write more than 300 words in order to compose an effective response.
Question:
Films can tell us a lot about the country in which they were made. What have you learned about a country from watching its movies? Use specific examples and details to support your response.
Cut
Paste
Word Count
0

▶ Independent Task
解答は、コンピューター画面上でキーボード入力する。

採点について

セクション	配点
Reading	0 ～ 30
Listening	0 ～ 30
Speaking	0 ～ 30
Writing	0 ～ 30
合計スコア	0 ～ 120

TOEFL iBT は、各セクションの素点にもとづく換算スコアの満点が 30 点で、4 セクションの総合スコアは 120 点満点です。

採点はコンピューター（e-rater®）による自動採点だけで行われるセクションと、コンピューターと専門的な採点者によって行われるセクションとがあります。

Reading Section と Listening Section では、コンピューターが採点し、素点の合計は換算表にもとづいて 0–30 のスコアに変換されます。Speaking Section では、各 Task の解答に複数の採点者によって 0–4 の評価点が与えられ、その合計をもとに 0–30 のスコアに換算されます。Writing Section では、人とコンピューターによる採点で 0–5 の評価点が与えられ、その合計をもとに 0–30 のスコアに換算されます。なお、各セクションとも、無解答は不正解とされ、最低 1 問の問いに答えなかった場合は採点されません。

スコアは、テスト日の約 6 日後に、オンラインで確認できますが、公式のスコアレポートが指定の送付先への発送されるのはテスト日の約 11 日後とされています。スコアの有効期間はテスト日から 2 年間です。ちなみに、2018 年の日本人受験者の平均スコアは、Reading Section 18 点、Listening Section 18 点、Speaking Section 17 点、Writing Section 18 点で、4 セクション合計で 71 点となっています。

要求されるスコア

大学・大学院の入学許可は、各校の学部や学科、専攻ごとの独自の規定にしたがって決定されます。卒業校や在籍校での成績、アメリカでは学校によって SAT などの成績も審査の対象になりますが、平均的な大学・大学院の入学に必要な TOEFL の基準点（minimum score）は、だいたい次のようになっています。

	2 年制大学	4 年制大学	大学院
アメリカ	46–61 点	61–80 点	80–100 点
カナダ	61 点以上	80 点以上	100 点以上

アメリカの一般的な4年制大学では、TOEFL iBT 61–80点で入学を許可されますが、アカデミックな講義についていくには必ずしも十分な英語力とは言えないでしょう。入学時の最低スコアとして、難関校では80–100点、トップ校と言われる4年制大学・大学院では100点を要求される場合が多くなっています*。英語力が不足していると判断された場合は、条件付き合格となり、併設する英語学校などで定められた基準を満たすように要求されることがあります。

必要とされるスコアは、国によっても異なります。カナダの大学では、一般的にアメリカの大学より高いスコアが要求されます。最近は、イギリスやオーストラリアの大学でも、TOEFL iBTの成績で出願できる学校が増えていますが、カナダと同様に要求スコアは高く、80点以上となっています。

*英語圏の学生と同じくらいに英語ができることを前提に、スコア提出を課さない大学もありますが、トップ大学の講義を理解するには最低でも100点をとっておくことが望ましいでしょう。プリンストン大学のように、志願者の平均スコアが108点というところもあります。

TOEFL iBT テストの問い合わせ先

●受験の申し込み、テスト日・会場変更、受験のキャンセル、一般情報

TOEFL iBT Regional Registration Center（RRC）

プロメトリック株式会社 RRC 予約センター

URL: http://www.prometric-jp.com

〒101-0062　東京都千代田区神田駿河台 4-6 御茶ノ水ソラシティ　アカデミア 5F

TEL: 03–6204–9830（9:00–18:00、土日祝休）

●受験者のプロフィール情報の変更

Educational Testing Service（ETS）

TOEFL Services ETS

URL: https://www.ets.org/toefl

TOEFL Services, Educational Testing Service

PO Box 6151 Princeton, NJ 08541-6151, USA

TEL:

1–609–771–7100（アメリカ、カナダ国外）

1–877–863–3546（アメリカ、カナダ国内）

（8:00–17:45　U.S. Eastern Time、土日祝休）

FAX: 1–610–290–8972

E-mail: toefl@ets.org

●受験後のスコア、スコアレポート発行・発送状況について

Educational Testing Service（ETS）

Customer Support Center in Japan

TEL: 0120–981–925（9:00–17:00、土日祝休）

E-mail: TOEFLSupport4Japan@ets.org

音声ダウンロードについて

本書に掲載されている英文の音声が無料でダウンロードできますので、下記の手順にてご活用ください。

■パソコンにダウンロードする

①パソコンからインターネットでダウンロード用サイトにアクセス

下記の URL を入力してサイトにアクセスしてください。

https://tofl.jp/books/2618

②音声ファイルをダウンロードする

サイトの説明に沿って音声ファイル（MP3 形式）をダウンロードしてください。

※スマートフォンにダウンロードして再生することはできませんのでご注意ください。

■音声を再生する

①音声ファイルをパソコンの再生用ソフトに取り込む

ダウンロードした音声を iTunes などの再生用ソフトに取り込んでください。

②音声を再生する

パソコン上で音声を再生する場合は、iTunes などの再生ソフトをお使いください。iPhone などのスマートフォンや携帯用の音楽プレーヤーで再生する場合は、各機器をパソコンに接続し、音声ファイルを転送してください。

※各機器の使用方法につきましては、各メーカーの説明書をご参照ください。

第1章

Chapter 1

設問タイプの攻略

6つの設問タイプを攻略しよう

- TOEFL iBT リスニング攻略法
- TOEFL iBT リスニングの概要と対策
- TOEFL iBT リスニングの設問タイプ
- 例題①　会話
- 例題②　講義
- 例題③　ディスカッション

TOEFL iBT リスニング攻略法

TOEFL iBT リスニングの概要と対策

TOEFL のリスニングは①会話、②講義、③ディスカッションの 3 つに分類されます。①は大学内での日常的な会話、②と③はアカデミックな話題が中心です。

①会話

学生と教員や大学職員の間の 2 人の会話を聞きます。大学内での日常的なやりとりが中心ですが、時折アカデミックな内容が設問に関わってくることもあります。1 題につき放送される話の長さは 3 分前後で、5 つの設問が出題されます。

②講義と③ディスカッション

教授のモノローグを聞く形式と教授と生徒の対話を聞く形式の 2 つがあり、本書では前者を講義、後者をディスカッションとして 2 つを区別して扱います。1 題につき放送される話の長さは 3 ～ 5 分程度で、おおむね設問が 6 つ出題されます。多岐にわたるアカデミックな内容が取り上げられるため、何よりもその内容に対応できるだけの語彙力が必要となります。科学、芸術、生物学、天文学といったよく出題される分野に関する基礎的な文章を日頃からたくさん読んだり聞いたりして、語彙を増やしておきましょう。先に日本語で読んで知識を仕入れ、その後気になった用語や表現を英語で何と言うのかを調べてみるのもおすすめの勉強法です。

解くときの心構え

1. キーワードを把握する

実際に問題を解く際にはどのようなことに気をつけるべきでしょうか。まずは何が話題となっているかを理解しなければならないので、キーワードをしっかりと把握することが重要です。話し手がゆっくり、または強調して話している語には特に注意を払いましょう。

重要な言葉は繰り返される傾向があります。同じ語が単純に繰り返される代わりに、色々な言葉に言い換えられる場合もよくあります。話し手は、手を変え品を変え、大事なことを様々な表現を使って説明していきます。色々な言い回しに惑わされず、結局は何を語っているのかをつかむ意識を持ちましょう。

2. 論理展開をきちんと追う

ロジックがどのように展開されているのかにも注意を払う必要があります。論理展開や文章の構成を理解できているかに関する設問が多いためです。一般的には、逆説や例示、対比などを表すつなぎ言葉（接続詞や副詞）に注意しましょう。

ただし、いつも接続詞や副詞が使われるかというと、そう単純ではなく、論理展開を示す語として動詞が使われていることもあります。例えば、「原因」を表す語といえば、because などの接続詞がすぐに思い浮かぶかもしれませんが、動詞の cause（～を引き起こす）や result from（～が原因である）などの表現もよく使われます。こういった点にも気を配って放送を聞きましょう。

3.イントネーションが生むニュアンスを聞き分ける

イントネーションも重要です。イントネーションは、話し手の感情や確信の程度を表すときに大きな役割を果たします。そのため、話し手の態度を問う設問に関わってくることがあります。

例えば、"Really?" という 1 語だけでも最後を下げて読めば「へえ、そうなんだ？」程度の意味を表し、上げて読めば「本当？」と、相手に真意を確かめる質問の意味合いが強くなります。イントネーションが生むニュアンスを聞き取る感覚は、普段から話し言葉の英語にできるだけ多く触れて身につけていくしかありません。

メモの取り方

メモは取っても取らなくても構いません。人によってそれぞれ合ったやり方があります。メモを取るスピードは話し手が話すスピードには追いつけないので、メモを取りすぎると、かえって放送の大事な部分を聞き逃してしまいます。一方、何もメモしないと重要な内容を忘れてしまうかもしれません。普段の練習の中で、自分にとってちょうどいいメモの取り方を見つけていきましょう。

メモを取る場合、少なくとも出てきた話題の順番がわかるように書いておくことをおすすめします。そうしておくと、情報を整理する設問を解く際に役立ちます。

TOEFL iBT のリスニングはこの情報整理の設問以外は、全体像を正確に理解できていれば、あまり細かいところまで完璧に覚えていなくても解くことができるようになっています。メモにはあまり頼らず、話が進められているその場に自分がいるつもりで聞き、話の流れ全体を把握する練習を積み重ねていきましょう。

TOEFL iBT リスニングの設問タイプ

TOEFL リスニングの設問タイプは以下のとおり、大きく 6 つに分類することができます。

設問タイプ 1　トピック問題
設問タイプ 2　詳細理解問題
設問タイプ 3　態度・意図問題
設問タイプ 4　構成把握問題
設問タイプ 5　情報整理問題
設問タイプ 6　推測問題

設問タイプ 1 トピック問題

これは文章全体の話題が何であるかを理解しているかどうかを問う設問です。細部に集中しすぎて全体像を見失ってしまうと答えることができません。話の中で展開される話題は、すべて全体のトピックと関連しています。細部については、常に全体の話題との関係で聞いていくようにしましょう。

このタイプの設問は、会話、講義、ディスカッションを問わず、ほとんどの場合、ほぼ必ず最初に出題されるので、放送を聞いている段階から待ち構えて準備をすることができます。

先の「解くときの心構え」で述べたように、言い換えも含めてキーワードに注目しましょう。また、Let's talk about...（…について話しましょう）や、I would like to introduce you to...（…についてご紹介したいと思います）といった話題を切り出す表現が出てきたら、聞き逃さないようにしてください。こういった表現は、話の早い段階で出てくる場合がほとんどですが、少し雑談をしてからやっと本題に入ることもあります。また、最後にそれまでの話の内容を簡潔にまとめることもあります。いずれにせよ、大事な事柄は最初から最後まで話題の中心であり続けるので、それが何かを突き止められるようにしましょう。

典型的な設問パターン

What is the main topic of the conversation?
会話の主なトピックは何か。

What is the professor mainly talking about?
教授は主に何について話しているか。

What is the lecture mainly about?
主に何についての講義か。

設問を見ればすぐにトピック問題とわかるものばかりです。なお、会話問題ではWhy does the student visit the professor?（なぜ学生は教授を訪ねているのですか）のように、行動の目的を問うものもあります。

設問タイプ 2 詳細理解問題

これはトピック問題とは違い、細かな情報を正確に把握できているかを問われます。リーディングの内容一致問題をイメージすればよいでしょう。細部を聞き取り、正しく把握するのはかなり大変ですが、ある程度きちんと全体の論理をつかめていれば、少々細かいところを忘れてしまっても、消去法で解ける場合もあります。

全体の話題を問うトピック問題に対し、詳細理解問題はそのトピックについて何が話されているかを理解できているかどうかが問われます。記憶や手もとのメモ、全体の理解を擦り合わせて、適切な答えを選ぶ練習が必要です。

メモの取り方としては、全体像に関わるトピックは記憶に頼り、どうしても覚えられなさそうな細かな情報を書き留めることにするのも1つの方法です。実際はそれほど細かなことは問われず、重要な情報が整理され、理解できていれば正解できます。細かいところまで漏らさないようにしようとするあまり、大きな流れと要点を見失わないように気をつけましょう。

典型的な質問パターン

According to the professor, what it true about…?
教授によれば…について何が正しいか。
What does the speaker mention as an example of…?
…の例として話し手が言及しているのは何か。

これらの設問を聞いてから、選択肢を見て正解を探していきますが、聞こえてきた単語やキーワードらしきものが入っている選択肢を何となく選んでしまわないようにしましょう。これらの選択肢はひっかけであることが多く、正解の選択肢は本文の該当箇所を別の表現に言い換えていることがよくあります。かといって、キーワードが含まれていれば間違いと考えるのも早計です。時折、言い換えずに本文の内容がそのまま正解の選択肢に出てくることもあります。あくまでも話を聞いて内容を把握できていることが大切です。

設問タイプ3 態度・意図問題

これは話し手のある発言を取り上げて、その発言に話し手のどのような態度が現れているか、それがどのような意図で発せられたのかを問う問題です。この問題は、まずその発言に出てくる英語表現自体が正確にわかっていること、さらにその表現が持つ意味を文脈の中で適切にとらえ直せていることが必要になります。どちらが欠けても正解するのが難しい問題です。

放送を聞いているとき、感情や態度を表す動詞や形容詞、副詞などが出てきたら記憶の片隅にとどめておきましょう。何気ない単語に話し手の態度が表明されていることがあります。また、イントネーションや文脈、そのときの論理展開がどうなっているかなども把握しておかなければなりません。

典型的な質問パターン

What does the professor feel about…?
…について教授はどのように感じているか。
What does the speaker think about…?
…について教授はどう考えているか。

上記のように詳細理解問題に似た形式で出題されるものがあります。
また、本文の一部を再度放送した後に質問してくるものがあります。具体的には次のような形式をとります。

発言が再放送される設問の質問パターン

Listen again to part of the lecture. Then answer the question.（講義の一部の再放送）
講義の一部をもう一度聞きなさい。それから質問に答えなさい。
What does the professor feel about … when he/she says this?（発言の再放送）
このように発言したとき教授は何を感じているか。

再放送の発言を聞き取っただけでは解けないものが多く、全体の文脈における再放送部分の意味合いを思い出しながら、話し手の態度・意図を突き止めようとする必要があります。

設問タイプ 4 構成把握問題

話の話題展開の流れが把握できているかを試す問題です。ある話題とある話題のつながりや、話題を展開している順番などが問われます。

この問題は全体の流れに関わるため、論理展開に関する表現に注目して情報を整理し、それを全体の中で正確に位置づけることが求められます。何が重要なトピックで、それを具体的にどのように説明しているのかなど、各種の情報が互いにどのような役割を果たしているかに意識を向けなければなりません。鍵となる表現をおさえておきましょう。以下にいくつか例を挙げておきます。

論理展開で鍵となる表現の例

対比：on the contrary / in contrast / while / however / whereas
例示：for example / for instance / such as / including / to be specific
類似：similarly / in the same way / something like

典型的な質問パターン

Why does the speaker mention…?
なぜ話し手は…に言及しているのか。
How does the professor describe…?
教授はどのように…を説明しているか。

このように構成把握問題では、どの情報がどの例がセットになっているかがよく問われます。このあたりはメモをうまく活用する必要があるかもしれません。放送には複数の情報が出てきますから、それらが混ざってしまわないよう、普段から頭の中で情報を整理しながら聞く練習をしておきましょう。

設問タイプ5 情報整理問題

講義とディスカッション問題で重要です。話の中に出てきた複数の情報を正しく頭の中で整理できているかが試されます。ある理論とその提唱者を正しく組み合わせるという単純なものから、ある現象がどのようなものか、その特徴について分類するなど、比較的難易度の高いものまで、いくつかのパターンがあります。

構成把握問題ではある1つの情報ともう1つの別の情報との関係が問われますが、情報整理問題ではそれを複数の情報について行わなければなりません。複数の情報やポイントの列挙、あるものと別の何かの類似性の指摘、それらを比較する箇所などがこのタイプの設問に関係してくる場合が多いので、そのような内容が聞こえてきたら、後で見て思い出せる程度にさっとメモを取っておくことが有効です。

詳細理解問題と同様の質問パターンで問われる設問は比較的解きやすいのですが、次のような形式は苦手な人が多いようです。

典型的な質問パターン

The professor mentions some factors of A. Indicate whether each of the following is one of the explanations he mentions. Put a check (✓) in the correct boxes.
教授はAのいくつかの要因について言及している。以下のそれぞれについて、彼が言及している説明の1つかどうかを答えなさい。正しい欄にチェックマークをつけなさい。

複数の情報について、それが実際に述べられていたか、あるいは何かの具体例として挙げられていたのかなどについて、表にチェックマークを入れていく問題です。小手先のテクニックではなく、完全に理解をしていないと正答できない、非常に難易度の高い設問といえます。

設問タイプ6 推測問題

詳細理解問題の発展型ともいえる設問タイプです。与えられた情報から推測して、最も妥当で適切なものを選びます。推測というのは、当てずっぽうではなく根拠に基づいて最も可能性の高い解釈を選ぶことですから、詳細が正確に把握できていなければ正答するのは難しくなります。

この問題はどこが問われるかは予想がつかず、トピック問題のように待ち構えて準備しておくことができません。細部の理解と全体の理解が十分にできて初めて正解できます。ある意味では、この問題に答えられれば、話の内容の全体を理解したといえるかもしれません。

典型的な質問パターン

What will the student probably do next?
学生は次におそらく何をするか。

What does the librarian imply about…?
図書館員は…について何を示唆しているか。

What can be inferred from the lecture?
講義から何が推測されるか。

最初の2つは会話問題で多く出題されるパターンです。会話問題は全体の文脈を把握しやすいため、比較的容易に正解を選べるでしょう。Maybe you should…（たぶん、あなたは…すべきですね）や Why don't you…?（…してはどうですか）といった提案型の発言に注意して聞きましょう。

講義やディスカッション問題では、どこが出題されるかわかりません。全体を正確に理解してできているかどうかが問われます。この設問は難易度が高く、手に負えないこともままあるでしょう。わからなければ早めに見切りをつけ、次の設問に向けて気持ちを切り替えることも実戦では大切な戦略です。

それでは次のページから、①会話、②講義、③ディスカッションの例題に取り組んで、設問を解きながら各設問タイプの特徴を実際に確認していきましょう。

例題① 会話 Conversation

MP3 001～006

Now get ready to answer the questions.
You may use your notes to help you answer the questions.

1 Why did the student talk to the receptionist?

Ⓐ To know if she qualifies to use the gym
Ⓑ To renew gym's membership
Ⓒ To know how to acquire a gym pass
Ⓓ To register for some of the sessions

2 Why can't the student attend any of the safety orientation sessions?

Ⓐ Because she works at night
Ⓑ Because of responsibilities that she has at home
Ⓒ Because she doesn't feel it is necessary
Ⓓ Because of work and class conflicts

3 What does the student say about her background as it relates to exercise?

Ⓐ She hopes to become a personal trainer someday.
Ⓑ She has a significant amount of experience.
Ⓒ She was a professional athlete.
Ⓓ She has limited experience, but she is a quick learner.

4 According to the receptionist, why does the student have to take one of these safety orientation sessions?

Ⓐ Because she wouldn't be safe otherwise
Ⓑ Because of the type of insurance that the training facility has
Ⓒ Because it helps the trainers improve their techniques
Ⓓ Because the student might learn some important skills

5 *Listen again to part of the conversation.*
Then answer the question.
What does the student mean when she says this?

Ⓐ She hopes to make only a single trip to the gym that weekend.
Ⓑ She doesn't want to have to cool down after her session.
Ⓒ She wants to ensure that the two events are handled separately.
Ⓓ She wants the trainer to help her with her workout after the session.

例 題 ② 講義 Lecture

MP3 007~013

Now get ready to answer the questions.
You may use your notes to help you answer the questions.

1 What is the main idea of this lecture?

Ⓐ The development of art in the 18th century
Ⓑ The various works of Monet and Degas
Ⓒ The characteristics of one style of artwork
Ⓓ The industrial revolution's impact on art

2 According to the professor, what is characteristic of Monet's Water Lilies?

Ⓐ It was one of the first paintings that Monet created.
Ⓑ Because of its rough nature, many people consider it incomplete.
Ⓒ It is similar in composition to a photograph.
Ⓓ Monet created it quickly, using short strokes of paint.

3 Why did impressionist artists work outside?

Ⓐ They wanted to show people how they painted.
Ⓑ They were interested in capturing sunlight and shadow.
Ⓒ They preferred to paint landscape scenes over people.
Ⓓ The studios they worked in were dark and dirty.

4 Why does the professor mention Japanese ukiyo-e prints?

Ⓐ To show where some artists got their inspiration
Ⓑ To illustrate how similar ideas occurred in different part of the world
Ⓒ To contrast Western art with Japanese art
Ⓓ To indicate what the class would be studying next week

5 What does the professor imply about impressionism?

Ⓐ It was more popular than art by the Dutch masters.
Ⓑ It was often started outdoors and then finished in a studio.
Ⓒ It developed due to changes in technology and society.
Ⓓ It required less skill to complete than traditional paintings.

6 What is true about works by Monet or Degas?

Ⓐ They portrayed mythological or religious scenes.
Ⓑ The subjects were often famous political figures.
Ⓒ The artists blended colors together to form a smooth canvas.
Ⓓ They weren't accepted by the art community at the time.

例 題 ③ ディスカッション Discussion

MP3 014~020

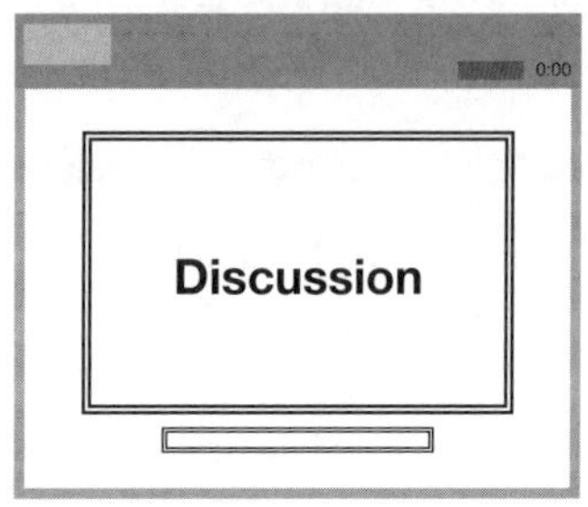

Now get ready to answer the questions.
You may use your notes to help you answer the questions.

1 What is the lecture mainly about?

Ⓐ Peasant life under the feudal system
Ⓑ The hard lives of the villagers
Ⓒ The farming system in the Middle Ages
Ⓓ The influence of the Lord of the Manor

2 Why was the open-field system so called?

Ⓐ Because each farmer worked in a single field
Ⓑ Because peasants farmed strips of land in an open field
Ⓒ Because the fields were open to any villager who wanted to farm
Ⓓ Because fence-building techniques were not developed

3 *Listen again to part of the discussion.*
Then answer the question.
What does the professor mean when she says this?

Ⓐ The people on the farms were not as happy as they looked.
Ⓑ The system needed to be harmonious for trade purposes.
Ⓒ The farms maintained close ties with farms around them.
Ⓓ The Lord of the Manor and the villagers lived in harmony.

4 Why does the professor talk about the size of animals on a medieval farm?

Ⓐ To praise the farmers' breeding techniques
Ⓑ To show that animal breeding was at an early stage of development
Ⓒ To illustrate their similarity to modern animals
Ⓓ To highlight the strong connection between size and health

5 Indicate whether each example below indicates a peasant's right or obligation.
Put a check mark in the correct box.

	Right	Obligation
a. Working the lord's fields		
b. Grazing animals on common land		
c. Representation in court		

6 According to the professor, why did the traditional farming system break down?

Ⓐ The addition of herb and vegetable gardens changed the farm's basic structure.
Ⓑ Long years of peaceful farming made peasants rich enough to buy their own farms.
Ⓒ Many of the peasants had to leave the farms in order to fight in frequent wars.
Ⓓ The fall in population resulting from the plague made each peasant more valuable.

例題① 会話 解答・解説

Conversation MP3 001~006

正解一覧

1. Ⓒ 2. Ⓓ 3. Ⓑ 4. Ⓑ 5. Ⓐ

スクリプト

MP3 001

Listen to a conversation between a student and a receptionist at the university training facility.

Receptionist ① : Hi. Can I help you?

Student ① : Yes. Q1 Key ➡ I was wondering, uh, how I would go about getting a pass to use the gym here.

Receptionist ② : Are you a full-time or at least half-time matriculated student?

Student ② : Yes, I attend here half-time, but my classes are in the evenings. I have a full-time job during the day.

Receptionist ③ : Well, we require that all students take a safety orientation session with one of our trainers. These sessions last about 45 minutes and can be done individually or in groups. In each of these sessions, the trainer will cover proper equipment usage…along with warm-up and cool-down techniques. Additionally, the trainer will discuss, um, policies and safety procedures associated with the gym.

Student ③ : Okay. So…how do I go about signing up for one of these sessions?

Receptionist ④ : All you need to do is register in person or online for one of the sessions that are listed here. As you can see, we have sessions on Mondays, Wednesdays, and Fridays at 10 AM and on Tuesdays and Wednesdays at 6 PM. Oh, you also need to bring clothing appropriate for training and a pair of clean sneakers.

Student ④ : Ah, this might be a bit of a problem. Like I said, Q2 Key ➡ I work during the day, so the 10 AM sessions are out. Also, I have evening seminars from 5:30 to 7:30 PM on Tuesdays and Wednesdays. Are there any other sessions available?

Receptionist ⑤ : No, I'm sorry. These are the only slots we have.

Student ⑤ : Is there any way that I could get around having to do one of these sessions? I mean, I'm actually a certified personal trainer myself, and I've worked in gyms before…and Q3 Key ➡ I also played tons of sports in high school. Not to brag, but I have a lot of experience using almost all of the equipment in this gym.

Receptionist ⑥ : As far as I know, Q4 Key ➡ these sessions are mandatory because of an insurance issue. I think our insurance policy requires, uh, everyone that trains here to have taken a safety orientation session. So, Q4 Key ➡ if someone were to get injured and they hadn't taken the safety seminar, I think we could get in trouble with our insurance company.

Student ⑥ : I can see your point, but I really can't take time off from work, and I don't really want to miss a seminar class because of the university's attendance policy. Plus, I don't want to get behind in terms of the class material.

Receptionist ⑦ : Hmm. Well, I did hear that a few years ago there was a student in a similar situation to yours…and one of the trainers was willing to meet at a special time to give him the orientation. In fact, if I remember correctly, they did the session on the weekend.

Student ⑦ : Q5 🎧 Q5 Key ➡ That would be great! I would really appreciate it. And actually, I plan on doing a lot of my training here on the weekends anyway. Maybe we could schedule the session so that I could work out immediately afterwards. You know, kind of a killing-two-birds-with-one-stone type of thing.

Receptionist ⑧ : Let me get your contact information—you know an email address or a cell phone number—and I'll have our head trainer get in touch with you. If you don't hear from anyone within the week, just give me a call here and, uh, I'll make sure that someone contacts you right away.

Student ⑧ : Thank you so much. Looks like I'll be able to use the gym without missing work or any of my classes.

Receptionist ⑨ : No problem. Glad I could help.

訳

学生と大学のトレーニング施設の受付係の会話を聞きなさい。

受付係①：こんにちは。ご用件は何でしょうか。

学生①：ええ、あの、ここのジムを使用するパスをもらうにはどうしたらよいかと思っているんですが。

受付係②：あなたは、全日制か、少なくとも半日制の正規学生ですか。

学生②：はい、ここの半日制に通っていますが、私のクラスは夕方です。日中はフルタイムの仕事をしています。

受付係③：そうですか、学生の皆さんには、トレーナーの1人と安全オリエンテーションのセッションを受けることを義務づけています。セッションは45分ほどの長さで、個人でもグループでも受けられます。各セッションでは、トレーナーが、器具の適切な使い方を…、ウォームアップやクールダウンのテクニックとともに教えます。さらに、えー、ジムに関連する方針や安全上の手順についてトレーナーが説明します。

学生③：わかりました。それで…、それらのセッションの1つに申し込むにはどうしたらよいのですか。

受付係④：ここにリストされているセッションの1つに、ご本人が直接、もしくはオンラインで登録するだけです。見てのとおり、月曜日、水曜日、金曜日は午前10時に、火曜日と水曜日は午後6時にセッションがあります。あ、それにトレーニングに適した服ときれいなスニーカーを一足持ってきていただかなければなりませんね。

学生④：あー、それにはちょっと問題がありそうです。言いましたように、昼間働いているので午前10時のセッションは無理です。それと、火曜日と水曜日の午後5時半から7時半まで、夜間セミナーがあります。ほかにセッションはありますか。

受付係⑤：いいえ、すみません。この枠しかないのです。

学生⑤：これらのセッションの1つを受けなければならないことを回避できる方法は何かありますか。というのは、実は、私自身、有資格のパーソナルトレーナーで、以前ジムで働いていたこともあって…、それに高校ではたくさんスポーツをしていました。自慢ではないですが、このジムのほとんどすべての器具を使用した多くの経験があります。

受付係⑥：私の知る限りですが、これらのセッションは保険の関係で必須なのです。保険の方針が、えー、ここでトレーニングする全員に、安全オリエンテーションのセッションを受けることを義務づけているのだと思います。で、万が一、誰かがけがをして安全セミナーを受けていなかったといった場合、私達が保険会社とトラブルになってしまいかねないのでしょう。

学生⑥：おっしゃることはわかります。でも、本当に仕事は休めないし、大学の出席方針があるのでセミナーの授業も本当は欠席したくありません。それに、授業の教材の面でも遅れをとりたくないんです。

受付係⑦：なるほど。ええと、数年前にあなたと似た境遇の学生がいて…、トレーナーの1人が彼にオリエンテーションをするために特別な時間に進んで会ってあげたと聞いたことがあります。実際、私の記憶が正しければ、彼らは週末にセッションをしたんです。

学生⑦：Q5 🎧 それはいいですね！　とてもありがたいです。それに実は、いずれにしても週末にはここでたくさんトレーニングをするつもりですし。後ですぐに運動できるようにセッションの予定を入れることができるかもしれませんね。一石二鳥といったところでしょうか。

受付係⑧：あなたの連絡先を教えてください ― メールアドレスか携帯番号ですね ― そうしたら、ヘッドトレーナーにあなたに連絡させます。今週中に誰からも連絡がなければ、ここの私に電話をくれれば、えー、必ず、すぐに誰かがあなたに連絡するようにします。

学生⑧：ありがとうございました。仕事やどのクラスも休まずにジムが使えそうです。

受付係⑨：どういたしまして。お役に立ててよかったです。

設問の訳・正解・解説

1 正解 Ⓒ　　MP3 002

なぜ学生は受付係に話しかけたのか。

Ⓐ ジムを使う資格があるかどうかを知るため
Ⓑ ジムの会員権を更新するため
Ⓒ ジムを使うパスを取得する方法を知るため
Ⓓ セッションのいくつかに登録するため

解説 トピック問題です。トピック問題では通常、会話の出だしが重要ですが、中には関係のない雑談から始まり、途中からやっと本題に入るパターンもあります。学生の最初の発言 I was wondering, uh, how I would go about getting a pass to use the gym here. が根拠となり、Ⓒ が正解です。何となく聞いていると、「聞こえた表現が入っている」という理由で Ⓐ や Ⓓ を選んでしまうかもしれませんが、ひっかからないように気をつけましょう。

2 正解 Ⓓ　　MP3 003

なぜその学生はどの安全オリエンテーションのセッションにも参加できないのか。

Ⓐ 夜に働いているため
Ⓑ 家庭での責任があるため
Ⓒ そのセッションが必要であると感じていないため
Ⓓ 仕事と授業の時間に重なるため

解説 詳細理解問題です。Student ④の I work during the day.... から and Wednesdays. までが根拠です。昼間の仕事と夜間セミナーがオリエンテーションの時間が重なっていることが問題だと言っているので正解は Ⓓ です。詳細理解問題では、この設問のように理由や状況説明をよく問われます。誰が、いつ、どのような状況で、何をしているのかをセットでおさえるように心がけましょう。

3 正解 Ⓑ　　MP3 004

運動に関する経歴について学生は何と言っているか。

Ⓐ いつかパーソナルトレーナーになりたい。
Ⓑ かなりの量の経験がある。
Ⓒ プロの運動選手だった。
Ⓓ 経験は限られているが、飲み込みは早い。

解説　詳細理解問題です。学生は⑤でI also played tons of sports in high school. と言っているので正解は Ⓑ。Ⓐ については同じく⑤でI'm actually a certified personal trainer myself. と言っているので「いつかなりたい」という部分が間違いです。Ⓒ と Ⓓ にはまったく言及がありません。聞こえた表現だけに頼って解答しようとすると、時制が違っていたりなどしてひっかけられることがあります。「こう言っていた気がする」という音の記憶に頼るのではなく、何を言っているのかを内容として把握する聞き取り方を目指しましょう。

4 正解 Ⓑ　　MP3 005

受付係によると、なぜ学生は安全オリエンテーションのセッションを1つ受けなくてはならないのか。

Ⓐ そうしないと彼女が安全でないため
Ⓑ トレーニング施設が加入している保険の種類のため
Ⓒ それによってトレーナーが技術を向上させられるため
Ⓓ 学生が重要な技能をいくつか身につけられるかもしれないため

解説　詳細理解問題です。受付係は⑥でthese sessions are mandatory because of an insurance issue. と言い、さらに「誰かがけがをして安全セミナーを受けていなかった場合、保険会社とトラブルになりかねない」と説明しています。したがって正解は Ⓑ です。safetyという単語が何回か出てきますが、文脈を正確にとらえられず、何となく聞いていると Ⓐ を選んでしまうかもしれません。

5 正解 Ⓐ　　MP3 006

会話の一部をもう一度聞きなさい。それから質問に答えなさい。(「スクリプト／訳」の下線部を参照)
次のように言って学生は何を意味しているのか。

Ⓐ その週末にジムに1回行くだけにしたい。
Ⓑ セッションの後でクールダウンをしなくて済むようにしたい。

Ⓒ その2つのことが確実に、別々に扱われるようにしたい。
Ⓓ セッション後、トレーナーにトレーニングを助けてほしい。

解説 態度・意図問題です。先に説明したとおり、まずは表現のレベルで理解できていることが前提です。学生の発言の Maybe we could ... は「～してもいいかも」という提案を表す表現です。ここではセッションの予定を入れる提案をしています。その後、I could work out immediately afterwards とその目的を説明しています。ここでは「いずれにしても週末にはトレーニングをするつもりだから、後ですぐに運動できるようにセッションの予定を入れられるかも」と言っているのです。1回の施設利用でオリエンテーションとトレーニングの両方をやってしまいたいという希望を述べていることが把握できれば、正解 Ⓐ を導くことができます。

例題①　会話の語彙・表現

Receptionist ①

□ **wonder**	〔動〕疑問に思う

Receptionist ②

□ **matriculate**	〔動〕大学に入学を許す

Receptionist ③

□ **require**	〔動〕要求する
□ **last**	〔動〕続く
□ **individually**	〔副〕個人で
□ **proper**	〔形〕適切な
□ **equipment**	〔名〕器具、備品
□ **additionally**	〔副〕加えて、その上
□ **procedure**	〔名〕手順、手続き
□ **associated with**	〔熟〕～に関連した

Student ③

□ **sign up for**	〔熟〕～に登録する

Receptionist ④

□ **register**	〔動〕登録する
□ **in person**	〔副〕（代理でなく）本人が直接、自分で
□ **appropriate**	〔形〕適した、ふさわしい

Student ④

□ **available**	〔形〕利用可能な

Receptionist ⑤

□ **slot**	〔名〕時間枠

Student ⑤

□ **get around V-ing**	〔熟〕Vすることをうまく避ける
□ **certified**	〔形〕公認の、有資格の
□ **brag**	〔動〕自慢する

Receptionist ⑥

□ **as far as**	〔接〕～するかぎりで
□ **mandatory**	〔形〕命令の、義務的な
□ **insurance**	〔名〕保険

Student ⑥

□ **see one's point**	〔熟〕～の言い分を理解する
□ **get behind**	〔動〕～に遅れる

Receptionist ⑦

□ **be willing to V**	〔熟〕進んでVする

Student ⑦

□ **appreciate**	〔動〕感謝する
□ **work out**	〔動〕運動する
□ **immediately**	〔副〕直ちに

Receptionist ⑧

□ **get in touch with**	〔熟〕～と連絡を取る
□ **hear from**	〔動〕～から連絡をもらう
□ **make sure**	〔動〕必ず～するようにする

例題② 講義 解答・解説

Lecture

MP3 007～013

正解一覧

1. Ⓒ　2. Ⓓ　3. Ⓑ　4. Ⓐ　5. Ⓒ　6. Ⓓ

スクリプト

MP3 007

Listen to part of a lecture in an fine arts class.

1 ① Good morning everyone. ② Are you ready to continue our metaphorical trip through various art movements in time? ③ Today we are going to be covering those superstar painters of any art museum today—Monet, Renoir, Pissarro—in a word, the ever-popular impressionists. ④ To understand why these painters have so much appeal, it is important to know the background of the movement, what constitutes impressionism, and how it influenced later artists. ⑤ First though, let's talk about the environment in which this movement developed. ⑥ As you might be aware, impressionism was first seen during the mid to late 1800s. ⑦ This is important, because during this time, Europe was undergoing a period of immense change. ⑧ National borders were in flux, and the industrial revolution was overturning existing social structures. ⑨ In particular, the movement of people from the countryside to factories in the city, along with changes in consumption patterns created by mass production, was especially revolutionary, and it called for new ways of interpreting the world. ⑩ Impressionism, a radically different style of painting to what came before it, did just that.

2 ① But what makes a painting from the impressionism period so different? ② To understand this, let's start with an example of Monet's Water Lilies, one of many in a series of similar paintings that he created. ③ Have a look at this slide. ④ The first thing that you might notice about it is the very rough way in which the artist laid down the paint. Q2 Key ➡ ⑤ In this example, he used short, rough strokes of various, vibrant colors to give the canvas a gnarled, lumpy texture. ⑥ This texturing and juxtaposition of colors is common to impressionism, and contrasts with previous artists, who might have blended pigments together to create a smooth, composed image—something akin to a studio photograph.

3 ① You might ask, why would they do this? ② Why would impressionists depart

from previous artistic standards to create works that were so radically different? ③ The key lies in the discovery and mass production of industrial paints. ④ Prior to the industrial revolution, artists had to mix colors of paint themselves—a process that was labor-intensive and kept them tied to their studios. ⑤ In contrast to this, pre-mixed, synthetic paint, sold in tubes not unlike that of toothpaste today, allowed artists to work en plein air. ⑥ Impressionists loved this development, and fled their studios in favor of bucolic, peaceful settings in the countryside around Paris. Q3 Key ⑦ Painting outdoors, they sought to capture the ephemeral nature of sunlight and shadow. ⑧ Because these natural elements change from moment to moment, the artists worked quickly, using their short, characteristic strokes to get the image onto the canvas as rapidly as possible.

4 ① The question then becomes, what were they painting? ② I have already shown you the example of Monet's Water Lilies, and certainly images of the countryside like this were popular. ③ However, impressionists were not limited to the countryside. ④ Indeed, these were some of the first artists to paint the symbols of the industrial revolution—factories, smokestacks, and railway stations. ⑤ Furthermore, while previous artists certainly painted the countryside, the compositions tended to be idealistic scenes that were often drawn from mythological or religious texts. ⑥ Impressionists however, tried to paint life as it was.

5 ① Finally, what makes these artists truly unique was less the subject matter that they painted than in how they composed their images. ② Take, for instance, this portrait painting by Degas. ③ Traditional schools of art might have encouraged the main subject to be front and center, directly drawing the viewer's attention. ④ Imagine, if you will, the portraitures done by Dutch masters that we studied last week. ⑤ In this example however, you can see how the artist played with the placement of the subject—offsetting her and incorporating her into a larger scene. Q4 Key ⑥ These techniques are common to impressionists, and can be traced back to Japanese ukiyo-e prints and to the newly emerging technology of photography.

6 ① So what were these painters thought of in their time? ② Unlike today, Q6 Key critics often decried the works, and found disagreement with the rough painting style, the casual, offset portrayals, and the violations of artistic forms. ③ They were said to have had an amateurish quality, and resembled sketches—mere impressions of real paintings. ④ As a result, Q6 Key many impressionist paintings were rejected from the most important art shows of the day, and the artists were forced to find other means to exhibit their works. ⑤ Over time however, the public began to show an appreciation for this new style, and these vanguard artists went on to influence a wide variety of future styles and movements.

7 ① Before we talk about what comes next however, let's discuss some individual

impressionist painters. I'd like to start with…

訳

美術学の授業における講義の一部を聞きなさい。

1 ①おはようございます、皆さん。②その時代の様々な芸術の動向を通して隠喩的な旅を続ける用意はよろしいですか。③本日は、今日どんな美術館においても超大物画家達―モネ、ルノワール、ピサロ―要するに、常に人気の印象派の画家達についてお話ししましょう。④なぜ、こうした画家がこれほどの魅力を持つのかを理解するには、何が印象派を構成するのか、どのように後の画家に影響を与えたのか、その動向の背景を知ることが大切です。⑤ですが、最初にこのムーブメントが発展した頃の状況についてお話ししましょう。⑥皆さんもお気づきかもしれませんが、印象派が最初に見られたのは1800年代の半ばから終わりです。⑦このことは重要です、というのは、この間、ヨーロッパは途方もなく大きな変化の時代を経験していたからです。⑧国境は流動的で、産業革命は既存の社会構造を覆しました。⑨特に、農村地帯から都市部の工場への人々の移動ならびに大量生産により生み出された消費パターンの変化はとりわけ画期的でしたし、それは世界を新たな方法で解釈することを要請しました。⑩印象派は、それ以前の画法とは根本的に異なるスタイルで、ちょうどそれをやってのけたのです。

2 ①しかし、何が印象派の時代の作品をそれほど際立たせているのでしょうか。②それを理解するために、モネの『睡蓮』の例から始めましょう、これは彼が制作した一連の類似の作品群のうちの１つですね。③こちらのスライドを見てください。④これについて最初に気づくのは、画家が絵の具を置くとても粗い筆使いです。⑤この例では、彼はキャンバスにゴツゴツと塊のある質感を与えるために、様々な強烈な色の短く粗い筆使いを用いました。⑥こうしたテクスチャリングと色の並置は印象派に共通しており、それ以前の画家達とは対照をなしていますが、以前の画家達は、滑らかで構図的にまとまった表現―スタジオ写真に似た何かを作り出すために、絵の具を混ぜていたのです。

3 ①皆さんは疑問に思うかもしれませんね、どうして彼らがこうしたのかと？ ②なぜ、印象派はそれまでの画家達の基準から離れて、それほどまでに根本的に異なる作品を制作したのでしょうか。③その鍵は、工業用塗料の発見と、その大量生産にあります。④産業革命以前は、画家達は自分自身で絵の具を混ぜなければなりませんでした―その過程は集中的な労働を要し、彼らを仕事場に縛りつけました。⑤これに対し、予混合成塗料は、今日の歯磨き粉に似ていなくもないチューブで売られており、画家達が「戸外で」仕事をすることを可能にしました。⑥印象派はこの進展を大いに喜び、スタジオから逃げ出して、パリ郊外の牧歌的で落ち着いた環境を好みました。⑦戸外で絵を描いて、太陽の光や影の束の間の性質をとらえることを追求したのです。⑧こうした自然の要素は瞬間ごとに変化するので、できるだけ早くイメージをキャンバスに取り込むために、画家達は短く特徴的な筆使いを用いて、急いで作業したのです。

4 ①次に疑問となることですが、彼らは何を描いていたのでしょうか。②すでにモネの『睡蓮』を例に挙げましたが、このような田園のイメージは確かに人気がありました。③しかし、印象派は田園に限定されていたわけではありません。④実のところ、工場、煙突、鉄道の駅—産業革命のシンボルを描いた最初の画家達の一部でもありました。⑤さらには、それ以前の画家達は確かに田園を描いてはいましたが、その構図は多くの場合、神話や宗教的文献を題材とする理想的な光景である傾向がありました。⑥しかしながら、印象派はありのままの生活を描こうと試みました。

5 ①最後に、これらの芸術家達を真にユニークにしたのは、彼らが描いた絵の題材ではなく、むしろどのようにイメージを構成したかでした。②例えば、ドガによるこの肖像画を取り上げてみましょう。③伝統的な芸術学派は、見る人の注意をまっすぐに引き付けようとして、主題を前面の中央に置くことを奨励していたかもしれません。④できたら、私達が先週勉強したオランダの巨匠による肖像画法を思い浮かべてください。⑤しかし、この例では、画家がどんなふうに主題の配置で戯れているかを見てとれます。人物をずらして、広い背景の中に組み入れていますね。⑥こうしたテクニックは印象派に共通していて、日本の浮世絵の版画や新たに登場してきていた写真の技術に源をたどることができます。

6 ①では、その時代に、これらの画家達はどう思われていたのでしょう。②今日とは違って、批評家はしばしば公然と作品をけなしましたし、粗い筆使いや形式ばらない中心からずれた肖像画法、型破りな芸術形態には賛成しませんでした。③それらは素人並みの質であり、下絵に似ていると言われました—本物の絵画の単なる印象にすぎないと。④結果として、多くの印象派の画家達は当時の重要な絵画展の多くから拒否され、作品を展示するほかの手段を探さざるを得ませんでした。⑤しかし、やがて一般人がこの新しいスタイルへの評価を示し始め、これらの前衛アーティストは、将来の様々なスタイルや運動に影響を及ぼすようになったのです。

7 ①次に何がくるかをお話しする前にしかし、個別に数人の印象派の画家について論じましょう。最初に扱いたいのは…。

設問の訳・正解・解説

1 正解 Ⓒ MP3 008

この講義の主旨は何か。

Ⓐ 18 世紀における芸術の発展

Ⓑ モネとドガの様々な作品

Ⓒ ある芸術作品のスタイルの特徴

Ⓓ 産業革命の芸術への影響

解説 トピック問題です。トピック問題はやさしいですが、考え方を身につけるには大切な問題です。この設問は講義全体の主旨を問うているのに対し、選択肢 Ⓐ、Ⓑ、Ⓓ は講義中で部分的に触れられている情報にすぎません。これらの部分的情報に支えられて、講義は全体として印象派のスタイルについて説明しています。これを少し曖昧に言い換えた Ⓒ が正解です。

2 正解 Ⓓ

MP3 009

教授によるとモネの『睡蓮』の特徴は何か。

Ⓐ モネが制作した最初の作品群の1つであった。
Ⓑ 粗い質感なので、多くの人は未完成と思う。
Ⓒ 写真に似た構図である。
Ⓓ モネは短い筆使いでそれを素早く制作した。

解説 詳細理解問題です。モネの『睡蓮』については 2 ⑤で he used short, rough strokes of various, vibrant colors to give the canvas a gnarled, lumpy texture と言っています。したがって正解は Ⓓ です。rough という言葉だけが頭に残っていると Ⓑ を選んでしまうかもしれません。Ⓐ と Ⓒ にはまったく言及されていません。詳細理解問題では物事の特徴や性質などを問われることが多いので、そのような内容が聞こえてきたらより集中力を高めて聞き取るようにしましょう。

3 正解 Ⓑ

MP3 010

なぜ印象派の画家達は戸外で作業したのか。

Ⓐ 彼らはどのように描くのかを人々に見せたかった。
Ⓑ 彼らは光と影をとらえることに興味があった。
Ⓒ 彼らは人物よりもむしろ風景を描くことを好んだ。
Ⓓ 彼らが作業していたアトリエは暗くて汚かった。

解説 詳細理解問題です。3 ⑦ Painting outdoors, they sought to capture the ephemeral nature of sunlight and shadow. とあるので Ⓑ が正解です。ほかの選択肢には言及がありません。この設問に関しては、本文の表現がほとんどそのまま正解の選択肢に使われていることを一瞬ひっかけかと思いそうですが、そうではありません。素直に解答すれば正解です。

4 正解 Ⓐ　MP3 011

なぜ教授は日本の浮世絵に言及したのか。

Ⓐ ある画家達がどこでインスピレーションを得たかを示すため
Ⓑ 世界の違う場所でどのようにして似たような発想が起こったかを示すため
Ⓒ 日本の美術と西洋の美術を比較するため
Ⓓ 次週のクラスで何を学習するか示すため

解説 構成把握問題で、ある話題を展開する中で出てきた発言が、全体の中でどのような役割を持っているかを理解することが必要なタイプの問題です。5 ⑥ These techniques are common to impressionists, and can be traced back to Japanese ukiyo-e prints and to the newly emerging technology of photography. が根拠となり Ⓐ が正解です。何となく Ⓒ を選んでしまった人は、本文の筋を追えずに「正解になりそうな気がする」という勘で解いてしまっている可能性があります。こういうひっかけに気をつけましょう。

5 正解 Ⓒ　MP3 012

印象派について教授は何を示唆しているか。

Ⓐ オランダの巨匠による芸術よりも人気があった。
Ⓑ たいてい屋外で始められ、それからアトリエで仕上げられた。
Ⓒ 技術や社会の変化により発展した。
Ⓓ 完成させるために伝統的な絵画ほど技術を要しなかった。

解説 推測問題です。推測問題では、講義全体の流れと詳細の両方を理解している必要があります。本文では、印象派の背景に産業革命による社会構造の変化と写真などの新しい技術があったと述べられています。それを抽象的に言い換えた Ⓒ が正解です。Ⓑ は finished in a studio が本文で述べられていないため誤りです。Ⓐ と Ⓓ には当てはまる説明はありません。

6 正解 Ⓓ　MP3 013

モネやドガによる作品について当てはまるものは何か。

Ⓐ 神話的あるいは宗教的場面を描いていた。
Ⓑ 画題はしばしば有名な政治家であった。
Ⓒ 画家達は滑らかなキャンバスを形作るために色を混ぜ合わせた。
Ⓓ 彼らは当時の画壇には受け入れられなかった。

解説 詳細理解問題です。Ⓐ と Ⓒ は印象派以前の絵画の特徴として言及されています。Ⓑ の政治家については言及がありません。6 ②に critics often decried the works, and found disagreement with、また④に many impressionist paintings were rejected from the most important art shows of the day とありますから、モネやドガなどの印象派がなかなか受け入れられなかったことがわかります。したがって Ⓓ が正解です。

例題② 講義の語彙・表現

1

□ **constitute**	〔動〕構成する
□ **undergo**	〔動〕経験する
□ **in flux**	〔熟〕流動的で
□ **interpret**	〔動〕解釈する
□ **radically**	〔副〕根本的に

2

□ **stroke**	〔名〕筆使い
□ **vibrant**	〔形〕（色が）明るい、強烈な
□ **gnarled**	〔形〕ゴツゴツした
□ **lumpy**	〔形〕塊の多い
□ **texture**	〔名〕質感、手触り
□ **juxtaposition**	〔名〕並置、並列
□ **pigment**	〔名〕顔料、絵の具
□ **composed**	〔形〕落ち着いた
□ **akin to**	〔形〕～に類似した

3

□ **depart**	〔動〕外れる、離脱する
□ **prior to**	〔前〕～以前
□ **labor-intensive**	〔形〕集中的な労働を要する
□ **synthetic**	〔形〕合成の
□ **en plein air**	〔形〕戸外で《フランス語。仏語圏以外では印象派の特徴を表す美術用語。「戸外制作」とも訳される》
□ **in favor of**	〔熟〕～を好んで
□ **bucolic**	〔形〕牧歌的な

□ **seek to V**	〔熟〕V しようとする
□ **capture**	〔動〕とらえる
□ **ephemeral**	〔形〕はかない、束の間の

4

□ **composition**	〔名〕構図
□ **tend to V**	〔熟〕V する傾向がある
□ **idealistic**	〔形〕理想的な
□ **mythological**	〔形〕神話の

5

□ **subject matter**	〔名〕主題
□ **encourage**	〔動〕促す
□ **offset**	〔動〕中心からずらす、斜めにする
□ **incorporate**	〔動〕組み入れる
□ **trace back to**	〔熟〕～に遡る、元を辿る、由来する
□ **emerge**	〔動〕登場する

6

□ **decry**	〔動〕（公然と）非難する、けなす
□ **violation**	〔名〕違反、侵害
□ **resemble**	〔動〕～に似る
□ **reject**	〔動〕拒絶する
□ **means**	〔名〕手段
□ **appreciation**	〔名〕理解、評価
□ **vanguard**	〔名〕前衛、先駆け

例題③ ディスカッション 解答・解説

Discussion

MP3 014~020

正解一覧

1. Ⓒ 2. Ⓑ 3. Ⓐ 4. Ⓑ 6. Ⓓ
5.

	Right	Obligation
a. Working the lord's fields		✓
b. Grazing animals on common land	✓	
c. Representation in court	✓	

スクリプト

MP3 014

Listen to part of a lecture in a history class.

1 **Professor:** ① One of the advantages of a campus in the countryside is that we're surrounded by fields. ② Looking out of the window now, I can see that the fields are all growing the same kind of crop—it looks like wheat. ③ We're so familiar with this sight that it's easy to assume farming has always gone on this way. ④ Well, you'd be wrong. ⑤ Until the late middle ages, farming—I'm talking about Europe here—relied on what is known as the open-field system. ⑥ Under this system, each peasant in a village—remember that people tended to live in villages in those days—worked several strips of land, which were allocated by the Lord of the Manor in a mixture of fertile and less fertile areas. ⑦ A good point of this system is that no peasant had a monopoly of the fertile soil. ⑧ A drawback was that each strip of land might be located in a different part of the village, and the peasant would have to walk some distance between them. ⑨ Visually, all these strips of farmland together created a patchwork effect. ⑩ Yes?

2 **Student A:** ① Excuse me, professor. ② You said it was the open-field system but there are open fields all around us now. ③ Isn't this the open-field system we see here? ④ It's a little confusing.

3 **Professor:** ① You've raised a good point. Q2 Key ➡ ② We call the medieval farming system the open-field system because typically the strips of land that the villagers farmed would be contained within three open fields. ③ I agree that it's a confusing term, though. ④ The system is sometimes referred to as strip farming,

which I think is more descriptive. ⑤ So to continue, the lord of the manor made an effort to distribute the land equally, and the peasants cooperated to take turns sharing the few oxen that the average village could afford. Q3 ⑥ To the outsider, the medieval farming system must have looked harmonious. Q3 Key ⑦ But it wasn't a harmony born of willing cooperation. ⑧ It was the kind imposed from above under a strict hierarchical arrangement known as the feudal system. ⑨ The truth was that the Lord of the Manor had many rights over the villagers, rights granted by the king. Q5. a. Key ⑩ The villagers had to work a set number of days on the lord's land—typically three days a week—and they only got to work on their own land once they had finished working on the lord's. ⑪ It gets worse. ⑫ The villagers were not allowed to leave the village to work elsewhere, or even marry, without the lord's permission. ⑬ These were pretty severe obligations. ⑭ You could almost call it enlightened slavery. ⑮ Yes, Sarah?

4 **Student A:** ① It sounds completely like slavery to me! ② How was it different?

5 **Professor:** ① A good question. ② Well, the peasants were granted some rights in return for their labor. Q5. b. Key ③ They had the right, passed down from one generation to another, to use common land for grazing animals. ④ A medieval lord could not evict a tenant without legal cause. Q5. c. Key ⑤ Also, they had the right not to be imprisoned without a trial and in some areas had the right to form their own village courts. ⑥ But enough about the peasants. ⑦ Well, clearly, the medieval village-farm was inefficient compared to modern farms, but one method of farming that dates from this time is still in use today. ⑧ I'm talking about the system of crop rotation. ⑨ The way this works is that different crops are planted in each field in different years. ⑩ The crops use different nutrients, so the fields have a chance to build up the nutrients for the crop that is not being grown in any given year. ⑪ Now let's move onto animals. Q4 Key ⑫ In medieval times, the breeding techniques that led to the fine animals we have today were in their infancy. ⑬ This is why the animals that you would find on a medieval farm tended to be smaller and less healthy than their modern equivalents. ⑭ A full-grown bull might reach the size of a calf today. ⑮ Even so, medieval villages managed to be self-sufficient. ⑯ Can you suggest anything else that a large manor might have?

6 **Student B:** ① How about orchards and fishponds, stuff like that?

7 **Professor:** ① Yes, it would certainly have those. ② There would also be a mill for grinding grain, an oven for baking bread, and herb and vegetable gardens. ③ The feudal farm system remained stable for hundreds of years until the outbreak of plague in the 14th century and large-scale war that brought havoc to much of Europe. Q6 Key ④ When the continent emerged from these trials, the population was much reduced. ⑤ The peasant had more bargaining power, and this changed the relationship

between peasant and lord forever.

訳

歴史学の授業における講義の一部を聞きなさい。

1 **教授**：①田園地域のキャンパスの利点の1つは、畑に囲まれていることです。②今、窓の外を眺めると、畑が全部同じ種類の作物を育てているのが見えます—小麦のようですね。③私達はこの光景に馴染みがありすぎるので、農業はいつもこのように続けられてきたと簡単に思い込んでしまいます。④まあ、だとしたら間違っているのですが。⑤中世後期まで、農業は—ヨーロッパでの話ですが—、開放耕地制というものに頼っていました。⑥この制度下では、村の小作農—当時、人々は農村に暮らす傾向があったことを思い出してくださいね—いくつかの区画を耕していました、これらは荘園領主によって肥沃な区域とあまり肥沃でない区域を混ぜて割り当てられていました。⑦この制度の優れた点は、どの小作農にも肥沃な土壌の独占権がなかったことです。⑧欠点は、農地の各区画が村の異なる場所に位置している場合があり、小作農はその間のある程度の距離を歩かなくてはならなかったことです。⑨見た目には、こうした農地の区画は、全体としてパッチワークのように見える効果を生み出していました。⑩はい？

2 **学生A**：①すみません、教授。②開放耕地制とおっしゃっていましたが、今も私達の周囲には開けた畑があります。③これは、私達がここで目にしている開放耕地ではないのですか。④ちょっと混乱しています。

3 **教授**：①いい指摘をしてくれましたね。②この中世の農業制度を開放耕地制と呼ぶのは、たいてい、村人が耕作していた土地の区画は3つ以内の囲いのない耕作地であったからです。③混乱を招く用語であることには同意しますよ、それにしても。④この制度は、帯状耕作と呼ばれることがありますが、こちらのほうがより実態を示していると思います。⑤では話を続けると、荘園の領主は土地を平等に分配しようと努力し、小作農らは標準的な村が賄えたわずか数頭の牛を共有し、協力して交替で使いました。Q3 ⑥部外者には、この中世の農業制度は協和的に見えたに違いありません。⑦しかし、それは自発的な協力から生まれた調和ではありませんでした。⑧封建制度として知られる厳格で階層的な取り決めのもと、上から押しつけられる類のものでした。⑨実際は、荘園領主が村民よりも多くの権利を有していた、王から与えられた権利ですね。⑩村民は領主の土地で決められた日数—たいていは週3日—働かなくてはならず、領主の土地での作業を終えてからしか、自分の土地では仕事に着手できませんでした。⑪さらに悪いことがあります。⑫領主の許可なしに、村民には村を離れてほかの場所で働くことも、あるいは結婚することさえも許されませんでした。⑬これらはかなり厳格な義務でした。⑭開明化された奴隷制と呼んでもいいくらいです。⑮はい、セーラ？

4 **学生A**：①私にはまったくの奴隷制のように聞こえます！　②どう違っていたのですか。

5 **教授**：①いい質問です。②実は、小作農には労働と引き換えにそれなりの権利が与えられていました。③家畜を放牧させるための共有地を使う権利を持っていて、それは世代から世代へと受け継がれました。④中世の領主は、法的な根拠なく小作人を立ち退かせることはできませんでした。⑤また、彼らは裁判なしでは収監されない権利を持っていて、場所によっては自分達の村の裁判所を作る権利を有していました。⑥しかし、小作農についてはこれぐらいで十分でしょう。⑦さて、明らかに、中世の村の農地は現代の農地と比較すると非効率でしたが、この時代までさかのぼる、ある耕作法が今日でもまだ使われています。⑧輪作のことを言っているんですよ。⑨それぞれの畑で異なる年に異なる作物が植えられるという方法で、これは機能します。⑩作物によって消費する栄養素が違うため、畑にその年に育てられていない作物のために必要な養分を蓄える機会があるのです。⑪それでは、動物の話題に移りましょう。⑫中世では、今日の良質な家畜につながる繁殖技術は初期段階にありました。⑬このため、中世の農場にいる家畜は現代のものよりも小型で健康でない傾向にありました。⑭完全に成長した雄牛でも今の子牛ほどの大きさでした。⑮とはいえ、中世の村はかろうじて自給できていました。⑯大きな荘園が持っていたかもしれない何かほかのものの見当がつきますか。

6 **学生B**：①果樹園や養魚池のようなものはどうでしょうか。

7 **教授**：①ええ、きっとそれらを持っていたでしょうね。②それから、穀物をひくための製粉機、パンを焼くためのオーブン、ハーブガーデンや菜園もあったでしょう。③ 14 世紀の伝染病の大発生と、ヨーロッパの大部分を荒廃させた大規模な戦争が起こるまで、封建的な農業制度は数百年間、安定を保ちました。④大陸がこうした試練を切り抜けたとき、人口は大きく減少していました。⑤小作農の交渉力が高まり、それにより、小作農と領主の関係が永久に変わったのです。

設問の訳・正解・解説

1 正解 Ⓒ MP3 015

この講義は主に何を扱っているか。

Ⓐ 封建制度下の小作農の生活
Ⓑ 村民の厳しい生活
Ⓒ 中世の農業制度
Ⓓ 荘園領主の影響

解説　トピック問題です。会話問題では少し雑談してから本題に入ることもあると説明しました。これはディスカッションですが、この設問も同様のパターンです。最初に出てきた話題を反射的に話全体の本題だと思い込まない姿勢が大切です。小作農についての話がしばらく続いた後に 5 ⑥で But enough about the peasants. と述べ話題を切り換え、中世の耕作法や家畜にも話題を広げています。したがって全体のトピックとしてふさわしいのは Ⓒ です。

2 正解 Ⓑ　MP3 016

なぜ開放耕地制はそう呼ばれていたのか。

Ⓐ 1人の農民が1つの畑で働いていたため
Ⓑ 小作農が囲いのない畑の細長い区画を耕作していたため
Ⓒ 耕作したいと望むどんな村民にも畑が開放されていたため
Ⓓ フェンスを建てる技術が発達していなかったため

解説　詳細理解問題です。教授の 3 ②の発言 We call the medieval farming system the open-field system because... と一致するのは Ⓑ です。農民は複数の区画を耕作していたため Ⓐ は誤り。Ⓒ や Ⓓ については言及がありません。ディスカッション問題では話の内容も難しくなるため、放送の半ばで集中力が切れ、万全な聞き取りができなくなることがあります。詳細理解問題を正答するためには、集中して聞く姿勢を保つことが求められます。

3 正解 Ⓐ　MP3 017

講義の一部をもう一度聞きなさい。それから質問に答えなさい。（「スクリプト／訳」の下線部を参照）
教授は次のように言うとき何を意味しているのか。

Ⓐ 農場の人々は見かけほど幸福ではなかった。
Ⓑ 制度は貿易の目的のため、調和的である必要があった。
Ⓒ 農場は周辺の農場と緊密な連携を維持していた。
Ⓓ 荘園領主と村民は協調的に生活していた。

解説　態度・意図問題です。発言の一部が再放送されるタイプの設問では、取り上げられた部分の発言の前後をすぐに思い出し、頭の中で文脈を整理するようにします。今回は直後の 3 ⑦⑧に But it wasn't a harmony born of willing cooperation. It was the kind imposed from... とあり、農業制度の調和は表面上のものにすぎなかったことがわかります。したがって Ⓐ が正解です。

4 正解 Ⓑ　　MP3 018

なぜ教授は中世の農場の動物の大きさについて話しているのか。

Ⓐ 農民の繁殖技術を賞賛するため
Ⓑ 家畜の繁殖方法が発達の初期段階にあったことをと示すため
Ⓒ 現代の動物との類似を示すため
Ⓓ 大きさと健康との強い関連を強調するため

解説 構成把握問題です。農場の動物の大きさについて話す直前に、教授は 5 ⑫で In medieval times, the breeding techniques...were their infancy. と言っています。その後で大きさに言及している⑬ This is why the animals...to be smaller... との論理関係を把握しているかどうかが問われています。ここでは「中世の繁殖技術が現代と比べて初期段階にあった」と述べられています。その結果として、動物の大きさが現代と異なることが引き合いに出されているわけです。したがって Ⓑ が正解です。

5　　MP3 019

以下の各例が小作農の権利と義務のどちらを表しているかを示しなさい。
正しい欄にチェックマークをつけなさい。

正解

	権利	義務
a. 領主の畑を耕すこと		✓
b. 共有地で動物を放牧すること	✓	
c. 裁判で代理人を立てること	✓	

解説 情報整理問題です。話の途中で複数の事柄がその特徴が説明される形で列挙され始めたら、このような整理問題に関係すると予想して取り組むことをおすすめします。軽くメモを取るのもよいでしょう。 3 ⑩ The villagers had to work... から、a. は義務であるとわかります。b. は 5 ③ They had the right,... grazing animals. から、c. は⑤ Also, they had the right not to be imprisoned without... から権利であることがわかります。

6 正解 Ⓓ　　　　MP3 020

教授によると、なぜ伝統的な農業制度は崩壊したのか。

Ⓐ ハーブ園と菜園を追加することによって農場の基本的な構造が変わった。
Ⓑ 長年の平和的な農耕により小作農が自分の農場を買えるほど裕福になった。
Ⓒ 小作農の多くは頻発する戦争で戦うため農場を離れなければならなかった。
Ⓓ 伝染病による人口減少で一人ひとりの小作農の価値が上がった。

解説 詳細理解問題です。7 ④ When the continent emerged from these trials, ... 、⑤ The peasant had more bargaining power, …が根拠となり Ⓓ が正解です。ほかの選択肢には言及がありません。large-scale war がぼんやりと頭に残っていると何となく Ⓒ を選んでしまうかもしれません。練習の段階でそのような失敗を防ぐよう意識しておくと、本番では落ち着いて正解できます。

例題③　ディスカッションの語彙・表現

1

□ **crop**	〔名〕作物
□ **rely on**	〔動〕～に依存する
□ **peasant**	〔名〕小作農
□ **allocate**	〔動〕割り当てる、配分する
□ **lord**	〔名〕領主
□ **manor**	〔名〕荘園
□ **fertile**	〔形〕肥沃な
□ **soil**	〔名〕土壌
□ **monopoly**	〔名〕独占
□ **drawback**	〔名〕欠点、障害

2

□ **confusing**	〔形〕混乱を招くような

3

□ **term**	〔名〕用語
□ **refer to A as B**	〔熟〕A を B とみなす、呼ぶ
□ **descriptive**	〔形〕描写的
□ **distribute**	〔動〕分配する
□ **take turns V-ing**	〔熟〕順番に V する

□ **afford**	〔動〕持つ余裕がある
□ **impose**	〔動〕押し付ける
□ **hierarchical**	〔形〕階層的な、階級制の
□ **arrangement**	〔名〕取り決め
□ **feudal**	〔形〕封建制の
□ **grant**	〔動〕（権利などを）承諾する
□ **obligation**	〔名〕義務
□ **enlighten**	〔動〕啓発する、開明化する

5

□ **pass down**	〔動〕（子孫に）伝える
□ **graze**	〔動〕（家畜を）放牧する
□ **evict**	〔動〕退去させる
□ **legal**	〔形〕法的な
□ **trial**	〔名〕裁判
□ **date from**	〔動〕～までさかのぼる
□ **nutrient**	〔名〕栄養素
□ **infancy**	〔名〕幼少期、初期
□ **equivalent**	〔名〕相当物
□ **manage to V**	〔熟〕なんとかしてVする

7

□ **grain**	〔名〕穀物
□ **stable**	〔形〕安定した
□ **outbreak**	〔名〕（戦争や疫病などの）勃発、大流行
□ **plague**	〔名〕伝染病、疫病
□ **havoc**	〔名〕大混乱、大損害
□ **bargaining power**	〔名〕交渉力

第2章

Chapter 2

問題演習　会話

- 会話問題の概要
- 会話1— 絵画作品の返却
- 会話2— 新入生の悩み
- 会話3— 中間試験の評価
- 会話4— 専攻分野の変更
- 会話5— アマチュア無線

会話問題の概要

会話問題は、3分程度の長さの対話を聞いて5つの設問に答える形式になっています。話す速度はいわゆるナチュラル・スピードで、生の英語を聞き慣れていない人には速く感じられるかもしれません。

会話問題で想定されるシチュエーションは以下の通りです。

●話し手：
学生と教授、学生とカウンセラー、学生と大学の職員
●場所：
教務課の事務室、教授の研究室、図書館などの学内施設
●話題：
授業内容、課題の提出、書類の提出、履修手続き、入寮手続き、本の貸し出し・返却手続き

大学のキャンパス内での対話が想定されていて、2人の話し手のうちの1人は必ず学生ですから、実際に大学に入学した後で学生生活を送るために必要な英語力が問われていると言えるでしょう。

実際に会話問題のスクリプトの冒頭を見て、特徴を押さえましょう。

Listen to a conversation between a student and a counselor.
Student ① : I can't handle all of the demands that college life is putting on me; I'm just frazzled and feel like giving up already.
Counselor ① : When you say you are "frazzled," what do you mean by that?
Student ② : Well, for starters, I can't even fall asleep at night because I keep thinking about all of the stuff I'm supposed to do...

このように、最初に学生が抱える問題が明らかになり、もう一方の話し手が相談に応じ、2人で解決法を話し合うという展開が一般的です。メモを取る際には、こうした会話の流れを捉えるように意識しましょう。

本試験の会話問題では、コンピューター画面に次のような写真が表示されます。

このような写真を手がかりに2人の話し手の関係性を推測すると同時に、冒頭で何度も繰り返し発せられる語句や表現から会話が交わされている場所と話題を正確に把握することが重要です。

それでは、次のページから実際に演習問題に取り組んでみましょう。

問題演習 会話1

MP3 021~026

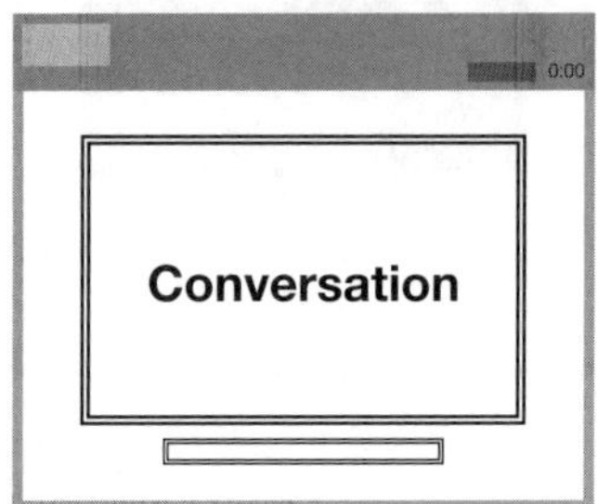

Now get ready to answer the questions.
You may use your notes to help you answer the questions.

1 Why does the student go to see the professor?

Ⓐ Her visa has expired and she needs help getting home.
Ⓑ The school has her paintings but she'd like to take them home.
Ⓒ She dropped by to discuss shipping her luggage home.
Ⓓ She wants to unroll her paintings and reframe them.

2 How will the packaging of the student's paintings be managed?

Ⓐ The student will return on Thursday to help put the paintings in the cardboard cylinder.
Ⓑ The school will pay a professional to help package the paintings.
Ⓒ The professor will roll up the paintings and package them.
Ⓓ The student will pay a professional to take the paintings out of their frames.

3 Who would pay for the shipping of the paintings?

(A) The student's parents
(B) The professor
(C) The student
(D) The school

4 How long have the student's paintings been on display?

(A) Since Thursday
(B) For one year
(C) For a few years
(D) For a few days

5 *Listen again to part of the conversation.*
Then answer the question.
Why does the professor say this?

(A) Another student won a competition for the space.
(B) The professor has already selected another student's paintings to display in the lobby.
(C) There is no longer enough room for her paintings in the lobby.
(D) It will create room in the lobby to display another student's paintings.

問題演習　会話1　解答・解説

Conversation　Questions 1–5

正解一覧

1. Ⓑ　2. Ⓒ　3. Ⓒ　4. Ⓒ　5. Ⓓ

スクリプト

MP3 021

Listen to a conversation between a student and a professor.

Student ① : Professor Melmoth, I'm glad we could meet today.

Professor ① : Why, yes, Akiko, I was so surprised to get your phone call. Where have you been?

Student ② : Well, I was doing a little travelling before my visa expires. Now I'm going home.

Professor ② : Home as in someplace in Japan?

Student ③ : Yes, someplace in Japan. First I'll visit my parents in their home in Tokyo and then we'll see. But I wanted to ask you about my paintings.

Professor ③ : Q1 Key➡ Ah, yes, those three beautiful paintings hanging in the lobby which you painted in my class in your sophomore year. Do you want to take them with you, back to Japan?

Student ④ : Well, yes, I want to take them back to Japan but I don't think I can manage taking them with me; I mean, packing them in my luggage or carrying them on the plane.

Professor ④ : No, no, of course not. But we could mail them back home. How about that? Do you have an address you could mail them to?

Student ⑤ : Yes, I can mail them to my parents' house.

Professor ⑤ : Well, yes, then, here's what we can do. I have a cardboard cylinder we can use for shipping. Q2 Key➡ I'll remove the paintings from their frames and roll them up. Since they're watercolors I'm sure they'll roll up and later unroll when you want to reframe them. If they were oils or gesso* I'd worry a little about cracking. Q3 Key➡ I'll package them in the cylinder and you can take them and mail them to your parents' house.

Student ⑥ : You don't mind doing that? It seems like a lot of work, maybe you'd like me to help or something. Maybe I should pay the school for this.

Professor ⑥ : Q5 🎧 Oh no, it's no problem. It's what I do. I'm a professional and I'll be doing it out of appreciation for Q4 Key ➡ having been able to have your paintings hanging here these last few years. We'll miss them you know. Q5 Key ➡ And yet, it's good you're doing this as it will give space for another aspiring young artist.

Student ⑦ : That's great. Thank you so much. I wasn't sure it'd be so easy.

Professor ⑦ : So, just give me a few days. How about this coming Thursday? Will that work for you?

Student ⑧ : Sounds perfect. I'll drop by Thursday afternoon. See you then!

* gesso：ジェッソ。画布に下地として塗り、絵の具の発色、定着力をよくする画材。

訳

学生と教授の会話を聞きなさい。

学生①：メルモス教授、今日はお会いできてうれしいです。

教授①：ああ、やあ、アキコ。あなたから電話をもらってとても驚きましたよ。今までどこにいたのですか。

学生②：ええと、ビザの有効期限が切れる前に少し旅行していました。これから家に帰ります。

教授②：日本のどこかにある家のことですか。

学生③：そうですね、日本のどこかです。まずは東京に住んでいる両親の家を訪ねます。それからは、後で決めます。ところで、私の絵についてあなたに聞きたかったのですが。

教授③：ああ、はい。ロビーにかかっている君が2年生のときに私の授業で描いたあの3つの美しい絵のことですね。日本に持って帰りたいのですか。

学生④：ええ、はい。日本に持って帰りたいのですが、自分では持っていけないと思います。つまり、私の荷物の中に詰めたり、飛行機で運んだりは（できないと）。

教授④：いやいや、もちろんそれは無理ですよ。でも、家に郵送はできますよ。それはどうでしょうか。絵の送り先の住所はありますか。

学生⑤：はい、両親の家に送れます。

教授⑤：うん、よし、それではこうしましょう。私は輸送に使えるボール紙製の筒を持っています。私が額から絵を外して、絵を巻いておきましょう。水彩画だから、巻いても後でまた額に飾るとき広がるでしょう。もし絵が油絵やジェッソだったら、ひび割れが少し心配ですが。私が筒に絵をしまいますから、君はそれを持っていって、ご両親の家に郵送すればいいでしょう。

学生⑥：本当にお願いしてしまっていいのですか。大変そうですし、何かお手伝いしましょうか。私は学校に費用を払うべきかもしれないですね。

教授⑥：Q5 🎧 いいえ、問題ないですよ。これは私の仕事ですから。私は専門家であり、この数年間君の絵をここに飾ることができたことへの感謝からこれを引き受けるのです。君の絵がないと寂しくなります。でもまた、向上心のある別の若い芸術家にスペースを渡せますから、君がこうしてくれるのはいいことなのです。

学生⑦：よかった。ありがとうございます。こんなにうまく進められると思いませんでした。

教授⑦：それでは、数日待ってください。次の木曜日はどうでしょう。君の都合はいいかな。

学生⑧：ちょうどいいです。木曜日の午後に立ち寄りますね。ではまたそのときに！

設問の訳・正解・解説

1 正解 Ⓑ

MP3 022

なぜ学生は教授に会いにいくのか。

Ⓐ 彼女のビザの有効期限が切れ、故郷に帰るため助けを必要としている。
Ⓑ 彼女の絵は学校にあるが、彼女は絵を持って帰りたい。
Ⓒ 彼女は教授に荷物を実家に送ることについて話すために立ち寄った。
Ⓓ 彼女は巻かれた自分の絵を広げて、額に飾りたい。

解説 トピック問題。教授は③の発言で、学校のロビーに展示されている絵を日本に持って帰りたいのかと聞いており、それに対して学生は持って帰りたいと答えている。結果として教授は彼女の絵を郵送してくれるが、荷物の発送について相談するために教授を訪れたわけではないのでⒸは不正解。

2 正解 Ⓒ

MP3 023

学生の絵はどのようにして梱包されるか。

Ⓐ 学生が木曜日に戻ってきて、ボール紙の紙筒に絵をしまうのを手伝う。
Ⓑ 学校が専門家に費用を払い、絵の梱包を手伝ってもらう。
Ⓒ 教授が絵を巻いて、梱包する。
Ⓓ 絵を額縁から外すために、学生が専門家に費用を払う。

解説 詳細理解問題。⑤の発言で教授は「私が額縁から絵を外して、絵を巻こう。」と述べている。学生が手伝おうかと申し出たところ、教授は⑥の発言で「いいえ、問題ないですよ。」と述べていることから、教授だけで絵を梱包することがわかる。

3 正解 Ⓒ　　MP3 024

誰が絵の運送費を払うだろうか。

Ⓐ 学生の両親
Ⓑ 教授
Ⓒ 学生
Ⓓ 学校

解説　推測問題。⑤の発言で教授は「私が筒に絵をしまうから、君がそれを持っていって、ご両親の家に郵送すればいいよ。」と述べている。学生が絵を郵送するので、運送費は学生が負担すると推測できる。

4 正解 Ⓒ　　MP3 025

学生の絵はどのくらい飾られているか。

Ⓐ 木曜日から
Ⓑ 1 年間
Ⓒ 数年間
Ⓓ 数日間

解説　詳細理解問題。教授が⑥の発言で「この数年間君の絵をここに飾ることができたことへの感謝からこれを引き受けるのです。」と述べていることから、学生の絵は数年間学校のロビーに飾られていたことがわかる。

5 正解 Ⓓ　　MP3 026

会話の一部をもう一度聞きなさい。それから質問に答えなさい。(「スクリプト／訳」の下線部を参照)
なぜ教授は次のことを言うのか。

Ⓐ ほかの学生がそのスペースの競争に勝った。
Ⓑ 教授はロビーに飾るために、別の学生の絵をすでに選んでいた。
Ⓒ ロビーに彼女の絵を飾る十分な場所はもはやない。
Ⓓ 別の学生の絵を飾る場所がロビーにできる。

解説　態度・意図問題。教授は学生と話すまで絵を移すことを知らなかったので、Ⓑ は不適切。学生の絵がなくなることで、ほかの学生の絵を飾る場所がロビーにできるので、Ⓓ が正解。

問題演習　会話 1 の語彙・表現

Student ①

□ **glad**　〔形〕嬉しい

Professor ①

□ **be surprised**　〔熟〕驚いている

Student ②

□ **expire**　〔動〕有効期限が切れる

Professor ②

□ **someplace**　〔名〕どこか

Student ③

□ **we'll see**　〔熟〕後で決める

Professor ③

□ **hang**　〔動〕かかっている、ぶらさがる

□ **lobby**　〔名〕ロビー

□ **sophomore**　〔形〕2 年の

Student ④

□ **manage**　〔動〕処理する

□ **I mean**　〔熟〕つまり

□ **pack**　〔動〕荷造りする、梱包する

□ **luggage**　〔名〕荷物

Professor ④

□ **mail**　〔動〕郵送する

Professor ⑤

□ **cardboard**　〔名〕ボール紙、段ボール

□ **cylinder**　〔名〕筒《ここでは紙筒、紙管の意味》

□ **shipping**　〔名〕輸送、運送

□ **remove**　〔動〕取り除く

□ **frame**　〔名〕額縁

□ **roll up**　〔動〕丸める

□ **watercolor**　〔名〕水彩画

□ **unroll**　〔動〕（巻いたものを）広げる

□ **reframe**　〔動〕額縁に入れ直す

- ☐ **cracking**　〔名〕ひび割れ
- ☐ **package**　〔動〕包装する

Student ⑥

- ☐ **mind V-ing**　〔熟〕V することを嫌がる
- ☐ **seem like**　〔熟〕～のようだ
- ☐ **would like O to V**　〔熟〕O に V してほしい

Professor ⑥

- ☐ **appreciation**　〔名〕感謝
- ☐ **aspiring**　〔形〕向上心のある

Professor ⑦

- ☐ **work**　〔動〕（計画などが）都合が良い

Student ⑧

- ☐ **drop by**　〔動〕立ち寄る

問題演習 会話2

MP3 027~032

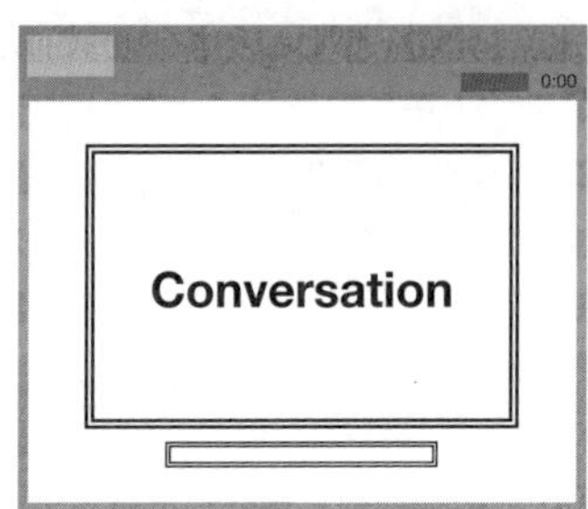

Now get ready to answer the questions.
You may use your notes to help you answer the questions.

1 Why does the student visit the counselor?

Ⓐ To get help with interpreting his dreams
Ⓑ To hand in an economics assignment
Ⓒ To give a presentation on an ethics topic
Ⓓ To ask for advice about the stress of college life

2 According to the counselor, what is a typical mistake made by freshmen?

Ⓐ Inadequate planning
Ⓑ Excessive concern for success
Ⓒ Failure to concentrate in class
Ⓓ Plagiarism

3 Why does the student mention his history class?

Ⓐ There is a plethora of reading assignments.
Ⓑ The lectures are incredibly boring.
Ⓒ He has to address the class on a given topic.
Ⓓ The professor hasn't talked about the Aztecs.

4 How could the tone of the counselor be described?

Ⓐ Pedantic
Ⓑ Sympathetic
Ⓒ Neurotic
Ⓓ Condescending

5 *Listen again to part of the conversation.*
Then answer the question. 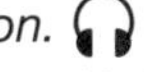
Why does the student say this?

Ⓐ The student feels strange discussing his problems.
Ⓑ The student does not feel the counselor's advice will help.
Ⓒ The student feels isolated and stressed.
Ⓓ The student feels the need to have more free time to get to know his friends better.

問題演習 会話2 解答・解説

Conversation Questions 1–5

正解一覧

1. Ⓓ 2. Ⓐ 3. Ⓒ 4. Ⓑ 5. Ⓒ

スクリプト

MP3 027

Listen to a conversation between a student and a counselor.

Student ① : I can't handle all of the demands that college life is putting on me; I'm just frazzled and feel like giving up already.

Counselor ① : When you say you are "frazzled," what do you mean by that?

Student ② : Q1 Key➡ Well, for starters, I can't even fall asleep at night because I keep thinking about all of the stuff I'm supposed to do. Then, when I finally do fall asleep, I have all these crazy dreams about forgetting exams, losing textbooks, or not having enough money to pay rent. Plus I just generally feel exhausted all of the time.

Counselor ② : Believe it or not, what you describe is pretty typical for a college freshman. Starting university is a high-pressure situation and many of your fellow students are in the same boat. So, the first thing I'd like you to do is know that you are not alone.

Student ③ : That is helpful; it seems like everybody else is floating along without a care in the world.

Counselor ③ : As you get accustomed to university life, you'll figure out the best ways for you to deal with stress, but I can give you a few tips. Q2 Key➡ One of the biggest mistakes new students make is failing to plan: disorganization breeds stress.

Student ④ : I don't have time to sit down and plan out what I'm going to do. I've got way too much work that needs to be done by a deadline.

Counselor ④ : How about we map out a schedule right now? What projects are you working on at this moment and when are they due?

Student ⑤ : Well, my econ professor thinks I have all the time in the world to read and has assigned us three textbooks. Q3 Key➡ Meanwhile, I'm taking a Latin American history class and have to give a presentation on the life of the Aztecs the first week of April.

Counselor ⑤: Okay, so far it sounds like you have to allot at least one hour a day to reading to keep up with your economics class and that you have to get an outline together for your presentation. What else?

Student ⑥: Q5 If the truth be told, just talking to you this morning has made me feel so much better. Q5 Key ➡ I don't have a lot of close friends yet and I'm feeling kind of bottled up.

Counselor ⑥: If you ever need a sympathetic ear, I'm always here for you. Meanwhile, I urge you to take a few minutes every day and be systematic about your studies. With a positive attitude and a little experience, you'll discover that college life is wonderful.

訳

学生とカウンセラーの会話を聞きなさい。

学生①：私には大学生活が課すすべてには応えることはできないです。もうただ疲れ切って、やめたい気分です。

カウンセラー①：「疲れ切っている」と言うと、どういう意味で、ですか。

学生②：ええと、最初に、やらなきゃいけないことを考え続けてしまって、夜眠りに入ることさえできません。そしてやっと眠りに落ちたら、試験を忘れたり、教科書をなくしたり、家賃を払うお金が足りないなど本当に奇妙な夢ばかり見るのです。さらに、疲労感が常にあります。

カウンセラー②：信じないかもしれないけれど、あなたが説明してくれたことは新入生にはよくあることよ。大学生活を始めることは、とてもプレッシャーのかかる状況で、あなたの同期生の多くも同じ苦しみを味わっているのよ。だから、まずあなたにしてほしいことは自分だけじゃないと知ることね。

学生③：それは助かります。ほかのみんなは何の心配もなくこなしているみたいで。

カウンセラー③：大学生活に慣れるにつれて、ストレスに対処する自分に一番合った方法を見つけるでしょうけど、いくつかアドバイスはできます。新入生がしてしまう最も大きな間違いの1つは計画を怠ることなの。無計画はストレスを生み出すのよ。

学生④：落ち着いてこれから何をするのか計画する時間がありません。期日までに終わらせなくてはいけない課題がありすぎます。

カウンセラー④：今ここでスケジュールを一緒に確認するのはどうかしら。今、何のプロジェクトに取り組んでいて、締め切りはいつかしら。

学生⑤：ええと、経済学の教授は私には読書する時間があり余っていると思っていて、3冊の教科書を課題に出しました。同時に、ラテンアメリカの歴史の授業を取っていて、4月の第1週にアステカ人の生活についてプレゼンテーションをしなくてはいけません。

カウンセラー⑤：わかりました。今のところ、経済学の授業についていくために毎日最低1時間はリーディングに割り当てて、プレゼンテーションのためにアウトラインをまとめないといけないようね。ほかにはありますか。

学生⑥：Q5 実は、今朝あなたと話しているだけで気持ちがずっと楽になりました。まだ親しい友達があまりいないので。気持ちをいくらか押さえ込んでいた感じがします。

カウンセラー⑥：相談相手が必要になったら、いつでもここに来てくださいね。でも、毎日数分時間をとって、勉強に関して計画的になってください。前向きな姿勢を持って少し慣れてくれば、大学生活は素晴らしいものだとわかるでしょう。

設問の訳・正解・解説

1 正解 Ⓓ

MP3 028

学生がカウンセラーを訪ねたのはなぜか。

Ⓐ 彼の見た夢を解釈するのを手伝ってもらうため
Ⓑ 経済学の課題を提出するため
Ⓒ 倫理学のテーマに関するプレゼンをするため
Ⓓ 大学生活のストレスについてアドバイスを求めるため

解説 トピック問題。学生は②の発言で大学生活に疲れてしまっているとカウンセラーに話している。Ⓐについては言及がなく、Ⓑにある経済学については課題が多いことに触れている。プレゼンを予定しているのはラテンアメリカの歴史の授業であり、倫理学ではないのでⒸも不正解。

2 正解 Ⓐ

MP3 029

カウンセラーによると、新入生による典型的な間違いは何か。

Ⓐ 不十分な計画
Ⓑ 成功への過度な関心
Ⓒ 授業で集中ができない
Ⓓ 盗用

解説 詳細理解問題。カウンセラーは③の発言で「新入生がしてしまう最も大きな間違いの1つは計画を怠ることなの」と述べている。

3 正解 Ⓒ　MP3 030

なぜ学生は歴史の授業に言及しているのか。

Ⓐ 読書の課題が過多である。
Ⓑ 講義が非常につまらない。
Ⓒ 彼は与えられたテーマについてクラスで話さなければならない。
Ⓓ 教授がアステカ人についてまだ話していない。

解説　詳細理解問題。学生は⑤の発言で「ラテンアメリカの歴史の授業を取っていて、4月の第1週にアステカ人の生活についてのプレゼンテーションをしなければならない」と述べている。

4 正解 Ⓑ　MP3 031

カウンセラーの口調はどのように表現されるか。

Ⓐ 衒学的（知識をひけらかしている）
Ⓑ 同情的
Ⓒ 神経質
Ⓓ 見下している

解説　態度・意図問題。カウンセラーは学生の悩みは新入生にはよくあることだと理解を示している。さらに助言をし、スケジュールを共に考えるなど全体を通して学生の立場にたって支援を積極的に行っている。

5 正解 Ⓒ　MP3 032

会話の一部をもう一度聞きなさい。それから質問に答えなさい。（「スクリプト／訳」の下線部を参照）
なぜ学生は次の発言をするのか。

Ⓐ 学生は、自分の悩みを話すことが変だと感じている。
Ⓑ 学生は、カウンセラーの助言が助けにならないと感じている。
Ⓒ 学生は、孤独でストレスを感じている。
Ⓓ 学生は、友人をもっとよく知るためにはもっと自由な時間が必要だと感じている。

解説　態度・意図問題。bottle up は「感情を押さえ込んで人に見せない」という意味。直前に学生は「親しい友達がまだあまりいない」と言っており、孤独と感じていることを示唆している。例えば眠れないなど、それまでの内容からわかるように、明らかに学生はストレスも感じている。

問題演習　会話 2 の語彙・表現

Student ①

□ **handle**	〔動〕（物事を）扱う、処理する
□ **demand**	〔名〕要求
□ **frazzled**	〔形〕疲れ切った、心身ともぼろぼろで
□ **feel like V-ing**	〔熟〕V したい気がする

Student ②

□ **for starters**	〔熟〕まず第一に
□ **fall asleep**	〔動〕眠りに落ちる
□ **keep V-ing**	〔熟〕V し続ける
□ **stuff**	〔名〕物事
□ **be supposed to V**	〔熟〕V することになっている
□ **rent**	〔名〕家賃
□ **exhausted**	〔形〕疲れ果てている

Counselor ②

□ **believe it or not**	〔熟〕信じないかもしれないが、驚くかもしれないが
□ **pretty**	〔副〕かなり
□ **typical**	〔形〕典型的な
□ **freshman**	〔名〕1 年生
□ **fellow**	〔形〕仲間の
□ **be in the same boat**	〔名〕同じように難しい状況にいる

Student ③

□ **float along**	〔動〕漂う

Counselor ③

□ **get accustomed to**	〔熟〕～に慣れる
□ **figure out**	〔動〕～を解明する、割り出す
□ **deal with**	〔動〕～に対処する
□ **tip**	〔名〕助言、アドバイス
□ **fail to V**	〔熟〕V しない、V するのを怠る、失敗する
□ **disorganization**	〔名〕無計画
□ **breed**	〔動〕引き起こす

Student ④

□ **way too much**	〔熟〕あまりに多すぎる

□ **deadline**	〔名〕締め切り、期日

Counselor ④

□ **work on**	〔動〕～に取り組む
□ **due**	〔形〕（課題などが）提出期日である

Student ⑤

□ **econ**	〔名〕経済学《economics の略称》
□ **assign**	〔動〕課題を出す
□ **meanwhile**	〔副〕その間

Counselor ⑤

□ **so far**	〔副〕今までのところ
□ **it sounds like**	〔熟〕～のようだ
□ **allot**	〔動〕割り当てる
□ **at least**	〔副〕少なくとも
□ **keep up with**	〔熟〕～に遅れずについていく

Student ⑥

□ **if the truth be told**	〔熟〕実は、本当のことを言えば
□ **close**	〔形〕親密な
□ **bottle up**	〔動〕（怒りや悲しみなどの感情を）押さえ込む

Counselor ⑥

□ **sympathetic ear**	〔名〕相談相手、悩みを相談できる相手
□ **meanwhile**	〔副〕その間に、一方では = on the other hand
□ **systematic**	〔形〕計画的な

問題演習　会話3

MP3 033~038

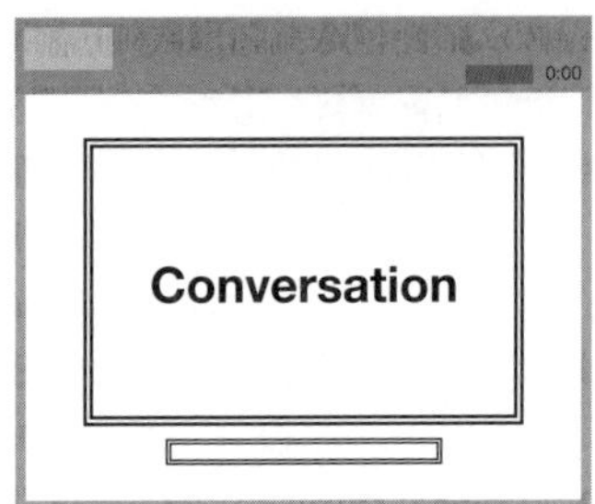

Now get ready to answer the questions.
You may use your notes to help you answer the questions.

1 *Listen again to part of the conversation.*
Then answer the question.
Why does the student say this?

Ⓐ The professor's class is somewhat provoking.
Ⓑ The student thought about the readings quite a lot.
Ⓒ The professor's course is extremely interesting.
Ⓓ After thinking about the readings, the student was disappointed.

2 What is the student's main purpose in this consultation?

Ⓐ To appear interested in the course
Ⓑ To get to know the professor better
Ⓒ To better understand some recent lectures
Ⓓ To learn how to improve future test scores

3 Why did the student sign up for Professor Phillips' class in the first place?

Ⓐ He has a keen interest in Philosophy.
Ⓑ He found the other classes were harder.
Ⓒ He sees it a way to meet the core requirements.
Ⓓ He heard that students liked the class.

4 What is the professor's opinion of the essay?

Ⓐ It is too short.
Ⓑ It is pretty good.
Ⓒ It lacks original observations.
Ⓓ It contradicted the lectures.

5 What will the student probably do during the next essay exam?

Ⓐ Make sure to answer the question completely
Ⓑ Make more of an effort to get sidetracked
Ⓒ Remember to offer more original observations
Ⓓ Provide a detailed explanation of each reason

問題演習 会話3 解答・解説

Conversation Questions 1–5

正解一覧

1. Ⓒ　2. Ⓓ　3. Ⓒ　4. Ⓑ　5. Ⓐ

スクリプト

MP3 033

Listen to a conversation between a student and a professor.

Student ① : Thanks for making time for me today, Professor Phillips, I know you're really busy and I appreciate you squeezing me in like this.

Professor ① : No problem. What is it that you need to talk to me about? You have a very worried look on your face.

Student ② : Q1 Well, first let me say that I've really been enjoying your class. Q3 Key ➡ To be honest, I had never been interested much in philosophy before and just took this course to meet the core requirements. Q1 Key ➡ From the start, though, I found the readings to be thought-provoking.

Professor ② : So far, so good. Have you had trouble following the lectures then?

Student ③ : No, not at all. In fact, I've been surprised myself at how absorbing your presentations are. I mean, time flies during our period. No, the reason I came here today is to talk to you about my mid-term exam.

Professor ③ : Did you bring it with you?

Student ④ : Yes, it's right here. I was really disappointed with my grade and so I thought I'd better come find out why I got such a low mark. At the risk of being too arrogant, I think it's a pretty good essay.

Professor ④ : Of course I don't remember this particular essay, but judging from the B⁻ I gave you, it looks like I'd agree with that assessment. Q4 Key ➡ I don't just give away Bs*, you know, so getting a B⁻ from me is quite an accomplishment.

Student ⑤ : I'm not used to getting anything less than B⁺s, so it came as quite a shock to me. Q2 Key ➡ I'm on a scholarship here and must maintain a 3.25 GPA** on average to keep it so there is no way I can afford to get a C in this class. That's why I thought it'd be best to talk to you directly and see how I could improve my score on the final.

Professor ⑤: Q5 Key ➡ Glancing over your essay now, I remember my only quarrel was that you didn't address the whole essay question.

Student ⑥ : But I wrote nearly six full pages in the hour we had for the exam.

Professor ⑥ : I'm not questioning the quantity, I'm taking issue with the quality. Notice how the essay question asks for reasons and examples.

Student ⑦ : Right, and I gave several reasons. Pretty good reasons too, plus I included a lot of analytical observations of my own.

Professor ⑦ : Yes, you did and you should have saved your time and given me what I asked for: namely, examples.

* Bs：A ～ F までで示される成績評価のうちの B 評価を指す。アルファベットにプラスとマイナスのマークがつくことでさらに評価が細分化されるので B 評価は複数あるため、複数形を表す"s"が付いている。

** GPA：Grade Point Average（成績評価平均値）の略。0.00 から 4.00 で示される成績指標で、欧米の大学や高校で使用される。

訳

学生と教授の会話を聞きなさい。

学生①：今日は時間を作っていただいてありがとうございます。フィリップス教授。あなたがとても忙しいのを知っているので、このように私の無理を聞いていただいて感謝しています。

教授①：問題ないですよ。私に話す必要があることは何ですか。とても心配そうな表情をしているね。

学生②：Q1 ええと、最初に私は本当にあなたの授業を楽しんでいることを言わせてください。正直言うと、私は以前哲学にあまり興味がありませんでした。そして必修条件を満たすためにこの講座を取っただけでした。でも、最初から課題図書が示唆に富んでいると思いました。

教授②：今のところ、順調ですね。それでは講義についていくのが大変なのですか。

学生③：いいえ、まったくそうではないです。それどころか、あなたの発表がどんなに面白いのかに驚いています。つまり、授業時間中、時間がすぐに過ぎます。そうではなく、今日ここに来た理由は私の中間試験についてあなたと話すためです。

教授③：試験を持ってきましたか。

学生④：はい、ここにあります。私は自分の成績にとてもがっかりしました。だから、なぜそんなに低い点を取ったのか調べにいくほうがいいと思いました。横柄すぎるのは承知のうえですが、それはかなりいいエッセイだと思います。

教授④：もちろん私は特にこのエッセイを覚えていないが、私があなたにつけた B⁻ から判断すると、私はその評価に賛成だろうね。私は簡単に B をつけたりしないよ。だから私から B⁻をもらうことはかなりの成果だよ。

学生⑤：私は B^+ 以下を取ることになれていません。だからそれは私にとってかなりのショックでした。この大学には奨学金で通っているので、奨学金を続けるために平均 3.25 GPA を維持しないといけないのです。だからこの授業で C を取る余裕は私にはまったくありません。だからあなたと直接話して、学期末試験でどうやって点数を伸ばしたらいいのか確かめるのが最もよいと思いました。

教授⑤：今あなたのエッセイに目を通して思い出すのは、あなたがエッセイ全体の質問を取り上げていないことが私側の唯一の言い分だったということだよ。

学生⑥：でも、試験時間中に 6 ページ近くも書きました。

教授⑥：私は量について聞いているのではないよ。私は質の問題を言っているのだよ。どのようにエッセイの質問が理由と例を求めているかに気づいてほしい。

学生⑦：そうですね、私はいくつか理由を書きましたよ。それもかなりよい理由です。しかも独自に分析した見解を書きました。

教授⑦：ええ、そうでしたね。そして時間を節約して、私が求めたこと、すなわち例を書くべきでした。

設問の訳・正解・解説

1 正解 Ⓒ MP3 034

会話の一部をもう一度聞きなさい。それから質問に答えなさい。（「スクリプト／訳」の下線部を参照）

なぜ学生は次のことを言うのか。

Ⓐ 教授の授業がいくらか反感をそそる。
Ⓑ 学生は課題図書についてかなり考えた。
Ⓒ 教授の講座が非常に面白い。
Ⓓ 課題図書について考えた後、学生はがっかりした。

解説 態度・意図問題。“thought-provoking”は「示唆に富んでいる」という意味。学生は、以前は哲学に関心がなかったものの、教授の講座は興味を引くものであったことを伝えている。“provoking”は「挑発的な」という意味なので Ⓐ は不適切。

2 正解 Ⓓ　MP3 035

この相談での学生の主な目的は何か。

Ⓐ 講座に興味があると見せるため
Ⓑ 教授をもっとよく知るため
Ⓒ 最近のいくつかの講義をより理解するため
Ⓓ 今後のテストの点数を改善する方法を学ぶため

解説 トピック問題。学生は中間試験の成績に非常にがっかりしたので、⑤の発言で「あなたと直接話して、学期末試験でどうやって点数を伸ばしたらいいのか確かめるのが最もよいと思いました。」と述べている。

3 正解 Ⓒ　MP3 036

学生はそもそもなぜフィリップス教授の授業を登録したのか。

Ⓐ 哲学への強い関心がある。
Ⓑ ほかの授業がより難しいと思った。
Ⓒ 必修の条件を満たす方法として考えている。
Ⓓ 学生たちがその授業を気に入っていると聞いた。

解説 詳細理解問題。②の発言で学生は「正直言うと、私は以前哲学にあまり興味がありませんでした。そして必修の条件を満たすためにこの講座を取っただけでした。」と述べている。

4 正解 Ⓑ　MP3 037

教授のそのエッセイ対する意見は何か。

Ⓐ 短すぎる。
Ⓑ かなりよい。
Ⓒ 独自の意見を欠いている。
Ⓓ 講義を否定していた。

解説 態度・意図問題。④の発言で教授が「私は簡単にBをつけたりしないよ。だから私からB^{-}をもらうことはかなりの成果だよ。」と述べていることから、学生のエッセイはかなりよいことがわかる。

5 正解 Ⓐ

MP3 038

次のエッセイの試験中おそらく学生は何をするだろうか。

Ⓐ 確実に質問に完全に答えるようにする
Ⓑ 脱線するようにもっと努力をする
Ⓒ より多くの独自の意見を忘れずに書く
Ⓓ それぞれの理由の詳細な説明を書く

解説 推測問題。教授は⑤の発言で「私側の唯一の言い分はあなたがエッセイ全体の質問を取り上げていないことだった」と述べている。また、教授が「私が求めたこと、すなわち例を書くべきでした」と⑦の発言で述べていることからも、学生は試験の質問に完全に答えていなかったことがわかる。

問題演習　会話 3 の語彙・表現

Student ①

□ **appreciate**	〔動〕感謝する
□ **squeeze**	〔動〕～を（忙しいスケジュールの合い間に）押し込む

Professor ①

□ **look**	〔名〕様子

Student ②

□ **to be honest**	〔熟〕実は
□ **philosophy**	〔名〕哲学
□ **core requirement**	〔名〕必須条件
□ **from the start**	〔熟〕最初から
□ **thought-provoking**	〔形〕示唆に富んでいる

Professor ②

□ **so far, so good**	〔熟〕今のところ、順調です

Student ③

□ **absorbing**	〔形〕非常に興味深い
□ **mid-term**	〔形〕（学期などが）中間の

Student ④

□ **be disappointed with**	〔熟〕～にがっかりする
□ **grade**	〔名〕成績

□ **find out**	〔動〕突き止める、解明する
□ **mark**	〔名〕（成績などの）点、点数
□ **at the risk of**	〔熟〕～の危険を冒して
□ **arrogant**	〔形〕横柄な
□ **pretty**	〔副〕かなり

Professor ④

□ **judging from**	〔熟〕～から判断して
□ **assessment**	〔名〕評価
□ **accomplishment**	〔名〕成果、達成

Student ⑤

□ **be used to**	〔熟〕～に慣れている
□ **scholarship**	〔名〕奨学金
□ **maintain**	〔動〕保つ
□ **on average**	〔熟〕平均して
□ **afford**	〔動〕余裕がある
□ **improve**	〔動〕向上させる

Professor ⑤

□ **glance over**	〔動〕～にざっと目を通す
□ **quarrel**	〔名〕口論、苦情

Professor ⑥

□ **quantity**	〔名〕量

Student ⑦

□ **analytical**	〔形〕分析的な
□ **observation**	〔名〕見解、意見

Professor ⑦

□ **namely**	〔副〕（いっそう具体的に）すなわち

問題演習　会話4

MP3 039~044

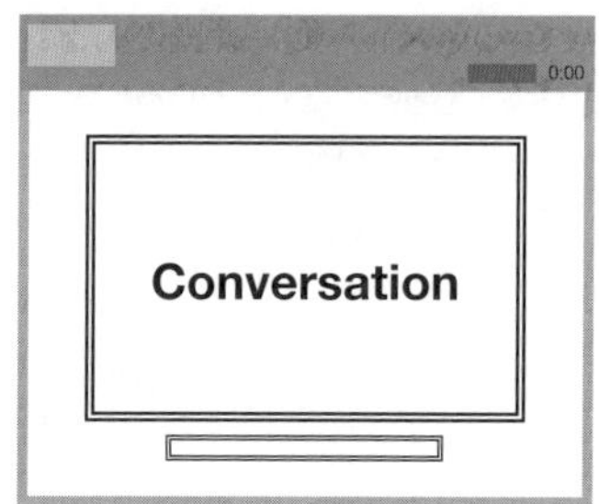

Now get ready to answer the questions.
You may use your notes to help you answer the questions.

1 What year will the man be when classes start in the next semester?

Ⓐ Sophomore
Ⓑ Junior
Ⓒ Senior
Ⓓ Post-graduate

2 What does the student say his mother does for a living?

Ⓐ She is a newspaper columnist.
Ⓑ She works for a Fortune 500 company.
Ⓒ She dabbles in public relations.
Ⓓ She volunteers for the local church.

3 *Listen again to part of the conversation.*
Then answer the question.
Why does the student say this?

Ⓐ He is not completely sure what major he prefers.
Ⓑ He would rather be a TV reporter than a print journalist.
Ⓒ He plans to minor in journalism rather than major in it.
Ⓓ His ideas for his future studies have changed.

4 Why does the man say he is interested in science?

Ⓐ He has more natural ability in the sciences.
Ⓑ Nobody in his family has studied science.
Ⓒ Journalism requires too much travel.
Ⓓ Science offers fascinating possibilities.

5 What is one reservation expressed by the academic advisor?

Ⓐ She is concerned about the man disappointing his parents.
Ⓑ She feels the man is making a too hasty decision.
Ⓒ She wonders if the man will quickly tire of science, too.
Ⓓ She doubts that the man will get accepted in the science program.

問題演習　会話4　解答・解説

Conversation　Questions 1–5

正解一覧

1. Ⓑ　2. Ⓐ　3. Ⓓ　4. Ⓓ　5. Ⓒ

スクリプト

MP3 039

Listen to a conversation between a student and an academic advisor.

Student ① : Q1 Key ➡ Now that I've finished up my second year of coursework, I feel like I need some direction and so I've come to see what you think of my proposed schedule for next semester.

Advisor ① : Let me take a look at what you've been doing and then I'll take a look at where you're going.

Student ② : Fair enough. When I was a freshman, I took only courses that fulfilled basic requirements; you know, Geology 101, Economics 150, Philosophy 102, and the like.

Advisor ② : Yes, and your transcript indicates that you did very well in all of these courses.

Student ③ : That was part of my problem. I enjoyed all of the courses and it didn't help that I excelled in whatever class I took. At the end of the year, I was still at a loss as to what I wanted to do when I grew up.

Advisor ③ : So how did you decide on journalism as your major?

Student ④ : I come from a family of reporters, and so it seemed like the obvious choice. Q2 Key ➡ My mom writes a column for the San Francisco Chronicle and my father was a journalist before he started working in the Public Affairs Department of a Fortune 500 company a few years ago. After he retired from his work as an engineer, even my grandfather sort of got into journalism by taking over the monthly newsletter put out by his church.

Advisor ④ : Are you more interested in TV news or do you envision yourself working for a print publication?

Student ⑤ : Is "none of the above" an acceptable answer?

Advisor ⑤ : Not if you intend to major in journalism it isn't.

Student ⑥ : Q3 🎧 Well, as you can see from the draft of my schedule for next year,

I plan to veer away from journalism altogether. Q3 Key➡ The more I think about it, the more I want to major in science.

Advisor ⑥ : Of course you can change your major if you want to, but I encourage you to think about this carefully. You may lose some credits in the change and this could delay your graduation.

Student ⑦ : I realize that, but journalism seems so stale compared to science. In fact, the more I read the newspaper and watch TV news, the less interesting that whole field seems. Q4 Key➡ Doing scientific research, on the other hand, offers infinite exciting possibilities.

Advisor ⑦ : Q5 Key➡ But I wonder if you won't get tired of science as quickly as you got tired of journalism. Once the novelty wears off, you might find science stale, too.

Student ⑧ : It's hard to say until I actually do it. I think I had chosen journalism out of some sense of loyalty to a family tradition rather than because it was a field that stimulated me, though.

Advisor ⑧ : Well then, let's take a look at what requirements you still need to fulfill and how we can put together the best classes for you next term.

訳

学生とアカデミックアドバイザーとの会話を聞きなさい。

学生①：2年目の科目の履修が終わったので、ある程度の指導が必要だと感じています。そのため、私が提案する来学期の予定をあなたがどう思うか確かめに来ました。

アドバイザー①：あなたが今までやってきたことを見せてくれるかしら。それからあなたがどこに進んでいくのか見てみましょう。

学生②：まあいいでしょう。私が1年生だったとき、私は基本的な必修の条件を満たす科目だけを履修しました。ご存知のように、地質学101、経済学150、哲学102といったものです。

アドバイザー②：はい。そしてあなたの成績表はあなたがすべての科目でとても優秀だったことを示していますね。

学生③：それが私の問題の一部でした。私はすべての科目を楽しみました。そして私が履修したどのクラスでも私がずば抜けていたことは助けになりませんでした。その年の終わりになっても、大人になったら何をしたいのかについてまだ迷っていました。

アドバイザー③：じゃあどうやってジャーナリズムを専攻に決めたのですか。

学生④：私は記者一家の出身です。だからそれは当然の選択のように思えました。母はサンフランシスコ・クロニクルにコラムを書いています。そして父はフォーチュン500社の広報部で数年前に働き始める前はジャーナリストでした。エンジニアの仕事を引退した後、祖父でさえ所属教会が発行していた月刊のニュースレターを引き継いで一種のジャーナリズム界に入りました。

アドバイザー④：あなたはテレビのニュースにより興味がありますか、それとも新聞雑誌の出版業界で働いている自分自身を心に描きますか。

学生⑤：「そのどれでもない」は受け入れられる答えですか。

アドバイザー⑤：ジャーナリズムを専攻するつもりなら、それは受け入れられないです。

学生⑥：Q3 ええと、来年の私のスケジュール案からわかるように、ジャーナリズムから完全に離れるように方向を変えようと計画しています。考えれば考えるほど、科学を専攻したくなります。

アドバイザー⑥：もちろん、あなたがしたいなら専攻を変えることはできますよ。だけど、このことについて慎重に考えることをすすめるわ。変更によっていくつか単位を失うかもしれないし、これが卒業を遅らせることもありえるのよ。

学生⑦：それはわかります。でもジャーナリズムは科学と比べてとてもつまらなく思えます。それどころか、新聞を読めば読むほど、テレビのニュースを見れば見るほど、その分野全体がよりつまらなく思えてきます。科学的な研究をすることは、一方、わくわくするような無限の可能性を示しています。

アドバイザー⑦：だけど、あなたはジャーナリズムに飽きてしまったのと同じくらいの早さで科学にも飽きてしまうのではないかしら。いったん目新しさがなくなると、科学もつまらないと思うかもしれないわ。

学生⑧：実際にやるまでそれは言いがたいです。私がジャーナリズムを選んだのは、それが私を鼓舞する分野だったからではなく、むしろ家族の伝統に対するある種の忠誠心からだったと思います。

アドバイザー⑧：ええと、ではどの必修科目をあなたがまだ満たす必要があるか、そして来学期にあなたにとって一番よい科目をどうやって組めるか見てみましょう。

設問の訳・正解・解説

1 正解 Ⓑ MP3 040

来学期に授業が始まるとき、その男性は何年生になっているか。

Ⓐ 2年生
Ⓑ 3年生
Ⓒ 4年生
Ⓓ 大学院生

解説 詳細理解問題。学生は最初に「2年目の科目の履修が終わったので」と述べているので、来学期には3年生になることがわかる。

2 正解 Ⓐ　　MP3 041

学生は彼の母は生活のために何をしていると言っているか。

Ⓐ 彼女は、新聞のコラムニストである。
Ⓑ 彼女は、フォーチュン500社に勤めている。
Ⓒ 彼女は、広報に軽い気持ちで関わっている。
Ⓓ 彼女は、地元の教会のボランディアをしている。

解説　詳細理解問題。学生は④の発言で「私の母はサンフランシスコ・クロニクルでコラムを書いています」と述べている。

3 正解 Ⓓ　　MP3 042

会話の一部をもう一度聞きなさい。それから質問に答えなさい。(「スクリプト／訳」の下線部を参照)
なぜ学生は次の発言をするのか。

Ⓐ 彼は何の専攻がより好きか完全にわかっているわけではない。
Ⓑ 彼は新聞雑誌のジャーナリストではなく、むしろテレビの記者になりたい。
Ⓒ 彼はジャーナリズムを専攻するのではなく、副専攻にするつもりである。
Ⓓ 彼の将来の勉強についての考えは変わった。

解説　態度・意図問題。Ⓑ や Ⓒ については、学生自身は言及していない。学生の⑥の発言から専攻をジャーナリズムから科学に変更したいことがわかるので Ⓓ が正解。アドバイザーの⑥の発言で、専攻の変更には慎重になるように注意されているため、Ⓐ も学生の特徴と一致するように思えるが、学生は⑦でいかに自分が科学に興味を持っているかをはっきりと述べているので不正解となる。

4 正解 Ⓓ　　MP3 043

なぜ男性は科学に興味があると言うのか。

Ⓐ 彼は科学においてより生まれつきの能力がある。
Ⓑ 彼の家族の誰も科学を勉強したことがない。
Ⓒ ジャーナリズムは旅行を必要としすぎる。
Ⓓ 科学は興味深い可能性を提示する。

解説　詳細理解問題。学生は⑦の発言で「でもジャーナリズムは科学と比べてとてもつまらなく思えます。」と述べたあと、「科学的な研究をすることは、一方、わくわくするような無限の可能性を示しています」と述べている。

5 正解 Ⓒ　　　　MP3 044

アカデミックアドバイザーによって表された1つの懸念は何か。

Ⓐ 彼女は男性が彼の両親をがっかりさせることを心配している。
Ⓑ 彼女は男性が決定を急ぎすぎていると感じる。
Ⓒ 彼女は男性が科学にも早く飽きるのではないかと疑問に思っている。
Ⓓ 彼女は男性が科学課程に合格するのを疑っている（合格しないと思っている）。

解説 詳細理解問題。アドバイザーは⑦の発言で「だけど、あなたはジャーナリズムに飽きてしまったのと同じくらいの早さで科学にも飽きてしまうのではないかしら。」と述べており、学生がすぐに科学にも飽きてしまうのではないかとアドバイザーが疑問に思っていることがわかる。

問題演習　会話4の語彙・表現

Student ①

□ **propose**	〔動〕提案する
□ **semester**	〔名〕（2学期制の）学期

Student ②

□ **fulfill**	〔動〕（条件などを）満たす
□ **geology**	〔名〕地質学《講座名の場合 Geology と書く》

Advisor ②

□ **transcript**	〔名〕成績表
□ **indicate**	〔動〕表す、示す

Student ③

□ **excel**	〔動〕ずば抜ける、卓越する
□ **be at a loss**	〔熟〕迷う
□ **as to**	〔前〕～に関して

Advisor ③

□ **major**	〔名〕（大学学部での）専攻、専攻科目

Student ④

□ **obvious**	〔形〕明らかな、わかりきった
□ **get into**	〔動〕～に参加する

□ **take over**	〔動〕～を引き継ぐ
□ **put out**	〔動〕発行する、出版する

Advisor ④

□ **envision**	〔動〕～を心に描く、想像する = envisage

Advisor ⑤

□ **intend to V**	〔熟〕V するつもりである

Student ⑥

□ **draft**	〔名〕草稿、下書き
□ **veer**	〔動〕方向転換する

Advisor ⑥

□ **encourage**	〔動〕促す
□ **credit**	〔名〕単位
□ **delay**	〔動〕遅らせる

Student ⑦

□ **realize**	〔動〕気づく
□ **stale**	〔形〕つまらない
□ **compared to**	〔熟〕～と比較して
□ **whole**	〔形〕全体の
□ **infinite**	〔形〕無限の

Advisor ⑦

□ **wonder if**	〔動〕～かしら、だろうかと思う
□ **get tired of**	〔熟〕～に飽きる
□ **novelty**	〔名〕目新しさ
□ **wear off**	〔動〕（徐々に）なくなる

Student ⑧

□ **stimulate**	〔動〕鼓舞する、刺激する

問題演習 会話5

MP3 045~050

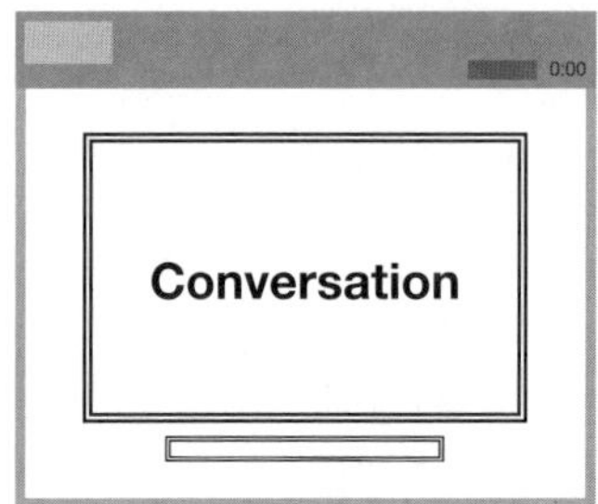

Now get ready to answer the questions.
You may use your notes to help you answer the questions.

1 What is the hobby shared by the student and the professor?

Ⓐ They like hams and enjoy having them with friends from foreign countries.
Ⓑ They enjoy listening to radio broadcasts from various countries.
Ⓒ They speak by radio to other enthusiasts around the world.
Ⓓ They tune into TV broadcasts with a satellite antenna.

2 According to the conversation, which of the following are true?
Choose 2 answers.

[A] Both the student and the professor started their hobby in high school.
[B] Their hobby has been losing its popularity recently.
[C] The student met the professor while he was shopping for radio parts.
[D] The professor teaches courses related to the possibility of interplanetary contact.

3 Which of the following describes the qualities of the interplanetary medium?

Ⓐ It has a variable density, highly electrically conductive particles, and magnetic properties.
Ⓑ It is not electrically conductive, contains cosmic rays, and carries the sun's magnetic field.
Ⓒ It affects the Earth's gravity, is highly electrically conductive, and contains 5 to 100 particles per cubic centimeter.
Ⓓ It interferes with Mars' magnetic field, contains cosmic rays, and has conductive properties.

4 According to the conversation, what was one reason given for the Earth having an atmosphere today?

Ⓐ The influence of a large number of green plants
Ⓑ The force of the Earth's magnetic field
Ⓒ The effect of the solar wind on the Earth's temperature
Ⓓ The conductivity of the interplanetary medium

5 *Listen again to part of the conversation.*
Then answer the question.
Why does the student say this?

Ⓐ The Japanese ham radio enthusiast interrupted their conversation in an offensive manner.
Ⓑ Their conversation became violent.
Ⓒ Something interrupted their conversation.
Ⓓ At minimum, the student knows what interrupted their conversation.

問題演習　会話5　解答・解説

Conversation　Questions 1–5

正解一覧

1. Ⓒ　2. [B]、[C]　3. Ⓐ　4. Ⓑ　5. Ⓒ

スクリプト

MP3 045

Listen to a conversation between a student and a professor.

Student ①: Professor Hibben, Q2.C Key ➡ what are you doing buying transistors?

Professor ①: Ah, Ms. Weil. I remember you from my introductory physics course. Well, I'm building a new ham radio receiver. What are you doing here, may I ask?

Student ②: I'm also into ham radio. I didn't know you had an interest.

Professor ②: It's an old interest from my high school days. Q2.B Key ➡ ⇒ I'm afraid it might be an interest that's dying out among young people today. These days anyone can buy a satellite dish and tune into TV broadcasts from around the world.

Student ③: Q5 🎧 Q1 Key ➡ Sure, they can watch TV from around the world but they can't talk to other people from around the world. I was talking to a ham radio enthusiast from Japan the other night. Q5 Key ➡ At least until some very fierce interference got in the way.

Professor ③: Ah ha, yes. That was the solar wind.

Student ④: Solar wind? Isn't a wind a current, some kind of movement in a medium? Can a wind blow across empty space?

Professor ④: Good question. I guess it isn't commonly known but space isn't just empty in our solar system. There is something there, a medium. In fact, we call it the interplanetary medium, made out of dust, cosmic rays and hot plasma from the solar wind. Its temperature is approximately 100,000 degrees Kelvin. It has a low density of about 5 particles per cubic centimeter near the Earth.

Student ⑤: Wow, I didn't know that. So does it have a very large influence?

Professor ⑤: Oh yes. The medium is highly electrically conductive and carries the sun's magnetic field. The sun's magnetic field is much stronger than it should be near the earth because the interplanetary medium is so conductive. The solar wind is powerful enough to blow away the atmosphere of a planet.

Student ⑥ : You mean our atmosphere?

Professor ⑥ : Well, that's an interesting point. Our earth has its own strong magnetic field which repels the magnetic field of the sun. Mars does not have a magnetic field, and because it doesn't, the solar wind has blown away what atmosphere it may have had in the past. Q4 Key ➡ It is only because of our own magnetic field that we have an atmosphere today.

Student ⑦ : I didn't know that. But you say the interference I had last night was due to the solar wind?

Professor ⑦ : That's right. There was some intense activity on the sun recently, known as solar flares. Q3 Key ➡ The density of the interplanetary medium is actually very variable. It's affected by events such as coronal mass ejections. It can rise to as high as 100 particles per cubic centimeter. This makes for strong electrical and magnetic effects, such as the interference you experienced last night.

訳

学生と教授の会話を聞きなさい。

学生①：ヒブン教授、トランジスタを買って何をしているのですか。

教授①：あーウェイルさん。君が私の物理学入門の授業にいたのを覚えていますよ。ええと、私はアマチュア無線の新しい受信機を作っているんだ。君はここで何をしているのですか。聞いてもいいかな。

学生②：私もアマチュア無線にのめり込んでいます。あなたが興味を持っていたとは知りませんでした。

教授②：高校時代からの古い趣味だよ。アマチュア無線が最近若い人の間ですたれつつある趣味かもしれないのが残念だな。最近は誰でも衛星放送用パラボラアンテナを買って、世界中のテレビ放送を受信できるからね。

学生③：Q5 🎧 もちろん、世界中のテレビを見ることができますが、世界中のほかの人々と話すことはできませんよ。数日前の夜、日本のアマチュア無線ファンと話していました。少なくとも、何かとてもすさまじい妨害が邪魔をするまでは。

教授③：ああ、はい。それは太陽風だったね。

学生④：太陽風？　風は流動、すなわち媒体の中の何らかの動きではないのですか。風が何もない空間を横切って吹くことはありえるのですか。

教授④：いい質問だね。このことは一般に知られていないと思うけど、宇宙空間は私たちの太陽系ではただ何もないのではない。そこには何かがある、つまり媒体が。実際に、私たちはそれを太陽風からのちり、宇宙線、ホットプラズマでできた惑星間物質と呼んでいる。温度は約10万度ケルビン。地球の近くだと1立方センチメートルあたり約5粒子の低密度なんだ。

学生⑤：うわ、それは知らなかったです。それで、それはとても大きな影響力があるのですか。

教授⑤：ええ、そうだね。その媒体は非常に導電性が高く、太陽の磁場を帯びている。惑星間物質は非常に導電性が強いから、太陽の磁場は地球のそばよりもずっと強い。太陽風は惑星の大気を吹き飛ばすほど強力なんだ。

学生⑥：私たちの大気ということですか。

教授⑥：ええと、それが面白いポイントだね。私たちの地球には、太陽の磁場をはね返す地球独自の強い磁場がある。火星には磁場がない、そして磁場がないからこそ、太陽風が過去に火星に存在していたかもしれない大気をすべて吹き飛ばしてしまった。今日大気があるのは、私たち自身の磁場のおかげにほかならないんだよ。

学生⑦：それは知らなかったです。でも、昨晩私が経験した妨害は太陽風のせいだと教授は言っていますよね。

教授⑦：そのとおり。最近太陽で太陽フレアとして知られている何らかの激しい活動があった。惑星間物質の密度は実はとても変わりやすい。その密度はコロナ質量放出のような現象に影響される。密度は1立方センチメートルあたり100粒子までにも高く上がることがある。これが君が昨晩体験した妨害のような強い電気的、磁気的影響を引き起こしているのだよ。

設問の訳・正解・解説

1 正解 Ⓒ MP3 046

学生と教授により共有されている趣味は何か。

Ⓐ 彼らはハムが好きで、外国の友人とハムを食べることを楽しむ。
Ⓑ 彼らは様々な国のラジオ番組を聴くことを楽しむ。
Ⓒ 彼らは世界中の愛好家と無線で話をする。
Ⓓ 彼らは衛星放送アンテナでテレビ放送を受信する。

解説 トピック問題。②の発言で学生は「私もアマチュア無線にのめり込んでいます。あなたが興味を持っていたとは知りませんでした。」と述べていることから、2人の趣味はアマチュア無線であり、学生の③の発言からもⒸが適切とわかる。アマチュア無線はラジオ番組を聴くことではないからⒷは不適切。

2 正解　[B]、[C]　MP3 047

会話によると、次のどれが正しいか。2つ選びなさい。

[A] 学生と教授は2人とも高校で彼らの趣味を始めた。
[B] 彼らの趣味は最近人気がなくなってきている。
[C] 学生は教授が無線電信機の部品を買っているときに教授に会った。
[D] 教授は惑星間交流の可能性に関連する科目を教えている。

解説　詳細理解問題。①で学生に「トランジスタを買って何をしているのですか」と尋ねられて、教授は「アマチュア無線の新しい受信機を作っているんだ」と答えているので[C]が正解。教授の②の発言「アマチュア無線が最近若い人の間ですたれつつある趣味かもしれないのが残念だな」から[B]が正解。

3 正解　Ⓐ　MP3 048

次のうちどれが惑星間物質の特性を説明するか。

Ⓐ それは可変密度、高い導電性粒子と磁気性を持つ。
Ⓑ それは導電性がなく、宇宙線を含み、太陽の磁場を帯びている。
Ⓒ それは地球の重力に影響をもたらし、非常に高い導電性を持ち、1立方センチメートルあたり5から100の粒子を持つ。
Ⓓ それは火星の磁場を妨害し、宇宙線を含み、導電性の性質を持つ。

解説　詳細理解問題。⑤で教授は「その媒体は非常に高い導電性があり、太陽の磁場を帯びている」と述べている。⑦の発言で教授は「惑星間物質の密度は実際とても変わりやすい」とも述べており、その密度は「100粒子までにも高くあがることがある」ことから、惑星間物質は粒子を含むことがわかる。

4 正解　Ⓑ　MP3 049

会話によると、今日地球に大気が存在する1つの理由は何であったか。

Ⓐ 多数の緑色植物の影響
Ⓑ 地球の磁場の力
Ⓒ 地球の気温に対する太陽風の影響
Ⓓ 惑星間物質の導電性

解説　詳細理解問題。教授は⑥で「今日大気があるのは、私たち自身の磁場のおかげにほかならないんだよ」と述べている。

5 正解 Ⓒ　　MP3 050

会話の一部をもう一度聞きなさい。それから質問に答えなさい。(「スクリプト／訳」の下線部を参照)

なぜ学生は次のことを言うのか。

Ⓐ 日本のアマチュア無線愛好家が無礼な態度で会話の邪魔をした。
Ⓑ 彼らの会話が乱暴になった。
Ⓒ 何かが彼らの会話を中断した。
Ⓓ 少なくとも、学生は彼らの会話を何が妨害したかを知っている。

解説 詳細理解問題。学生の発言の中の "get in the way" は「邪魔をする」という意味で、選択肢 Ⓒ の interrupt「中断する」とほぼ同じ意味である。

問題演習　会話5の語彙・表現

Student ①

□ **transistor**	〔名〕トランジスタ

Professor ①

□ **introductory**	〔形〕入門の
□ **physics**	〔名〕物理学
□ **ham radio**	〔名〕アマチュア無線
□ **receiver**	〔名〕受信機

Student ②

□ **be into**	〔動〕～にのめり込む

Professor ②

□ **die out**	〔動〕すたれる
□ **satellite dish**	〔名〕衛星放送受信アンテナ
□ **tune into**	〔動〕周波数を～に合わせる

Student ③

□ **enthusiast**	〔名〕熱心なファン
□ **the other night**	〔熟〕先日の夜
□ **fierce**	〔形〕すさまじい
□ **interference**	〔名〕妨害
□ **get in the way**	〔動〕邪魔をする

Professor ③

□ **solar wind**	〔名〕太陽風

Student ④

□ **current**	〔名〕流動、流れ
□ **medium**	〔名〕媒体
□ **space**	〔名〕宇宙空間

Professor ④

□ **guess**	〔動〕思う
□ **commonly**	〔副〕一般的に
□ **solar system**	〔名〕太陽系
□ **in fact**	〔副〕実際には
□ **interplanetary**	〔形〕惑星間の
□ **dust**	〔名〕ちり
□ **cosmic ray**	〔名〕宇宙線
□ **plasma**	〔名〕プラズマ
□ **temperature**	〔名〕温度
□ **approximately**	〔副〕約、およそ《about よりも硬い表現》
□ **degree**	〔名〕度
□ **density**	〔名〕密度
□ **particle**	〔名〕粒子
□ **cubic**	〔形〕平方の

Professor ⑤

□ **highly**	〔副〕非常に
□ **conductive**	〔形〕導電性の
□ **magnetic field**	〔名〕磁場
□ **blow away**	〔動〕～を吹き飛ばす
□ **atmosphere**	〔名〕大気

Professor ⑥

□ **repel**	〔動〕はね返す

Student ⑦

□ **due to**	〔前〕～が原因で

Professor ⑦

□ **intense**	〔形〕激しい
□ **activity**	〔名〕活動

□ **recently**	〔副〕最近
□ **flare**	〔名〕フレア、炎
□ **variable**	〔形〕変わりやすい
□ **affect**	〔動〕影響を与える
□ **such as**	〔熟〕～のような
□ **coronal**	〔形〕コロナの
□ **mass**	〔名〕質量
□ **ejection**	〔名〕放出
□ **effect**	〔名〕影響

第3章

Chapter 3

問題演習　講義

- 講義問題の概要
- 講義1 — 所得格差の拡大
- 講義2 — 社会の変化と医療
- 講義3 — 自制心の重要性
- 講義4 — 株式市場の仕組み
- 講義5 — ゴッホの作風と精神疾患

講義問題の概要

講義問題は、5分程度の長さの講義の一部を聞いておおむね6つの設問に答える形式になっています。講義の内容はさまざまな学術分野の入門レベルですが、専門的な事柄にも言及されますので、高度な聞き取り能力が要求されます。

講義問題で取り上げられるトピックは以下の通りです。

●自然科学：
生物学、医学、遺伝学、地学、気象学、天文学、物理学、化学など
●社会科学：
社会学、歴史学、法学、経済学、教育学、政治学など
●人文科学：
文学、美術史、音楽学、建築学、哲学など

リーディング・セクションで取り上げられる内容と基本的に同じですが、文字ではなく音声を通して情報を得なくてはならない点でより難しいと言えます。メモを取ることが必須になりますが、これも大学生活を送る上で必須の能力です。

実際に講義問題のスクリプトの冒頭を見て、特徴を押さえましょう。

Listen to part of a lecture by an economics professor.
1 ① Okay, today, I thought I would give you an introduction to stocks and tell you a little bit about how they work. ② Some of what I'm gonna say may be quite obvious and some of it may not, but that will also depend on each of you...

このスクリプト中のOkayやgonnaように、リスニングの講義問題では、取り上げる内容が共通しているリーディング問題のパッセージよりも口語的な表現が使われることがあります。また、初めに授業のトピックが何であるのか明確に提示する傾向がありますので、集中して聞きましょう。

本試験の講義問題では、最初にコンピューター画面に次のように講義の科目名が表示されます。

また、講義が進むとキーワードも画面に表示されます。こうしたキーワードについてはその定義や特徴などを意識的に聞き取り、しっかりメモして情報を整理し、解答に備えしましょう。

それでは、次のページから実際に演習問題に取り組んでみましょう。

問題演習　講義1

MP3 051~057

Now get ready to answer the questions.
You may use your notes to help you answer the questions.

1 What is the purpose of the talk?

Ⓐ To urge action against the growing income gap in America
Ⓑ To condemn the wealthy in America
Ⓒ To bring to light the recent narrowing of the income gap in America
Ⓓ To point out that income growth for the wealthy is outpacing that of low and middle-income individuals

2 *Listen again to part of the lecture.*
Then answer the question.
Which of the following would be the best criticism of the statement?

Ⓐ The speaker is clearly biased toward the rich.
Ⓑ The lecturer could have described the dollar figures more fully.
Ⓒ Speaking in terms of percentages can be somewhat misleading.
Ⓓ The speaker's numbers do not do justice to the reality of the situation.

3 Indicate whether each of the following is mentioned in the lecture.
Put a check mark in the correct box.

	Yes	No
a. Unchanging minimum wage		
b. Periods of high unemployment		
c. A lack of jobs in the service industry		
d. Poor investment decisions		
e. Outsourcing of jobs		

4 Which of the following is said about divorce?

Ⓐ It is often caused by bankruptcy of a spouse.
Ⓑ It can be part of the fallout of an income gap in society.
Ⓒ It is more common among wealthy couples.
Ⓓ The number of divorces is growing annually.

5 *Listen again to part of the lecture.*
Then answer the question.
What is the professor referring to when he uses the term: "expenditure cascade"?

Ⓐ Incomes fall for the poorer members of society.
Ⓑ There is a decrease in the quality of the assets of the poor.
Ⓒ Consumption by the wealthy leads to a desire for more consumption among others.
Ⓓ Lower income people benefit from acquiring better quality assets.

6 Which of the following is supported or suggested by the lecture?

Ⓐ The minimum wage should remain as it is.
Ⓑ There is a growing income gap between the wealthy and the middle class.
Ⓒ The growth in income among the wealthy has led to better services through higher taxation.
Ⓓ An income gap can lead to a decline in the quality of public school.

問題演習　講義1　解答・解説

Lecture　Questions 1–6

正解一覧

1. Ⓓ　2. Ⓑ　4. Ⓑ　5. Ⓒ　6. Ⓑ

3.

	Yes	No
a. Unchanging minimum wage	✓	
b. Periods of high unemployment	✓	
c. A lack of jobs in the service industry		✓
d. Poor investment decisions		✓
e. Outsourcing of jobs	✓	

スクリプト

MP3 051

Listen to part of a lecture in an economics class.

1 ① You don't need to be a statistician to realize that economic growth in the past 20 years hasn't lifted everyone's boat equally. ② The good news is that incomes across the board are up. ③ But so is the income gap. Q1 Key ④ That is, incomes for high-income families have risen faster than for everyone else.

2 ① But growth in the income gap has been greater in some states than in others, according to a report released Thursday by two liberal think tanks—the Economic Policy Institute and the Center on Budget and Policy Priorities. ② For the period between the early 1980s and the early 2000s, the report found that the incomes of the top fifth of families grew faster than those of the bottom fifth of families in 38 states. ③ The states where the gap grew the most were Arizona, New York, Massachusetts, Tennessee, and New Jersey. ④ In only one state, Alaska, did income growth for low-income families outpace that of high-income households. ⑤ By the early 2000s, the average income of the top 20 percent of families in 32 states was at least 6.4 times higher than that of low-income families. ⑥ That's a big change since the early 1980s, when no state had a "top to bottom" ratio exceeding 6.4.

3 Q2 ① When the authors looked at the incomes of the top 5 percent of households in 11 large states, they found sharp disparities. ② The top 5 percent of families saw their incomes rise as much as 132 percent between 1980 and 2003. ③ The bottom 20 percent of families, meanwhile, saw their incomes rise by no more

than 24 percent. ④ In dollars and cents, average incomes of those in the top 5 percent rose between $80,400 to over $153,000. Q2 Key ⑤ Increases for the bottom 20 percent in those 11 states, meanwhile, hardly increased at all.

4 Q6 Key ① Since the early 1980s, the gap between high-income and middle-income households also rose. ② The report noted that the top 20 percent of households had incomes more than 2.3 times greater than that of middle-income households in 36 states by the early 2000s. ③ Again, that's a huge difference compared with the early 80s, when that was the case in only one state.

5 ① Why the disparity? ② The authors of the report point to several factors that have contributed to the widening income gaps since the early 1980s. ③ Among those they cite as having disproportionately hurt the earnings of low- and middle-income households are Q3. b. Key long periods of high unemployment, Q3. e. Key globalization, the loss of manufacturing jobs, Q3. c. Key the growth in low-wage service jobs, Q3. a. Key and a stagnant minimum wage. ④ The federal minimum wage, $5.15 an hour, has remained unchanged since 1997. ⑤ Only 17 states and the District of Columbia have set their minimums higher. ⑥ They also point to the growth in investment income in the 1990s as another factor that has disproportionately boosted the incomes of higher income households.

6 ① That incomes have grown overall may seem like an unqualified good. ② But some economists say there can be social and political consequences when the income gap widens. Q4 Key ③ Robert Frank, an economist at Cornell University found that in counties with the widest income gaps, rates of personal bankruptcy and divorce were higher than average.

7 Q5 🎧 ① He also notes that when wealthier families see their incomes rise at a faster pace than everyone else, their spending can create what he calls an "expenditure cascade*." Q5 Key ② That is, the demand for bigger and better homes or safer cars can create new standards for those lower down on the economic scale. ③ But since their incomes aren't growing as fast, they have a hard time keeping up, leading to what Frank calls "welfare loss**." ④ For example, as home prices rise, it becomes harder to afford a home in a neighborhood with good public schools.

8 ① And when the majority of households come under financial stress to provide a solid life for their families, voters will be less inclined to pay for public services such as bridge and highway maintenance, port security, and food inspection. ② And that can adversely affect everyone.

* expenditure cascade：支出カスケード。富裕層が支出を増やすと中下位層も支出を増やすという波及現象。

** welfare loss：厚生の損失。一方的な物価の上昇により高価であっても買わざるをえないことで格差が生じ、資源分配が偏る現象。

訳

経済学の講義の一部を聞きなさい。

1 ①過去20年間の経済成長があらゆる人の経済状況を平等に押し上げてきたわけではないと気づくのに、統計学者である必要はないでしょう。②いい知らせと言えば、全体としては所得が上がったことです。③しかし、所得格差も広がっています。④つまり、高所得家庭の収入はほかの誰よりも早く上昇してきたのです。

2 ①しかし、木曜日に経済政策研究所と予算・政策優先度センターという2つのリベラル系シンクタンクによって発表された報告書によると、いくつかの州でほかの州より所得格差が大きくなっています。② 1980年代初めから2000年代初めの期間、同報告書は38の州で上位5分の1の家庭の収入が下から5分の1の家庭のそれよりも急速に増加したことを明らかにしました。③格差が最も拡大した州は、アリゾナ、ニューヨーク、マサチューセッツ、テネシー、そしてニュージャージーです。④低所得世帯の収入の伸びが高所得家庭のそれを上回ったのは、唯一アラスカ州でした。⑤2000年代初めまでに、32の州で上位20%を占める家庭の平均所得は低所得家庭の6.4倍以上でした。⑥このことは「上から下まで」の比率が6.4倍を超える州が存在しなかった1980年代初期以降、大きな変化となっています。

3 Q2 ①執筆者らは11の大きな州の上位5%の家庭の所得に目を向け、著しい格差に気づきました。②上位5%の家庭では、1980年から2003年の間に所得が132%も上昇しました。③下から20%の家庭では、その間にわずか24%しか所得が増加していませんでした。④金額にすると、上位5%の家庭の平均所得は8万400ドルから15万3000ドルの間で上昇しました。⑤一方、それらの11の州の下から20%の家庭の増加額はほとんどまったくありませんでした。

4 ① 1980年代初期以降、高所得・中所得世帯の格差も拡大しました。②報告書は、2000年代初めまでに36の州で、上位20%の世帯の所得は中所得世帯の2.3倍だったと指摘しています。③またしても、こうしたことが1つの州にしか当てはまらなかった80年代初めと比較すると、これは非常に大きな差です。

5 ①どうして格差があるのでしょうか。②執筆者らは、1980年代初期以降に拡大している所得格差の原因となったいくつかの要因を指摘しています。③低・中所得家庭の収入に不釣り合いに打撃を与えているとして彼らが言及している要因には、長期的な高失業率、グローバル化、製造業の仕事の喪失、低賃金サービス業の増加、そして最低賃金の停滞が含まれます。④ 1997年以来、連邦政府が定める時給5ドル15セントという最低賃金は変更されていません。⑤最低額をそれより高く設定しているのは、17州とコロンビア特別区だけです。⑥高所得世帯の所得を不均衡に引き上げたもう1つの要因として、彼らは1990年代の投資所得の増加も指摘しています。

6 ①全体的に所得が増加したことは無条件によいことだと思われるかもしれません。②しかし、所得格差が広がると社会的・政治的な影響が出てくる可能性があると言う経済学者もいます。③コーネル大学の経済学者のロバート・フランクは最も所得格差の大きな郡では自己破産率と離婚率が平均を上回っていたことを明らかにしました。

7　Q5 ①また、より裕福な家庭でほかの誰よりも速いペースで所得が増加していると、彼らの支出は「支出カスケード」と呼ばれるものを生み出す可能性があると彼は指摘しています。②つまり、より大きくよりよい住宅、より安全な車に対する需要が、経済的尺度のより低い位置にいる人々に対して新しい基準を作り出す可能性があります。③しかし、彼らの所得はそれほど速く増加していないため、状況についていくのに苦労し、それはやがてフランク博士の言う「厚生の損失」を引き起こします。④例えば、住宅の値段が上がると、よい公立学校がある地区に家を買う余裕を持つことがより難しくなります。

8　①そして、大多数の家庭が、家族の安定した生活を確保するために金銭的な圧力下に置かれると、有権者は橋や高速道路の管理、港の警備や食料の検査などの公共サービスに税金を払いたがらなくなります。②そして、こういったことはあらゆる人に悪影響を及ぼしかねません。

設問の訳・正解・解説

1 正解 Ⓓ　MP3 052

この講義の目的は何か。

Ⓐ アメリカで増え続ける所得格差への対抗措置を促すため
Ⓑ アメリカの富裕層を非難するため
Ⓒ アメリカで最近所得格差が狭まっていることを明るみに出すため
Ⓓ 富裕層の所得の増加が低・中所得の人々の所得の増加を上回っていることを指摘するため

解説　トピック問題。1 最終文でも示されているとおり、教授が繰り返し指摘している内容はⒹ。Ⓐについては特に言及のないまま講義が終了している。

2 正解 Ⓑ

MP3 053

講義の一部をもう一度聞きなさい。それから質問に答えなさい。(「スクリプト／訳」の下線部を参照)
この発言に対する最も適切な批判はどれになるか。

Ⓐ 話し手は明らかに裕福な人達にひいき目だ。
Ⓑ 教授はもっと完全に金額を説明することができたはずだ。
Ⓒ 比率の観点から論じるのはやや誤解を招く可能性がある。
Ⓓ 話し手の挙げる数値は状況の実態を正当に反映していない。

解説 推測問題。教授は客観的なデータを示しているだけなので、Ⓐ は不適。また、貧困層が抱える現実をデータで十分に示せているため Ⓓ も誤り。富裕層の所得増加額は示しているが貧困層について金額には触れていないので、Ⓑ が正解。Ⓒ を正解にする根拠となる言及はない。

3

MP3 054

以下の事柄それぞれについて、講義の中で言及されているかどうか示しなさい。正しい欄にチェックマークをつけなさい。

正解

	Yes	No
a. 変わらない最低賃金	✓	
b. 高失業率の期間	✓	
c. サービス業の仕事の不足		✓
d. 誤った投資判断		✓
e. 仕事の外部委託	✓	

解説 情報整理問題。所得格差拡大の原因については 5 で説明されている。「サービス業の仕事の不足」については 5 の③で、逆のことが述べられている。「誤った投資判断」についての言及はない。「仕事の外部委託」は「グローバル化、製造業の仕事の喪失」という部分から推測できる。

4 正解 Ⓑ

MP3 055

離婚について言われているのは次のうちどれか。

Ⓐ 配偶者の破産によって引き起こされることが多い。
Ⓑ 社会の所得格差の副産物である可能性がある。
Ⓒ 裕福な夫婦の間でより一般的だ。
Ⓓ 離婚者数が毎年増加している。

解説　詳細理解問題。6 の最終文に離婚率と所得格差の関係について言及がある。

5 正解 Ⓒ　MP3 056

講義の一部をもう一度聞きなさい。それから質問に答えなさい。(「スクリプト／訳」の下線部を参照)

教授が「支出カスケード」という用語を使う際に言おうとしていることはどれか。

Ⓐ 社会の貧困層に対する所得が下落する。
Ⓑ 貧困層の資産の質の低下がある。
Ⓒ 富裕層の消費があまり豊かでない人達の間の消費願望を増加させる。
Ⓓ 所得の低い人達はより質の高い資産を獲得することから利益を受ける。

解説　推測問題。次の発言が「つまり」で始まり、富裕層の支出が豊かではない人達の支出にも影響すると明確に説明しているので、Ⓒ が最も適合する。

6 正解 Ⓑ　MP3 057

講義の内容から支持もしくは示唆されている事柄は次のうちどれか。

Ⓐ 最低賃金を今のまま維持すべきだ。
Ⓑ 富裕層と中流階級の間の所得格差が広がっている。
Ⓒ 富裕層の所得の増加は、増税を通してよりよいサービスの提供につながる。
Ⓓ 所得格差は公立学校の質の低下につながる可能性がある。

解説　詳細理解問題。Ⓑ については 4 の①で言及されている。Ⓐ は中下位層の所得が増えない原因。Ⓒ についての言及はない。格差によって中下位層は質のよい公立学校に子どもを通わせることが難しくなると言っているが、学校の質が下がるとは言っていない。

問題演習　講義 1 の語彙・表現

1

□ **statistician**	〔名〕統計学者
□ **lift one's boat**	〔熟〕～の経済状況を押し上げる《A rising tide lifts all boats. という経済の話によく用いられる格言から》
□ **equally**	〔副〕平等に
□ **across the board**	〔副〕全体的に
□ **income gap**	〔名〕所得格差

2

□ **release**	〔動〕公開する
□ **institute**	〔名〕研究所、教育機関
□ **outpace**	〔動〕上回る、勝る
□ **household**	〔名〕家庭
□ **average**	〔形〕平均の
□ **at least**	〔副〕少なくとも
□ **ratio**	〔名〕比率
□ **exceed**	〔動〕上回る

3

□ **disparity**	〔名〕格差、相違
□ **meanwhile**	〔副〕その間に
□ **hardly**	〔副〕ほとんど～ない

4

□ **note**	〔動〕指摘する、注目する
□ **be the case**	〔熟〕当てはまる

5

□ **factor**	〔名〕要因
□ **contribute to**	〔動〕～の原因となる
□ **widen**	〔動〕広がる
□ **disproportionately**	〔副〕不釣合いに
□ **earning**	〔名〕所得、収入
□ **manufacturing**	〔名〕製造業
□ **stagnant**	〔形〕停滞した

□ **wage**	〔名〕賃金
□ **federal**	〔形〕連邦政府の
□ **remain**	〔動〕～のままでいる
□ **boost**	〔動〕増加･上昇させる

6

□ **overall**	〔副〕全体的に
□ **unqualified**	〔形〕無条件の、全面的な
□ **consequence**	〔名〕影響、結果
□ **bankruptcy**	〔名〕破産
□ **divorce**	〔名〕離婚

7

□ **expenditure cascade**	〔名〕支出カスケード
□ **keep up**	〔動〕遅れずについていく
□ **lead to**	〔動〕～を引き起こす
□ **welfare loss**	〔名〕厚生の損失
□ **afford**	〔動〕持つ余裕がある
□ **neighborhood**	〔名〕地区

8

□ **solid**	〔形〕安定した
□ **voter**	〔名〕有権者
□ **be inclined to V**	〔熟〕～する傾向がある
□ **such as**	〔熟〕～のような
□ **inspection**	〔名〕検査、点検
□ **adversely**	〔副〕不利に
□ **affect**	〔動〕影響を与える

問題演習　講義 2

MP3 058~064

Now get ready to answer the questions.
You may use your notes to help you answer the questions.

1 What is a stated disadvantage of emphasizing humane medical care?

Ⓐ Requests for assisted suicide may increase.
Ⓑ Many medical personnel may become redundant.
Ⓒ Medical care will become even more expensive.
Ⓓ We may witness a rise in the incidence of secondary diseases.

2 The professor discusses some of the past and present trends in medical care.
Check the appropriate box to indicate whether each trend is a past or present phenomenon.

	Past	Present
a. Rejection of euthanasia		
b. Fear of addiction to opiates		
c. Widespread burnout in the medical profession		
d. Knowledgeable patients		
e. Widespread availability of alternative healing methods		

3 What seems to be the professor's attitude toward alternative healers?

Ⓐ He lauds their efforts.
Ⓑ He feels they should all be banned.
Ⓒ He seems to be less than excited about what they do.
Ⓓ He feels they should be encouraged to assist mainstream doctors.

4 According to the professor, what is the most common problem among medical personnel these days?

Ⓐ Long waiting lists for further education courses
Ⓑ Chronic medical conditions
Ⓒ A high burnout rate
Ⓓ A lack of access to opiates

5 Where does the professor appear to place the blame for the fact that doctors are "deadened and defeated"?

Ⓐ He places the blame on the doctors themselves.
Ⓑ He blames the increasing number of over-demanding patients.
Ⓒ He blames the medical schools for offering inadequate training to future doctors.
Ⓓ He blames the healthcare system itself.

6 *Listen again to part of the lecture.*
Then answer the question.
What does the professor imply when he says the following?

Ⓐ We need to attempt to rebuild communities in our society.
Ⓑ People need to start getting to know their neighbors again.
Ⓒ The present medical care system needs to be thoroughly revamped.
Ⓓ Society needs to entertain the notion of an electronic medical care system.

問題演習　講義2　解答・解説

Lecture　Questions 1–6

正解一覧

1. Ⓒ　3. Ⓒ　4. Ⓒ　5. Ⓓ　6. Ⓒ

2.

	Past	Present
a. Rejection of euthanasia	✓	
b. Fear of addiction to opiates	✓	
c. Widespread burnout in the medical profession		✓
d. Knowledgeable patients		✓
e. Widespread availability of alternative healing methods		✓

スクリプト

MP3 058

Listen to part of a lecture on a medical ethics and professionalism class.

1 ① Not only has society changed, but also the development of trends in how medicine is practiced is becoming more and more prominent. ② We are now finding ourselves involved in curious conflicts. ③ I'll give you a few examples. Q2. a. Key➡ ④ The idea of letting people die was anathema when I was a medical student. ⑤ The notion that anybody could be helped to die, or that somebody has the right to die when ill, was something that was completely foreign to our way of thinking. ⑥ Yet, such notions are becoming more and more acceptable. ⑦ In Oregon, euthanasia has been voted on and accepted as one of the ways of providing medical care. ⑧ In effect, the population has voted on 500 conditions to see how important for them euthanasia might be. ⑨ For them, euthanasia is in 184th place. ⑩ Appendicitis was the number one problem that the people wanted treated. ⑪ Psychiatric disorders scored low, coming in 405th. ⑫ So for some people, the right to die takes a more prominent position in their minds than any concerns over their mental health in general. ⑬ This is a change in medical ethics that disturbs us profoundly because so many of the people with whom we are working are not only ...uh... continuously speaking about suicide, but also communicating that they are willing to carry out this act.

2 ① There is also the question of whether we should be more humane or more efficient in our handling of patients' care. Q1 Key➡ ② Efficiency will in fact reduce the time spent on the person who is sick, while if you want to provide proper care

and be more humane, it will extend the time spent on each patient, but it will also be more expensive. ③ We are constantly trying to find a compromise between those two trends. ④ And we also have another curious notion that previously had not been present. Q2. b. Key ⑤ In the 1970s, it was completely impossible to introduce opiates into the treatment of chronic pain, because at the time there was a fear of addiction. ⑥ As time went by, we have become more and more aware of the fact that quality of life takes the upper hand in many medical interventions and that alleviating pain and dealing with it in an appropriate way may be much more important than our fear of addiction, particularly when dealing with someone at the end of their life.

3 ① Another problem, of course, is the change in the relationship between patients and doctors, on which I don't need to spend much time. Q2. d. Key ② We now have patients who know more than their doctors, because they read up on their disease on the internet and know much more about their disease than their doctor might know. Q2. e. Key ③ There has also been a huge increase in the popularity of alternative medicine. ④ In France, there are today more alternative medicine practitioners than mainstream medical doctors. ⑤ We're talking about 95,000 of them. ⑥ And there are villages in Switzerland in which we have up to 1,000 traditional healers. Q3 Key ⑦ You go in there, and they don't write prescriptions; they merely listen to you, something which many people consider far from satisfactory.

4 ① Q2. c. Key These days we are also witnessing an epidemic of burnout in the medical profession, and the numbers are worse for people who deal with chronic care. ② In Switzerland, which is a country with a very well developed health care system, the most popular courses of all are courses on the prevention of burnout, and these are the only courses that have a waiting list of up to six months. Q5 Key ③ These courses teach doctors ways to prevent burnout, burnout that occurs because healthcare workers are deadened and defeated by the current system that prevents them from getting any satisfaction from their work, and gives them so many things to do that they cannot do them properly.

5 ① Another problem is community care in countries in which there is no community. Q6 ② We've reached the point where one's only community is an electronic community in which friends are thousands of miles away. ③ And you don't even know the name of your neighbor who is supposed to look after you when you're sick; Q6 Key realities of this kind really demonstrate that we have to re-shape the entire field of medicine if we want to have strategies that really work.

訳

医療倫理と専門職業意識の講義の一部を聞きなさい。

1 ①社会が変化してきただけでなく、医学の動向も顕著になってきています。②私達は興味深い論争の只中にいます。③いくつか例を挙げましょう。④私が医学生だったとき、人を死なせてあげるという考えは受け入れられないものでした。⑤誰もが死ぬための援助を受けることができ、病気の場合は死ぬ権利を有するという見解は、私達の考え方とはまったく異質なものだったのです。⑥しかし、こうしたことは検討すべき考えとして容認されてきています。⑦オレゴン州では、安楽死について投票があり、医療提供法の1つとして容認されました。⑧実際には、安楽死がどれほど重要になりうるかを判断するために、500の健康状態について住民が投票しました。⑨彼らにとって安楽死は184番目でした。⑩虫垂炎が、人々が治療を望む第1番目の問題でした。⑪精神障害は評価が低く、405番目でした。⑫つまり、ある人々にとっては、彼らの頭の中で死ぬ権利が心の健康全般をめぐるどんな懸念よりも重要な位置付けになっているということです。⑬私達が一緒に働いている人達のこんなにも多くが、ええと、常に自殺について話しているだけでなく、この行為を進んで実行する気があると伝えているわけですから、これは私達を大いに動揺させる医療倫理の変化です。

2 ①私達が患者のケアを担当する際により人道的であるべきか、それともより効率的であるべきか、という問題もあります。②効率性は実際のところ病気の人に費やす時間を減らすことになるでしょうが、適切なケアを提供してより人道的であろうとするなら、各患者に費やされる時間は長くなりますが費用も高額になるでしょう。③私達は常にこれら2つの傾向の間に妥協策を見つけようとしています。④それから、以前にはなかった別の興味深い考え方もあります。⑤1970年代、当時は中毒の懸念があったので慢性的な痛みの治療に麻酔剤を導入することはまったく不可能でした。⑥時が流れるにつれて、多くの治療において生活の質が優先され、特に終末期の患者を相手にする場合は、中毒に対する不安よりも痛みを緩和させ、適切な方法でそれに対処するほうがずっと重要かもしれないということを、私達はますます認識するようになっています。

3 ①もう1つの問題は、もちろん患者と医者の関係の変化ですが、これについてはあまり時間をかける必要もないでしょう。②今は自分の医者以上に知識のある患者がいますが、それは彼らが自分の病気についてインターネットで十分に調べていて医者よりもよく知っているからです。③また、代替医療の人気も大いに高まってきています。④フランスには、今日主流派の医師以上の数の代替医療家がいます。⑤9万5000人ほどもいるそうです。⑥そして、スイスの村々には最大で1000人もの伝統的な治療師がいます。⑦そこに行っても彼らは処方箋を出さず、ただあなたの話を聞くだけで、多くの人達はまったく満足できないと考えるでしょう。

4 ①また、最近は医療界で燃え尽き症候群の蔓延が見られ、その数は長期医療を担当する人々の間でひどくなっています。②スイスは医療制度が非常に発達している国ですが、そこで最も人気のあるコースは燃え尽き症候群の予防に関するもので、最大で6カ月もの順番待ちになっている唯一のコースです。③こうしたコースは医者に燃え尽き症候群を防止する方法を教えていますが、この燃え尽き症候群とは、自分の仕事から満足感を得ることを妨げ、きちんとできないほどたくさんのことをさせる現在の制度によって、医療労働者達が生気を奪われて挫折するために起こるものです。

5　①もう1つの問題は、地域社会のない国々での地域医療です。Q6 ②唯一の所属社会が電子コミュニティで、友達は何千マイルも離れたところにいるという段階にまで達しています。③そして、病気になったときに世話してくれるはずの隣人の名前すら知らないのです。こうした現実は、本当に効果のある戦略を持ちたいなら医療分野全体を作り直さなければならないことをまさに示しています。

設問の訳・正解・解説

1 正解 Ⓒ　MP3 059

人道的な医療を重視する際の不都合な点として述べられているのは何か。

Ⓐ 自殺幇助（ほうじょ）の要請が増加する可能性がある。
Ⓑ 多くの医療関係者が余剰になる可能性がある。
Ⓒ 医療がさらに高額になる。
Ⓓ 二次疾患の発生率が増加する可能性がある。

解説　詳細理解問題。2 ②で人道的なケアのメリットとデメリットについての言及がある。Ⓒ 以外は言及がない。

2　MP3 060

教授は医療の過去と現在の動向について論じている。それぞれの動向が過去と現在のどちらの現象か、適切なほうにチェックを入れなさい。

正解

	過去	現在
a. 安楽死の拒絶	✓	
b. 麻酔剤の中毒に対する懸念	✓	
c. 医療職における燃え尽き症候群の蔓延		✓
d. 博識な患者		✓
e. 代替的な治療法の普及		✓

解説 情報整理問題。現在の動向として安楽死は受容されてきていると 1 の④～⑥で述べている。「博識な患者」と「代替医療」が 3 で、「医療関係者の燃え尽き症候群」は 4 で、それぞれ言及されている。 2 ⑤によると、「麻酔剤の中毒に対する懸念」は 1970 年代のもの。

3 正解 Ⓒ

MP3 061

代替医療の治療師に対する教授の態度はどのようなものか。

Ⓐ 彼らの努力を賞賛する。
Ⓑ 治療行為を禁止されるべきだと感じている。
Ⓒ 彼らの行為に対してまったく感心していないようだ。
Ⓓ 主流派の医師達を援助するように働きかけるべきだと感じている。

解説 態度・意図問題。 3 の最終文で、代替医療の治療師達がしていることは多くの人が far from satisfactory だと考えるだろうとあり、これが教授本人の意見を反映していると考えられる。

4 正解 Ⓒ

MP3 062

教授によると、最近の医療関係者の間での最も一般的な問題は何か。

Ⓐ 継続教育のコースを受けるための長い順番待ち
Ⓑ 慢性内科疾患
Ⓒ 燃え尽き症候群の高い発生率
Ⓓ 麻酔剤の利用不足

解説 詳細理解問題。 4 全体で論じられているのが Ⓒ。Ⓑ と Ⓓ は講義全体を通して言及がなく、Ⓐ は同様のことが言及されているが、問題として指摘されているのではない。

5 正解 Ⓓ

MP3 063

医師達が「生気を奪われて挫折している」という事実に対して、教授はどこに責任があると見ていると考えられるか。

Ⓐ 医師達自身に責任がある。
Ⓑ 要求が多過ぎる患者達の増加に原因がある。
Ⓒ 医療教育機関が将来の医師達に不十分な研修しか提供しないことが原因だ。
Ⓓ 医療制度自体に責任がある。

解説　詳細理解問題。④ の最終文で、医師達が「生気を奪われて挫折している」原因が current system であると述べている。

6 正解　Ⓒ　MP3 064

講義の一部をもう一度聞きなさい。それから質問に答えなさい。(音声部分は「スクリプト／訳」の下線部を参照)

次の発言で教授が示唆していることは何か。

Ⓐ 私達の社会の中で地域社会を再建しようと試みる必要がある。

Ⓑ 再び近所の人達と知り合いになり始める必要がある。

Ⓒ 現在の医療制度は完全に刷新される必要がある。

Ⓓ 社会は電子医療制度という概念を受け入れる必要がある。

解説　推測問題。⑤ の最後の we have to re-shape the entire field of medicine を言い換えた Ⓒ が正解。動詞 re-shape の対象を聞き間違えないように注意する。

問題演習　講義２の語彙･表現

1

□ practice medicine	〔熟〕医者を開業する
□ prominent	〔形〕顕著な、目立つ
□ involved in	〔熟〕～に巻き込まれている
□ curious	〔形〕興味深い
□ conflict	〔名〕論争
□ anathema	〔名〕受け入れがたい考え方、嫌悪の対象
□ notion	〔名〕考え
□ euthanasia	〔名〕安楽死
□ vote on	〔動〕～に賛成票を投じる
□ in effect	〔副〕実質的に、事実上
□ appendicitis	〔名〕虫垂炎
□ psychiatric	〔形〕精神科の
□ disorder	〔名〕障害、疾患
□ concern	〔名〕懸念
□ in general	〔副〕一般に
□ ethics	〔名〕倫理
□ disturb	〔動〕動揺させる
□ profoundly	〔副〕深く、大いに
□ suicide	〔名〕自殺
□ communicate	〔動〕（意思を）伝える
□ be willing to V	〔熟〕進んでＶする
□ carry out	〔動〕実行する

2

□ humane	〔形〕人道的な
□ handle	〔動〕～に対処する、～を処理する
□ patient	〔名〕患者
□ extend	〔動〕延長する
□ compromise	〔名〕妥協、妥協案
□ present	〔形〕存在している
□ opiate	〔名〕麻酔剤、鎮静剤
□ chronic	〔形〕慢性的な、長期的な
□ addiction	〔名〕中毒

□ **intervention**	〔名〕介入
□ **alleviate**	〔動〕緩和する
□ **appropriate**	〔形〕適切な

3

□ **disease**	〔名〕病気
□ **alternative medicine**	〔名〕代替医療
□ **practitioner**	〔名〕従事者、（特に）開業医
□ **prescription**	〔名〕処方箋
□ **far from**	〔熟〕まったく～ない
□ **satisfactory**	〔形〕満足のいく

4

□ **witness**	〔動〕目撃する
□ **epidemic**	〔名〕（病気の）蔓延、異常発生
□ **burnout**	〔名〕燃え尽き症候群
□ **up to**	〔前〕（最高）～まで《時間･空間の範囲》
□ **deaden**	〔動〕意欲を失わせる
□ **defeat**	〔動〕打ち負かす、挫折させる

5

□ **look after**	〔動〕～の世話をする
□ **demonstrate**	〔動〕例示する、実証する
□ **strategy**	〔名〕戦略
□ **work**	〔動〕効果がある

問題演習 講義3

MP3 065~071

Now get ready to answer the questions.
You may use your notes to help you answer the questions.

1 What is the central theme of the professor's lecture?

Ⓐ Policy makers do not really care about quality education.
Ⓑ Success in life is linked to psychological traits.
Ⓒ The modern education system needs to be completely overhauled.
Ⓓ Success in school does not translate into success in life.

2 Which of the following is said about children who performed poorly on the delayed gratification test?

Ⓐ They were less likely to become bullies.
Ⓑ They want to receive lower SAT scores.
Ⓒ They were more likely to get bored in classes.
Ⓓ They have a greater chance of becoming drug addicts.

3 Based on the lecture, which of the following are true with regards to socioeconomic status?

Put a check mark in the correct box.

	True	False
a. It has no connection to the ability to delay gratification.		
b. Children from poorer homes have more stable lives.		
c. Poor families tend to move more often than less poor families.		
d. There is more likely to be violence in poor homes.		
e. Poorer, less spoiled children tend to do better on delayed gratification tests.		

4 What result was mentioned regarding the marshmallow experiment?

Ⓐ The better children demonstrated iron wills.
Ⓑ Most children succeeded in getting two marshmallows.
Ⓒ The most disciplined children lasted three times longer than the least disciplined children.
Ⓓ The children who performed better did so with effort.

5 *Listen again to part of the lecture.*
Then answer the question.
What can be inferred from the statement?

Ⓐ Self-control skills cannot be taught.
Ⓑ Self-control skills can be fostered.
Ⓒ Self-control skills are believed to be mainly hereditary.
Ⓓ Self-control skills are half hereditary and half environmental.

6 *Listen again to part of the lecture.*
Then answer the question.
What is the professor implying when he says: "Needless to say, he found almost no takers."?

Ⓐ Policymakers are not interested in the reform of education.
Ⓑ Schools do not seem to be interested in offering quality education.
Ⓒ Mainstream educators focus on the wrong priorities.
Ⓓ Most students were unable to take Mischel's tests.

問題演習　講義3　解答・解説

Lecture　Questions 1–6

正解一覧

1. Ⓑ　2. Ⓓ　4. Ⓓ　5. Ⓑ　6. Ⓒ

3.

	True	False
a. It has no connection to the ability to delay gratification.		✓
b. Children from poorer homes have more stable lives.		✓
c. Poor families tend to move more often than less poor families.	✓	
d. There is more likely to be violence in poor homes.	✓	
e. Poorer, less spoiled children tend to do better on delayed gratification tests.		✓

スクリプト

MP3 065

Listen to part of a lecture in an educational psychology class.

1 ① Q1 Key➡ Today I want to introduce you to an idea, which is that self-control may be the key to success of students, not only in their school lives, but throughout their lives in general.

2 ① Around 1970, psychologist Walter Mischel launched a classic experiment. ② He left a succession of four-year-olds in a room with a bell and a marshmallow. ③ If they rang the bell, he would come back and they could eat the marshmallow. ④ If, however, they didn't ring the bell and waited for him to come back on his own, they could then have two marshmallows.

3 ① In videos of the experiment, you can see the children squirming, kicking, hiding their eyes—desperately trying to exercise self-control so they can wait and get two marshmallows. ② Their performance varied widely. ③ Some broke down and rang the bell within a minute. ④ Others lasted 15 minutes.

4 ① The children who waited longer went on to get higher SAT scores. ② They got into better colleges and had, on average, better adult outcomes. ③ The children who rang the bell quickest were more likely to become bullies. Q2 Key➡ ④ They received worse teacher and parental evaluations 10 years later and were more likely to have drug problems at age 32.

5 ① The Mischel experiments are worth noting because people in the policy world

spend a lot of time thinking about how to improve education, how to reduce poverty, how to make the most of the nation's human capital. ② But when policymakers address these problems, they come up with structural remedies: reduce class sizes, create more charter schools*, increase teacher pay, or mandate universal day care.

6 ① The results of these structural reforms are almost always disappointingly modest. ② Yet policymakers rarely ever probe deeper into problems and ask the core questions, such as how do we get people to master the sort of self-control that leads to success? ③ To ask that question is to leave the policymakers' comfort zone—which is the world of inputs and outputs, appropriations and bureaucratic reform—and to enter the murky world of psychology and human nature.

7 ① Yet the Mischel experiments, along with everyday experience, tell us that self-control is essential. ② Young people who can delay gratification can sit through sometimes boring classes to get a degree. ③ They can perform rote tasks in order to, say, master a language. ④ They can avoid drugs and alcohol. ⑤ For people without self-control skills, however, school is a series of failed ordeals. ⑥ No wonder they drop out. ⑦ Life is a parade of foolish decisions: teenage pregnancy, drug use, gambling, truancy, and crime.

8 ① If you're a policymaker and you are not talking about core psychological traits such as delayed gratification skills, then you're just dancing around with proxy issues. Q5 🎧 Q5 Key➡ ② The research we do have on delayed gratification tells us that differences in self-control skills are deeply rooted but also malleable. ③ Differences in the ability to focus attention and exercise control emerge very early, perhaps as soon as nine months. ④ But there is no consensus on how much of the ability to exercise self-control is hereditary and how much is environmental.

9 ① The ability to delay gratification, like most skills, correlates with socioeconomic status and parenting styles. ② Children from poorer homes do much worse on delayed gratification tests than children from middle-class homes. Q3 Key➡ ③ That's probably because children from poorer homes are more likely to have their lives disrupted by marital breakdown, violence, moving, etc. ④ They think in the short term because there is no predictable long term.

10 ① The good news is that while differences in the ability to delay gratification emerge early and persist, that ability can be improved with conscious effort. ② Moral lectures don't work. Q4 Key➡ ③ Sheer willpower doesn't seem to work either. ④ The children who resisted eating the marshmallow didn't stare directly at it and exercise iron discipline. ⑤ On the contrary, they were able to resist their appetites because they were able to think about other things.

11 ① What works is creating stable, predictable environments for children, in which good behavior pays off—and practice. ② Young people who are given a series of tests

that demand self-control get better at it.

12 Q6 🎧 ① This pattern would be too obvious to mention if it weren't so largely ignored by educators and policymakers. Q6 Key ➡ ② Somehow we've entered a world in which we obsess over structural reforms and standardized tests, but skirt around the moral and psychological traits that are at the heart of actual success. ③ Mischel tried to interest New York schools in programs based on his research. ④ Needless to say, he found almost no takers.

* charter school：保護者や地域住民、教師や専門家などが中心となって申請し、公的な認可と資金援助を受けて運営される民間主導の公立学校。

訳

教育心理学の講義の一部を聞きなさい。

1 ①今日は、ある考えを紹介したいと思います。学生にとって自制心は、学校生活だけでなく、概して人生を通して成功の鍵かもしれない、というものです。

2 ① 1970年頃、心理学者ウォルター・ミシェルが、ある古典的な実験に着手しました。②彼は何人もの4歳児を、ベルと1つのマシュマロのある部屋に残しました。③彼らがベルを鳴らせば、ミシェル氏は戻って来て、彼らはそのマシュマロを食べることができます。④しかし、もしもベルを鳴らさずにミシェル氏本人が戻って来るのを待てば、彼らはマシュマロを2つもらうことができました。

3 ①その実験のビデオでは、待ってマシュマロを2つもらえるように、もじもじしたり、蹴ったり、目を覆ったりして、必死に自制心を働かせようとする子ども達を見ることができます。②彼らの振る舞いは、実に様々でした。③ 1分もしないうちにあきらめてベルを鳴らす子もいました。④ 15分持ちこたえた子もいました。

4 ①長く待った子ども達のほうが、のちのSATのスコアがより高くなっていました。②彼らはよりよい大学に入り、平均して成人後の結果もよりよかったのです。③一番早くベルを鳴らした子ども達は、いじめっ子になる傾向がより強くありました。④ 10年後の先生や親からの評価も低く、32歳時点で麻薬問題を抱える傾向がより強くありました。

5 ①ミシェル氏の実験は、注目に値します。というのも、政策に携わる人々は、多くの時間を費やして、いかにして教育を向上させ、貧困を減らし、国家の人的資源を最大限に活用する方法について考えているからです。②しかし、政策立案者達がこれらの問題に取り組むとき、彼らは構造的な改善措置を考え出します。例えば、クラスの規模を小さくする、チャータースクールの数を増やす、教師の給与を上げる、あるいはユニバーサルデイケア（誰でも利用できる保育）の義務化などです。

6 ①こういった構造改革の成果は、ほとんど常にがっかりするほどわずかです。②それなのに政策立案者は、問題をさらに深く探ろうとはしないし、どうすれば我々は成功へとつながる類の自制心を身につけられるのかといった、核心的な問いを立てることもめったにありません。③それを問うことは、政策立案者の快適域、つまりインプット・アウトプット、予算割り当て、官僚的改革といった世界を離れ、心理学や人間の本質という曖昧な世界に入ることを意味します。

7　①しかし、ミシェル氏の実験は、日々の経験と並んで、自制心が不可欠であることを我々に教えています。②快楽を先延ばしにできる若者は、学位取得のため、時には退屈な授業にもずっと座っていることができます。③例えば言語習得のために、丸暗記の作業ができます。④麻薬やアルコールを避けることもできます。⑤しかし、自制する術を持たない人にとっては、学校は、失敗する試練の連続です。⑥脱落するのも無理はないのです。⑦人生は、十代での妊娠、麻薬使用、ギャンブル、不登校、犯罪といった愚かな決断の連続となります。

8　①政策立案者が、満足感を遅らせる術といった核となる心理的特性について論じないのであれば、単に代理の論点と戯れているにすぎません。Q5 ②遅延満足感に関して我々が行っている研究で、自制術における個人差は、根深いが順応性もあることがわかりました。③集中力や自制力の個人差は、非常に初期に、おそらく早くも9カ月目には現れます。④しかし、自制心を発揮する能力のうち、どれほどが遺伝性で、どれほどが環境によるのかについて、一致した意見はないのです。

9　①満足感を遅らせる能力は、ほとんどの技能と同様に、社会経済的地位や育児スタイルと相関関係があります。②貧しい家庭の子ども達は、中流家庭の子どもと比べて、満足感遅延テストの出来がはるかに悪いのです。③これはおそらく、貧しい家庭の子ども達は、結婚の破綻、暴力、引越などによって、生活が乱される傾向が強いからでしょう。④彼らは、長期的な予測ができないので、物事を短期的に考えてしまいます。

10　①幸いにも、満足感を遅らせる能力の個人差は幼少期に現れて持続してしまうものの、その能力は、意識的な努力で向上させることができます。②教訓の講義は役に立ちません。③また、純粋な意志の力も、役に立たなさそうです。④マシュマロを食べることに抵抗できた子ども達は、マシュマロをまっすぐ凝視して鉄の克己心を発揮していたのではないのです。⑤そうではなくて、ほかのことを考えることができたので、食欲に抵抗できたのです。

11　①有効なのは、子ども達にとって、安定した予測可能な環境、つまりよい行動は報いられる、だから実行する、という環境を作ることです。②自制心が要求される一連のテストを与えられる若者は、それがうまくなっていきます。

12　Q6 ①このようなパターンは、教育者や政策立案者によってこれほど広く無視されていなければ、当たり前すぎて言わずもがなでしょう。②どういうわけか我々は、構造改革や標準テストにとりつかれ、それでいて実際の成功の中心にある道徳や心理的特性は回避するような世界に入り込んでしまいました。③ミシェル氏は、ニューヨークの学校が彼の研究に基づく学習計画に関心を抱くように試みました。④しかし言うまでもなく、彼はほとんど賛同者を見つけられませんでした。

設問の訳・正解・解説

1 正解 Ⓑ　　MP3 066

教授の講義の中心的な論題は何か。

Ⓐ 政策立案者は、良質の教育について本当には気にしていない。
Ⓑ 人生の成功は心理的特性に関連している。
Ⓒ 現代の教育制度は、完全に改める必要がある。
Ⓓ 学校での成功は、人生の成功に移り変わることはない。

解説　トピック問題。講義冒頭にもあるように、全体を通じて自制心と成功との関連性がテーマ。政権立案者や教育制度に対する問題点も指摘はされているが、Ⓐ、Ⓒ の表現は言いすぎで不適。

2 正解 Ⓓ　　MP3 067

遅延満足テストの出来がよくない子ども達について、言われているのは次のうちどれか。

Ⓐ いじめっ子になる傾向がより弱かった。
Ⓑ 低い SAT スコアを欲しがる。
Ⓒ 授業中に退屈しやすかった。
Ⓓ 麻薬中毒者となる可能性が高い。

解説　詳細理解問題。4 で、いじめっ子になる可能性が高く、麻薬問題を抱える傾向にあると述べられている。

3　　MP3 068

講義によると、次のうちで社会経済地位に関して正しいのはどれか。正しい欄にチェックマークをつけなさい。

正解

	True	False
a. それは満足感を遅らせる能力とは、まったく関係がない。		✓
b. 貧しい家庭の子ども達は、より安定した生活を送っている。		✓
c. 貧しい家庭は、そうでない家族と比べて、より頻繁に引越しをする傾向がある。	✓	
d. 貧しい家庭内では、暴力が存在する傾向がより強い。	✓	
e. 貧しく、甘やかされていない子どものほうが、満足遅延テストで出来がよい傾向がある。		✓

解説　情報整理問題。⑨の情報から、正しいのはc.とd.の2つだと判断できる。

4 正解　Ⓓ　　MP3 069

マシュマロ実験に関してどのような結果が述べられていたか。

Ⓐ 出来のよかった子どもは、鉄の意志を示した。
Ⓑ ほとんどの子どもが、マシュマロを2つもらうことに成功した。
Ⓒ 最も自制心のあった子どもは、最も自制心のなかった子どもと比べて、3倍長く持ちこたえた。
Ⓓ 出来のよかった子どもは、努力でそうなった。

解説　詳細理解問題。⑩ ③に、マシュマロを食べずに我慢できたのは、鉄の意志によるものではないとあるので、Ⓐは不適。⑤にほかのことを考えることができたとあり、これは本人の努力なのでⒹが正解。

5 正解　Ⓑ　　MP3 070

講義の一部をもう一度聞きなさい。それから質問に答えなさい。(「スクリプト／訳」の下線部を参照)
述べられた内容から推測できることは何か。

Ⓐ 自制術は教えられない。
Ⓑ 自制術は育成することができる。
Ⓒ 自制術は、主に遺伝によるものと信じられている。
Ⓓ 自制術は、遺伝によるもとの環境によるものが半々である。

解説　推測問題。⑧ ④で、遺伝と環境については一致した見解はないと述べられているので、ⒸとⒹは不可。

6 正解　Ⓒ　　MP3 071

講義の一部をもう一度聞きなさい。それから質問に答えなさい。(「スクリプト／訳」の下線部を参照)
次の発言で、教授が示唆しているのはどれか。

Ⓐ 政策立案者は、教育改革に関心がない。
Ⓑ 学校は、良質な教育を提供することに関心がないようだ。
Ⓒ 主流の教育者達は、注力すべき優先事項を間違えている。
Ⓓ ほとんどの学生は、ミシェル氏のテストを受けることができなかった。

解説 推測問題。該当箇所の「賛同者が見つけられない」というのは、ミシェル氏の提案する自制心育成に学校側が関心がないということ。⑫②に、政策立案者や教育者は、教育改革には関心はあるものの、その方向性が間違っているとの指摘があるので、Ⓒが正しいと判断できる。

問題演習　講義3の語彙・表現

2

□ **launch**	〔動〕着手する
□ **succession**	〔名〕一連

3

□ **squirm**	〔動〕もがく
□ **desperately**	〔副〕必死に
□ **exercise**	〔動〕（能力などを）働かせる

4

□ **SAT**	〔名〕大学進学適性試験 = Scholastic Aptitude Test
□ **outcome**	〔名〕結果
□ **bully**	〔名〕いじめっ子

5

□ **worth**	〔形〕～の価値がある
□ **make the most of**	〔熟〕～を最大限に利用する
□ **capital**	〔名〕資本
□ **address**	〔動〕～に取り組む
□ **come up with**	〔熟〕（考えなどを）思いつく
□ **remedy**	〔名〕改善法、治療法
□ **mandate**	〔動〕義務づける

6

□ **modest**	〔形〕わずかな
□ **probe into**	〔動〕～を調査する
□ **appropriation**	〔名〕割り当て
□ **bureaucratic**	〔形〕官僚的な
□ **murky**	〔形〕理解しがたい、暗い

7

□ **gratification**	〔名〕満足感
□ **rote task**	〔名〕丸暗記
□ **ordeal**	〔名〕試練
□ **truancy**	〔名〕無断欠席

8

□ **trait**	〔名〕特性
□ **dance around**	〔熟〕～を避けて通る
□ **proxy issue**	〔名〕代理の論点
□ **malleable**	〔形〕順応性のある
□ **hereditary**	〔形〕遺伝性の

9

□ **disrupt**	〔動〕中断する
□ **marital**	〔形〕結婚の

10

□ **persist**	〔動〕（好ましくないものが）持続する
□ **sheer**	〔形〕まったくの
□ **stare**	〔動〕凝視する
□ **discipline**	〔名〕規律、克己心
□ **appetite**	〔名〕食欲

11

□ **pay off**	〔動〕成果をあげる、うまくいく

12

□ **obsess**	〔動〕とりつかれる
□ **skirt around**	〔熟〕（問題などを）回避する
□ **taker**	〔名〕賛同者

問題演習　講義 4

MP3 072~078

Now get ready to answer the questions.
You may use your notes to help you answer the questions.

1 What is the purpose of the talk?

Ⓐ To give a brief introduction to how company stock valuation works
Ⓑ To explain the different types of limited corporations
Ⓒ To emphasize the advantages of growth stocks over income stocks
Ⓓ To outline how initial public offering schemes work

2 In the lecture, the professor talks about stocks. Indicate whether each of the following is mentioned or implied.
Put a check mark in the correct box.

	Yes	No
a. Growth stocks offer better value for investors than income stocks.		
b. The price of a growth stock remains relatively constant.		
c. An income stock will pay dividends to shareholders.		
d. A company with income stocks will never be able to expand.		
e. Growth stocks are purchased in the hopes of reselling them later at a higher price.		

3 Why does the professor use the example of a restaurant?

Ⓐ To demonstrate the growth potential of the industry
Ⓑ To suggest that restaurants follow a growth model
Ⓒ To show how doubling equipment also doubles profit
Ⓓ To illustrate two different models of stock ownership

4 What is said about value indicators for stocks?

Ⓐ Information on them can be gotten only from the SEC.
Ⓑ Price/earnings ratio is just one of several indicators.
Ⓒ Thousands of different types can be found on the internet.
Ⓓ Price/earnings ratio is the most commonly used value indicator.

5 *Listen again to part of the lecture.*
Then answer the question.
What does the professor mean when she says this?

Ⓐ Some of the class members are significantly behind where they should be in the course.
Ⓑ The basics of the topic will have to be reviewed for the benefit of some students.
Ⓒ Students with more advanced knowledge will have to be patient because it is not an advanced class.
Ⓓ The content of the lecture will be especially valuable for students who own or trade stocks.

6 *Listen again to part of the lecture.*
Then answer the question. 
What is the professor implying when she says this: "I'm sure it will be far from clear for most of you"?

Ⓐ She is tired of the students' generally lazy attitude toward their class reading.
Ⓑ The topic of value indicators will be far from simple for many students.
Ⓒ Reading the chapter will make the topic of value indicators clear for the students.
Ⓓ Students must read the chapter to find out what the professor's next lecture topic will be.

問題演習　講義4　解答・解説

Lecture　Questions 1–6

正解一覧

1. Ⓐ　3. Ⓓ　4. Ⓑ　5. Ⓒ　6. Ⓑ

2.

	Yes	No
a. Growth stocks offer better value for investors than income stocks.		✓
b. The price of a growth stock remains relatively constant.		✓
c. An income stock will pay dividends to shareholders.	✓	
d. A company with income stocks will never be able to expand.		✓
e. Growth stocks are purchased in the hopes of reselling them later at a higher price.	✓	

スクリプト

MP3 072

Listen to part of a lecture by an economics professor.

1 Q1 Key ➡ ① Okay, today, I thought I would give you an introduction to stocks and tell you a little bit about how they work. ② Some of what I'm gonna say may be quite obvious and some of it may not, but that will also depend on each of you. Q5 🎧 Q5 Key ➡ ③ I know some people have a lot of interest in stocks and the whole stock market thing, so those people might know quite a bit about how stocks and the market work in general. ④ Some of you might even own or trade stocks. ⑤ If anyone here is in that category, you'll just have to bear with us, because we have to start with the basics in this class.

2 ① Let's say that a new corporation is created and through its IPO... that stands for Initial Public Offering... it raises $20 million by selling one million shares for $20 a share. ② The corporation buys its equipment and hires its employees with that money. ③ In the first year, when all the income and expenses are added up, the company makes a profit of $1 million. ④ The board of directors of the company can decide to do a number of things with that $1 million:

* It could put it in the bank and save it for a rainy day.
* It could decide to give all of the profits to its shareholders, so it would declare a dividend of $1 per share.
* It could use the money to buy more equipment and hire more employees to expand the

company.
* It could pick some combination of these three options.

3 Q2.c Key ① If a company traditionally pays out most of its profits to its shareholders, it is generally called an income stock. ② The shareholders get income from the company's profits. ③ If the company puts most of the money back into the business, it is called a growth stock. ④ The company is trying to grow larger by increasing the amount of equipment and the number of people who run it.

4 Q2.b Key ① As for other differences... uh... the price of an income stock tends to stay fairly flat. ② That is, from year to year, the price of the stock tends to remain about the same unless profits (and therefore dividends) go up. ③ People are getting their money each year and the business is not growing. ④ This would be the case for stock in a single restaurant that distributes all of its profits to the shareholders each year.

5 Q3 Key ① Let's say though, that the single restaurant decides, for several years, to save its profits, and eventually it opens a second restaurant. ② That is the behavior of a growth company. ③ The value of the stock rises because, when the second restaurant opens, there is twice as much equipment and twice as much profit being earned by the company. ④ In a growth stock, the shareholders do not get a yearly dividend, but they own a company whose value is increasing. Q2.e Key ⑤ Therefore, the shareholders can get more money when they sell their shares—someone buying the stock would see the increasing book value of the company (the value of the buildings, equipment, etc.) and the increasing profit that the company is earning and, based on these factors, pay a higher price for the stock.

6 ① In a publicly traded company, all of the financial information about the company is public. ② The Securities and Exchange Commission, commonly referred to as the SEC, is in charge of collecting this information and making it available to investors. Q4 Key ③ Shareholders also use a number of other indicators to determine how much a stock is worth. ④ One simple indicator is the price/earnings ratio. ⑤ This is the price of the stock divided by the earnings per share. ⑥ There are all sorts of indicators like these, as well as a great deal of other financial information available on any stock. ⑦ You can look up all of it on the Web in thousands of different places.

7 ① Next time we'll start to look a lot closer at price to earnings ratios and some of the other common indicators that are used to determine the value of a stock. Q6 ② In fact, I would strongly suggest that you read the chapter on value indicators in the text before our next class. Q6 Key ③ I'm sure it will be far from clear for most of you, but it will certainly give you a better chance of grasping what I will be going into next time.

訳

経済学の教授による講義の一部を聞きなさい。

1 ①それでは、今日は株式の入門部分を説明して、それがどのように機能するのかについて少しお話しすることになっていたと思います。②これからお話しすることには、かなりわかりきった部分もあれば、そうでない部分もあるでしょう。皆さん次第です。Q5 ③株式や株式市場というもの全体に非常に興味を持っている人達もいると承知しているので、こうした人達は株式や株式市場の仕組み全般についてかなり多く知っているかもしれません。④株式を所有していたり取引したりさえしているかもしれません。⑤そうした部類の方々がここにいらっしゃったら、この授業では基本事項から始めなければいけないので、少し我慢してもらうことになるでしょう。

2 ①例えば、仮に新しい企業が作られて、IPO、これは新規株式公開の略ですが、これによって1株20ドルで100万の株式を売って2000万ドルを調達するとしましょう。②この企業はその金で設備を買って従業員を雇います。③最初の年に収入と支出のすべてを合計すると、同社は100万ドルの利益を出していました。④同社の取締役会は、この100万ドルで行える幾多のことを決定できます。

* 銀行に預金して万一の場合に備えることができます。
* 利益のすべてを株主に還元すると決定してもよく、その場合1株あたり1ドルの配当を発表することになります。
* 会社を大きくするため、より多くの設備を買い、より多くの従業員を雇うために金を使うかもしれません。
* これら3つの選択肢のいくつか組み合わせることを選択してもよいでしょう。

3 ①ある会社がその利益の大半を株主に支払えば、それは一般的に収益株と呼ばれます。②株主は会社の利益から収入を得ます。③会社が金のほとんどを事業に還元すれば、それは成長株と呼ばれます。④会社は設備の量とそれを動かす人間の数を増やすことによって成長を図ります。

4 ①ほかの相違点に関しては、ええと、収益株の価格はほとんど横ばいとなる傾向があります。②つまり、年度によって、利益（つまるところ配当）が上がらなければ株式の価格はほぼ同じままになりがちです。③人々は毎年お金をもらいますが、事業は成長しないのです。④こうしたことは、全利益を毎年株主に分配する1店舗のレストランの株式に当てはまるでしょう。

5 ①でも、例えば、その1店舗レストランが数年間利益を貯めると決め、その後2軒目のレストランを開店するとしましょう。②これは成長企業の行動ですね。③2軒目のレストランが開店すると、設備が2倍になると同時に会社が得る利益も2倍になるので、株式の価値は上がります。④成長株において、株主は毎年の配当を受けませんが、企業価値が高まっている会社を所有していることになります。⑤よって、株主は自分の株を売ればより多くの金を手にすることができます。株を買おうとしている誰かがその会社の上昇中の帳簿価格（建物や設備などの価値）と、儲かって増えている利益を見て、こうした要因に基づいてより高い価格を払って株式を手に入れようとするからです。

6　①株式公開企業では、会社に関する財務情報のすべてが公開されます。②よくSECと呼ばれる証券取引委員会は、こうした情報を収集して投資家達が入手できるようにする業務を担当しています。③また、株主達はほかの多くの指標を使って株式にどれだけの価値があるかを判断します。④単純な指標としては株価収益率があります。⑤これは株の価格を1株あたり利益で割ったものです。⑥同じ様なあらゆる種類の指標があり、どんな株に関しても、その他の財務情報が大量にあります。⑦ウェブ上の数千もの異なるサイトで、こうした情報すべてを調べることができます。

7　①次回は、株価収益率と株価を判断するために使われるその他の一般的な指標のいくつかをもっと詳しく見ていきましょう。Q6 ②つまり、次の授業の前にテキストの価値指標に関する章を読んでくるように強くおすすめします。③大半の皆さんはまったく理解できないとわかっていますが、私が次回に詳しく説明することを把握できる可能性は確実に上がるでしょう。

設問の訳・正解・解説

1　正解　Ⓐ　MP3 073

講義の目的は何か。

Ⓐ どのように会社の株式評価が行なわれるか簡単に紹介すること
Ⓑ 有限会社の異なる種類を説明すること
Ⓒ 成長株の収益株に対する優位性を強調すること
Ⓓ どのように新規株式公開が行なわれるのか概要を説明すること

解説　トピック問題。教授が最初に発言しているとおり講義全体は株式の仕組みについてだが、後半は株式の価値について重点が置かれているので、Ⓐが正解。有限会社や収益株に対する成長株の優位性や新規株式公開の仕組みについてはどこにも言及がない。

2

MP3 074

講義では教授が株式について話している。次の内容がそれぞれ言及されたり示唆されたりしているか示しなさい。正しい欄にチェックマークをつけなさい。

正解

	Yes	No
a. 成長株は収益株よりも投資家に対してよりよい価値を提供する。		✓
b. 成長株の価格は比較的一定に保たれる。		✓
c. 収益株は株主に配当を支払う。	✓	
d. 収益株を持つ会社は絶対に拡大できるようにならない。		✓
e. 成長株は後でより高い値段で転売するために購入される。	✓	

解説 情報整理問題。c. は 3 ①と、e. は成長企業や成長株を扱う 5 ⑤の内容とそれぞれ一致する。4 ①より、価格が一定なのは収益株なので b. は誤り。a. と d. に一致する発言はない。

3 正解 (D)

MP3 075

教授はなぜレストランの例を取り上げるのか。

(A) その産業の成長性を論証するため
(B) レストランは成長モデルに従っていることを示唆するため
(C) 設備を 2 倍にすることが利益も 2 倍にすることを示すため
(D) 2 つの異なる株式所有のモデルを説明するため

解説 構成把握問題。教授は 4 で収益株の説明をした際に 1 店舗のみのレストランを例に挙げている。その後、5 で店舗を増やして利益を伸ばすことで、成長株となる変化を説明しているので、(D) が正解。説明に関して特にレストランという産業である必要性はなく、経営方針としての成長モデルの言及もないので (A)、(B) は不適。(C) はこの例を挙げた直接の目的ではないので不適。

4 正解 (B)

MP3 076

株式の価値指標について述べられていることは何か。

(A) それらについての情報は証券取引委員会からのみ入手可能だ。
(B) 株価収益率はいくつかある指標の 1 つにすぎない。
(C) 数千もの種類をインターネット上で見つけることができる。
(D) 株価収益率は最も一般的に利用されている価値指標だ。

解説　詳細理解問題。価値指標については 6 で説明されているが、③～④で株価収益率はたくさんの指標の中の単純な指標の１つとして紹介されているので、Ⓑ がこの内容に一致する。数千であるのは参照できるウェブサイトの数なので Ⓒ は誤り。Ⓐ と Ⓓ に一致する発言はない。

5 正解 Ⓒ　MP3 077

講義の一部をもう一度聞きなさい。それから質問に答えなさい。(「スクリプト／訳」の下線部を参照)

教授が次のように言うとき何を意味しているのか。

Ⓐ 授業の参加者にはコースでの学習進度に著しく遅れをとっている人達もいる。
Ⓑ 何人かの学生のためにテーマの基本事項を概説しなければならないだろう。
Ⓒ 上級の授業ではないので、より進んだ知識を持った学生達は我慢しなければならないだろう。
Ⓓ 講義の内容は株式を所有もしくは取り引きしている学生達にとって特に価値のあるものになるだろう。

解説　態度・意図問題。「こうした部類の方々」とは 1 で述べた、株式に詳しかったり株式を所有したりしている学生のことなので、最も近い内容は Ⓒ。

6 正解 Ⓑ　MP3 078

講義の一部をもう一度聞きなさい。それから質問に答えなさい。(「スクリプト／訳」の下線部を参照)

教授が以下のように言うとき何を示唆しているのか。

Ⓐ 彼女は授業の読書課題に対する学生達の概して怠けた態度に飽き飽きしている。
Ⓑ 価値指標の話題は多くの学生にとってまったく単純ではないだろう。
Ⓒ その章を読むと学生達には価値指標の話題が明解になるだろう。
Ⓓ 学生達は教授の次の講義の話題が何であるのか探り出すためにその章を読まなければならない。

解説　推測問題。it will be far from clear の it は「テキストの価値指標についての章」のことなので、Ⓑ が正しいと判断できる。Ⓒ はこの発言と矛盾するので不可。

第3章 問題演習 講義

問題演習　講義 4 の語彙・表現

1

☐ introduction	〔名〕概論、入門
☐ stock	〔名〕株式
☐ work	〔動〕機能する
☐ obvious	〔形〕明白な
☐ depend on	〔動〕～次第である、～を頼りにする
☐ whole	〔形〕全体の
☐ in general	〔副〕一般的に
☐ own	〔動〕所有する
☐ bear	〔動〕我慢する

2

☐ corporation	〔名〕企業、会社
☐ stand for	〔動〕（正式名の略称が）～を意味する
☐ Initial Public Offering	〔名〕新規株式公開
☐ raise	〔動〕（金を）集める
☐ share	〔名〕株式
☐ equipment	〔名〕設備
☐ employee	〔名〕従業員
☐ income	〔名〕収入
☐ expense	〔名〕支出
☐ profit	〔名〕利益
☐ board of directors	〔名〕取締役会
☐ for a rainy day	〔熟〕万一の場合に備えて
☐ shareholder	〔名〕株主
☐ declare	〔動〕宣言する
☐ dividend	〔名〕配当

3

☐ income stock	〔名〕収益株
☐ growth stock	〔名〕成長株
☐ run	〔動〕経営する、動かす

4

☐ as for	〔前〕～に関して

□ **tend to V**	〔熟〕V する傾向がある
□ **remain**	〔動〕～のままでいる
□ **unless**	〔接〕～でなければ
□ **be the case**	〔熟〕当てはまる
□ **distribute**	〔動〕分配する

5

□ **eventually**	〔副〕最終的に
□ **book value**	〔名〕帳簿価値

6

□ **publicly traded company**	〔名〕株式公開企業
□ **The Securities and Exchange Commission**	〔名〕証券取引委員会
□ **refer to A as B**	〔熟〕A を B と呼ぶ
□ **in charge of**	〔熟〕～を担当して
□ **investor**	〔名〕投資家
□ **indicator**	〔名〕指標
□ **a great deal of**	〔熟〕大量の～
□ **look up**	〔動〕調べる

7

□ **close**	〔副〕綿密に
□ **ratio**	〔名〕比率
□ **far from**	〔熟〕まったく～ない
□ **grasp**	〔動〕把握する

問題演習 講義5

MP3 079~085

Now get ready to answer the questions.
You may use your notes to help you answer the questions.

1 What is the main purpose of the lecture?

Ⓐ To analyze Van Gogh's genius
Ⓑ To provide an overview of Van Gogh
Ⓒ To highlight Van Gogh's personal life
Ⓓ To explain Van Gogh's popularity

2 The professor discusses Van Gogh and his paintings.
Check the statements that are either stated or implied about Van Gogh by the professor.

	Yes	No
a. He initially painted with subdued colors.		
b. He produced most of his work during the last two years of his life.		
c. He was self-taught for the most part.		
d. His painting was quite innovative.		
e. His painting style was not overly influential.		

3 Which of the following would best describe the situation before Van Gogh's death?

Ⓐ He was recovering mentally.
Ⓑ No one recognized his genius.
Ⓒ He was tired of being ignored by the establishment.
Ⓓ He was anxious about the attention that he was getting.

4 According to the professor, what attitude did Vincent's brother show toward him?

Ⓐ He resented Vincent's requests for money.
Ⓑ He supported Vincent constantly.
Ⓒ He thought Vincent a poor artist.
Ⓓ He slowly turned against Vincent.

5 Why would temporal lobe epilepsy appear to be a plausible explanation for Van Gogh's illness?

Ⓐ It is marked by excessive creativity, something that Van Gogh clearly possessed.
Ⓑ People who have it are very religious, as Van Gogh was.
Ⓒ It often causes sufferers to harm themselves, as Van Gogh did.
Ⓓ It causes people to be fond of alcohol, as Van Gogh was.

6 *Listen again to part of the lecture.*
Then answer the question.
What does the professor imply?

Ⓐ It is better for artists not to marry.
Ⓑ Promiscuity is a prerequisite to fame.
Ⓒ Madness prevented Van Gogh from marrying.
Ⓓ Van Gogh's unusual life is part of his attraction.

問題演習 講義5 解答・解説

Lecture Questions 1–6

正解一覧

1. Ⓑ　3. Ⓓ　4. Ⓑ　5. Ⓐ　6. Ⓓ

2.

	Yes	No
a. He initially painted with subdued colors.	✓	
b. He produced most of his work during the last two years of his life.		✓
c. He was self-taught for the most part.	✓	
d. His painting was quite innovative.	✓	
e. His painting style was not overly influential.		✓

スクリプト

MP3 079

Listen to part of a lecture in an art history class.

1 ① Vincent Van Gogh is often seen as the "mad" painter, particularly as he cut off part of his ear on one occasion. ② He had periods of mental problems, and did not paint, or sometimes was not allowed to, during them. ③ Debate has raged over the years as to the source of Van Gogh's mental illness and its effect on his work. ④ Over 150 psychiatrists have attempted to label his illness, and some 30 different diagnoses have been suggested.

2 ① Some of the theories that have been suggested include schizophrenia, bipolar disorder, syphilis, poisoning from swallowed paints, temporal lobe epilepsy, or TLE, and acute intermittent porphyria. ② Any of these could have been the culprit and could have been aggravated by malnutrition, overwork, a fondness for the alcoholic beverage absinthe, and insomnia. Q5 Key ➡ ③ Some people have argued, in the case of TLE, that the disease may have led to his prolific body of work. ④ TLE cases tend to show symptoms of hyper-graphia and hyper-religiosity and it has been suspected by some as being sources of religious visions and creativity.

3 ① In "*the Archives of Pathology and Laboratory Medicine*," Paul L. Wolf, M.D., presented his analysis of how disease, drugs, and chemicals might have influenced the retinal vision of Van Gogh. ② Wolf speculates that the yellow color vision defect in Van Gogh developed as a side effect of his love of a type of liquor known as absinthe, containing a neurotoxin called thujone found in wormwood oil.

4 ① Another recently proposed illness is lead poisoning. ② The paints used at the time were lead-based, and one of the symptoms of lead poisoning is a swelling of the retinas, which would have caused the halo effect seen in many of Van Gogh's works.
5 ① Van Gogh was a Dutch draughtsman and painter, classified as a Post-Impressionist. ② His paintings and drawings include some of the world's best known, most popular and most expensive pieces. Q6 Q6 Key ③ His popularity is widely due to the connotation of the lone, tortured, mad, bohemian artist—indeed, Vincent had several relationships, but did not marry and had no children. ④ The fact that he cut off his ear is very well known, as is the belief that he was driven to an early suicide by lack of recognition of his genius. ⑤ Here reality and myth are intertwined, and although he certainly suffered from recurrent bouts of mental illness, Q3 Key his suicide was preceded by growing praise for his work from radical critics and fellow avant-garde artists—something which paradoxically caused the painter considerable anguish.
6 ① Van Gogh spent his early life as an art dealer, teacher and preacher in England, Holland, and Belgium. ② His period as an artist began in 1880 and lasted for a decade, Q2.a Key initially with work in somber colors, until an encounter in Paris with Impressionism and Neo-Impressionism accelerated his artistic development. Q2.b Key ③ He produced all of his work, some 900 paintings and 1100 drawings, during the last ten years of his life. ④ Most of his best-known work was produced in the final two years of his life, and in the two months before his death he painted 90 pictures. ⑤ Following his death, his fame grew slowly, helped by the devoted promotion of it by his widowed sister-in-law.
7 ① Q2.c Key Van Gogh was, largely self-taught, Q2.d Key and his work was startlingly innovative from the very beginning. ② Neither his early realist work, though close to the Dutch tradition, nor his later impressionist phase met contemporary expectations. ③ His depictions of everyday life showed a highly personal use of media, marked by a bold and distorted draughtsmanship, and visible dotted or dashed brush marks, sometimes in swirling or wave-like patterns, which are intensely yet subtly coloured. ④ Q2.e Key Since his death in 1890, van Gogh has been acknowledged as a pioneer of what came to be known as Expressionism and has had an enormous influence on 20th century art, especially on the Fauves and German Expressionists, and with a line that continues through to the Abstract Expressionism of Willem de Kooning and the British painter Francis Bacon.
8 Q4 Key ① The central figure in Vincent van Gogh's life was his brother Theo, an art dealer, who continually and selflessly provided financial support. ② Their lifelong friendship is documented in numerous letters they exchanged from August 1872 onwards, which were published in 1914, by Johanna van Gogh-Bonger, Theo's

widow, who generously supported most of the early Van Gogh exhibitions with loans from the artist's estate.

訳

美術史の講義の一部を聞きなさい。

1 ①ヴィンセント・ファン・ゴッホは、あるとき自分の耳の一部を切り落としたのが主な理由で、しばしば「狂人」画家と見なされています。②精神的な問題を抱えていた時期もあり、その間には絵を描かなかったり、時にはそれが許されなかったりしたこともありました。③長年にわたり、ゴッホの精神病の原因とその作品への影響については、盛んに議論されてきました。④ 150 人以上の精神科医が彼の病気を分類しようとして、約 30 の異なる診断結果が提示されています。

2 ①これまでに示唆されてきた説には、統合失調症、双極性障害、梅毒、飲み込んだ絵の具による中毒、側頭葉てんかん、すなわち TLE、そして急性間欠性ポルフィリン症などがありました。②これらのいずれもが原因でありうるし、栄養不良や過労、アルコール飲料アブサンの愛飲、不眠症などによって悪化していたかもしれません。③ TLE については、この病気が大量の作品群を導き出したのかもしれないと論じる人もいます。④ TLE の症例は、過剰な筆記衝動や信仰心の症状を示す傾向があり、これが宗教的な幻影や創造力の源になっているのではないかと推測する向きもあります。

3 ①『病理学ならびに臨床検査医学の記録文書資料』の中で、医学博士のポール・L・ウルフは、病気や薬剤、化学物質がゴッホの網膜上の映像にどのような影響を与えた可能性があるかについて、分析を提示しています。②ゴッホの黄色の色覚異常は、ニガヨモギの油に入っているツジョンと呼ばれる神経毒を含む、アブサンという一種の蒸留酒を彼が愛飲していた副作用として発症したものだとウルフは推察しています。

4 ①最近挙げられた別の病気に鉛中毒があります。②当時使用されていた絵の具は鉛を主成分としていて、鉛中毒の症状の 1 つが網膜の腫れで、これがゴッホの作品の多くに見られる後光効果を引き起こしたのかもしれません。

5 ①ゴッホはオランダの素描家兼画家で、後期印象派に分類されます。②彼の油彩画や素描のいくつかは、世界で最も有名で人気があり、最高値の作品に含まれています。 Q6 🎧 ③彼の人気は、孤独で苦悶し発狂した奔放な画家という暗示的な意味合いによるところが大きく、実際ヴィンセントは数人の女性との関係があったものの結婚もせず子どももいませんでした。④天才ぶりが認知されなかったことで若くして自殺に追い込まれたという説と同様、彼が耳を切り落とした事実も非常によく知られています。⑤この点では現実と虚像が絡み合っていて、彼が精神病の頻繁な発作に苦しめられていたのは確かですが、彼の自殺に先んじて、先進的な批評家や仲間の前衛美術家からの作品に対する称賛は高まっていました—これは逆説的に画家ゴッホに相当な苦悩を負わせてしまったのですが。

6 ①ゴッホは青年期を画商や教師、説教師としてイギリスやオランダ、ベルギーで過ごしました。②彼の画家としての時期は1880年に始まり10年間続きましたが、パリでの印象主義や新印象主義との出合いが彼の芸術的成長を加速させるまでは、もともとは地味な色使いの作品を手がけていました。③彼は約900の油彩画と1100の素描画から成るすべての作品を、生涯の最後の10年間で制作しました。④彼の最も有名な作品は生涯の最後の2年間に制作されたもので、死ぬ前の2カ月間に彼は90本の油彩画を描きました。⑤死後、彼の名声は、未亡人となった義理の妹の献身的な評価向上活動のおかげで、ゆっくりと高まりました。

7 ①ゴッホは主に独学だったこともあり、彼の作品は当初から驚くほど革新的でした。②オランダの伝統に近かったのですが彼の初期の写実的な作品も、のちの彼の印象主義的な時期も、同時代の期待に応えてはいませんでした。③彼の日常生活の描写は、時として鮮烈でありながら繊細な色使いの渦巻きや波のような模様の中の肉太でゆがんだ素描技法や点や線のはっきりとした刷毛目によって特徴づけられる、非常に個性的な絵の具の使い方を示していました。④ 1890年の彼の死後以降、ゴッホは表現主義として知られることになる様式の先駆者として認知されるようになり、特に野獣派やドイツの表現派、ウィレム・デ・クーニングの抽象表現主義や英国人画家フランシス・ベーコンへとつながる系統を持つ20世紀の芸術に多大な影響を与えました。

8 ①ヴィンセント・ファン・ゴッホの生涯で中心的な人物は弟のテオで、画商だった彼は私心なく絶えず経済的な支援を与えました。②彼らの生涯にわたる友情は1872年8月から交わされた数多くの手紙の中に記録され、それらの手紙は1914年、テオの未亡人、ヨハンナ・ファン・ゴッホ＝ボンゲルによって出版されました。彼女は、画家ゴッホの遺産から惜しみなく資金を借り入れ、初期のゴッホの展覧会のほとんどを支えました。

設問の訳・正解・解説

1 正解 Ⓑ　　MP3 080

講義の主な目的は何か。

Ⓐ ゴッホの才能を分析すること
Ⓑ ゴッホについて概説すること
Ⓒ ゴッホの私生活に光を当てること
Ⓓ ゴッホの人気の理由を説明すること

解説　トピック問題。ゴッホの才能や私生活や人気の理由いずれについても言及されているので、まとめとして Ⓑ が最も適切。

2

MP3 081

教授はゴッホと彼の絵画について論じている。ゴッホについて教授が述べているか示唆している内容にチェックを入れなさい。

正解

	Yes	No
a. 彼は初期には控え目な色使いで描いた。	✓	
b. 彼は生涯の最後の2年間でほとんどの作品を制作した。		✓
c. 彼はほとんど独学だった。	✓	
d. 彼の絵画はかなり革新的だった。	✓	
e. 彼の絵画様式はあまり影響力がなかった。		✓

解説 情報整理問題。a. は 6 ②、c. と d. は 7 ①の内容とそれぞれ対応する。6 ③より、最後の10年間でたくさんの作品が制作されたことがわかるので、b. は誤り。また、e. は 7 最終文の内容と矛盾する。

3 正解 Ⓓ

MP3 082

ゴッホが死ぬ前の状況を最も適切に述べているのは次のどれか。

Ⓐ 精神的に回復しつつあった。
Ⓑ 誰も彼の才能を認知しなかった。
Ⓒ 体制側に無視されることに飽き飽きしていた。
Ⓓ 注目されることに不安を感じていた。

解説 詳細理解問題。5 ④で「天才ぶりが認められなかった」ことが自殺の原因と信じられていることが挙げられているが、⑤でこの説には作り話が入り込んでいて、実際には批評家や画家達からの賞賛が逆に彼を苦しめていたと指摘されている。よって、Ⓓ が最も内容的に適合する。

4 正解 Ⓑ

MP3 083

教授によれば、ヴィンセント（ゴッホ）の弟は彼に対してどんな態度をとっていたか。

Ⓐ ヴィンセントからのお金の要求に憤慨していた。
Ⓑ 絶えずヴィンセントに協力的だった。
Ⓒ ヴィンセントは哀れな芸術家だと思っていた。
Ⓓ 次第にヴィンセントに敵対するようになった。

解説 詳細理解問題。8 ①で継続的に支援を惜しまなかったとあるので、Ⓑ が最も適合する。

5 正解 Ⓐ　　MP3 084

なぜ側頭葉てんかんがゴッホの病気の妥当な説明だと思われるのか。

Ⓐ その病気はゴッホが明らかに持っていたような過度の創造性によって特徴づけられるため。
Ⓑ その病気を患っている人達はゴッホのように非常に信心深いため。
Ⓒ その病気はゴッホの場合と同じく患者に自らを傷つけさせるため。
Ⓓ その病気はゴッホの場合と同じく人を酒好きにさせるため。

解説　詳細理解問題。2 ③以降、ゴッホが短期間にたくさんの作品を制作したことと側頭葉てんかんとの関連が示されているので、Ⓐ がこの内容と一致する。

6 正解 Ⓓ　　MP3 085

講義の一部をもう一度聞きなさい。それから質問に答えなさい。(「スクリプト／訳」の下線部を参照)
教授が示唆していることは何か。

Ⓐ 芸術家は結婚しないほうがいい。
Ⓑ 乱れた性行為は名声の前提条件だ。
Ⓒ 狂気によってゴッホは結婚できなかった。
Ⓓ ゴッホの型破りな人生が彼の魅力の一部だ。

解説　推測問題。ゴッホは複数の女性との関係がありながらも結婚せず孤独で苦悩の人生を送ったと説明されており、Ⓓ が内容的に一致する。ほかの選択肢の内容は教授によって特に示唆されていない。

問題演習　講義5の語彙・表現

1

- □ **rage**　〔動〕盛んに起こる、激しくなる
- □ **psychiatrist**　〔名〕精神科医
- □ **diagnosis**　〔名〕診断（結果）

2

- □ **schizophrenia**　〔名〕統合失調症
- □ **acute**　〔形〕（病気が）急性の ⇔ chronic 慢性の

□ **syphilis**	〔名〕梅毒
□ **swallow**	〔動〕飲み込む
□ **temporal lobe epilepsy**	〔名〕側頭葉てんかん
□ **intermittent**	〔形〕断続的な
□ **porphyria**	〔名〕ポルフィリン症
□ **culprit**	〔名〕原因、発端
□ **aggravate**	〔動〕悪化させる
□ **malnutrition**	〔名〕栄養失調
□ **absinthe**	〔名〕アブサン
□ **insomnia**	〔名〕不眠症
□ **prolific**	〔形〕数多くの
□ **symptom**	〔名〕兆候、症状
□ **hyper-graphia**	〔名〕過剰な筆記衝動
□ **hyper-religiosity**	〔名〕過剰な信仰心
□ **suspect**	〔動〕疑う、推測する

3

□ **archive**	〔名〕記録資料
□ **pathology**	〔名〕病理学
□ **laboratory medicine**	〔名〕臨床検査医学
□ **retinal**	〔形〕網膜の
□ **speculate**	〔動〕推測する
□ **defect**	〔名〕欠陥、不具合
□ **side effect**	〔名〕副作用
□ **neurotoxin**	〔名〕神経毒
□ **wormwood**	〔名〕ニガヨモギ

4

□ **lead**	〔名〕鉛
□ **swell**	〔動〕膨張する、腫れる
□ **halo**	〔名〕後光

5

□ **draftsman**	〔名〕素描家
□ **classify**	〔動〕分類する
□ **connotation**	〔名〕含意、連想
□ **lone**	〔形〕孤独な

☐ torture 〔動〕拷問する、苦悩させる
☐ bohemian 〔形〕自由奔放な
☐ recognition 〔名〕認知
☐ genius 〔名〕天賦の才能、天才
☐ myth 〔名〕神話、迷信，作り話
☐ intertwined 〔形〕絡み合った、密接に関連した
☐ recurrent 〔形〕再発する
☐ bout 〔名〕（病気の）発作
☐ suicide 〔名〕自殺
☐ precede 〔動〕先行する
☐ radical 〔形〕急進的な
☐ critic 〔名〕批評家
☐ fellow 〔形〕仲間の
☐ avant-garde 〔形〕前衛の
☐ paradoxically 〔副〕逆説的に
☐ considerable 〔形〕相当な
☐ anguish 〔名〕（激しい）苦痛、苦悩

6

☐ preacher 〔名〕説教師、牧師
☐ decade 〔名〕10年
☐ initially 〔副〕もともと
☐ somber 〔形〕地味な、陰鬱な
☐ encounter 〔名〕出会い
☐ accelerate 〔動〕加速させる
☐ fame 〔名〕名声
☐ devoted 〔形〕献身的な
☐ widowed 〔形〕未亡人の

7

☐ startlingly 〔副〕驚くほど
☐ phase 〔名〕段階
☐ meet 〔動〕満足させる、（期待に）応える
☐ contemporary 〔形〕同時代の
☐ depiction 〔名〕描写
☐ highly 〔副〕非常に、極めて
☐ medium 〔名〕手段、媒材《複数形は media》

□ **mark**	〔動〕特徴づける
□ **bold**	〔形〕肉太の、太字の
□ **distort**	〔動〕ゆがめる
□ **dashed**	〔形〕破線の
□ **swirl**	〔動〕渦を巻く
□ **intensely**	〔副〕強烈に
□ **subtly**	〔副〕繊細に
□ **acknowledge**	〔動〕認知する
□ **enormous**	〔形〕莫大な

8

□ **selflessly**	〔副〕無欲に
□ **numerous**	〔形〕数多くの
□ **generously**	〔副〕気前よく、寛大に
□ **exhibition**	〔名〕展覧会
□ **estate**	〔名〕遺産、財産

第4章

Chapter 4

問題演習　ディスカッション

- ディスカッション問題の概要
- ディスカッション1— アメリカの不法移民
- ディスカッション2— ローマ帝国の遺産
- ディスカッション3— 水分補給の重要性
- ディスカッション4— 古代エジプト文明とメソポタミア文明
- ディスカッション5— 石油採掘と自然保護

ディスカッション問題の概要

ディスカッション問題は、5分程度の長さの講義の一部を聞いておおむね6つの設問に答える形式になっています。教授以外に複数の学生が話し手として登場する点以外は、講義問題とほぼ同じです。

ディスカッション問題では、講義問題と共通した以下のようなトピックが取り上げられます。

●自然科学：
生物学、医学、遺伝学、地学、気象学、天文学、物理学、化学など
●社会科学：
社会学、歴史学、法学、経済学、教育学、政治学など
●人文科学：
文学、美術史、音楽学、建築学、哲学など

講義問題との決定的な違いは、講義の途中で生徒が発言することです。実際に大学の授業で遭遇するシチュエーションに近いと言えるでしょう。

実際にディスカッション問題のスクリプトの冒頭を見て、特徴を押さえましょう。

Listen to part of a lecture in a gerontology class.
1 **Professor:** ① All right class, who can tell me the two most common nonsurgical forms of cancer treatment?
2 **Student A:** ① Radiation treatment and chemotherapy?
3 **Professor:** ① That's correct. ② Now, who can tell me some of the common side effects of radiation treatment and chemotherapy?
4 **Student B:** ① Fatigue, hair loss, digestive problems, infections caused by a compromised immune system...

このように教授と生徒とのかけ合いで始まることもありますが、講義がある程度進んでから生徒が教授に質問したり、教授が生徒に意見を求めたりするといったパターンもあります。

本試験のディスカッション問題では、講義問題と同様に最初にコンピューター画面に講義の科目名が表示され、講義の途中でコンピューター画面に次のようにキーワードが表示されます。

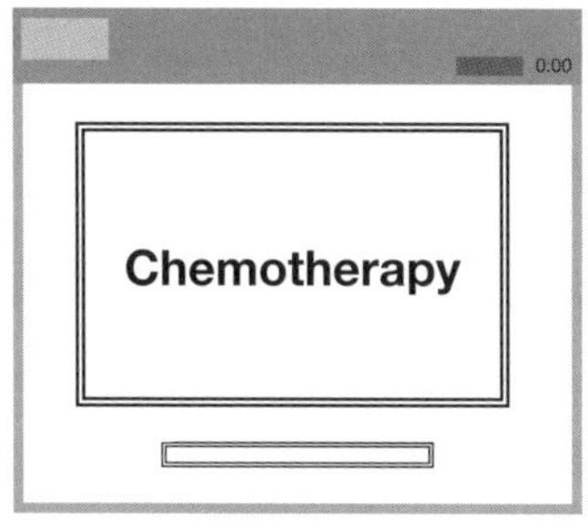

講義問題と同様、キーワードについてしっかり聞き取ることが重要です。それに加えて、複数の話し手の見解について問われることがありますので、きちんと整理して解答に備えましょう。

それでは、次のページから実際に演習問題に取り組んでみましょう。

問題演習 ディスカッション1

MP3 086~092

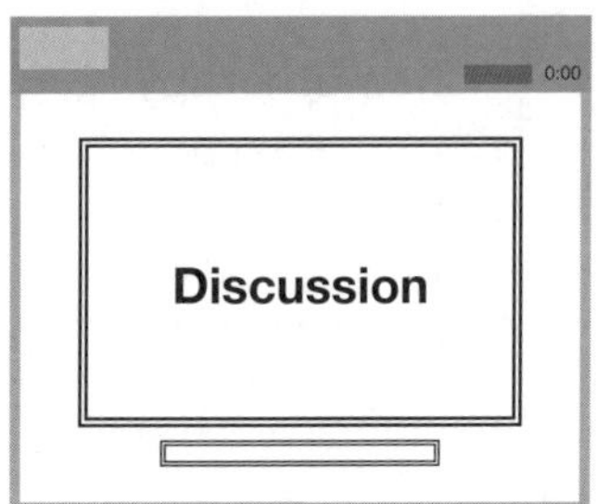

Now get ready to answer the questions.
You may use your notes to help you answer the questions.

1 What is the main purpose of the discussion?

Ⓐ To evaluate the issue of illegal immigration
Ⓑ To discuss why all immigration is essentially good
Ⓒ To assess the accuracy of immigration figures
Ⓓ To examine the effects of recent government actions

2 Which of the following would best describe the attitude of the two students?

Ⓐ The woman is more in favor of immigration than the man is.
Ⓑ The woman is sympathetic to illegal immigrants, whereas the man is not.
Ⓒ Both students feel that uncontrolled immigration is harmful.
Ⓓ Both students feel that those who are anti-immigration are racist.

3 Much was said about the negative effects of immigration.
Check those that are either stated or implied.

	Yes	No
a. Too much immigration degrades the quality of life in the U.S.		
b. Over 90% of U.S. population growth is due to immigration.		
c. Immigration is responsible for school overcrowding in the U.S.		
d. Immigration is detrimental to the natural environment.		
e. Most immigrants have a bad attitude toward American society.		

4 *Listen again to part of the lecture.*
Then answer the question.
What is the student's point?

Ⓐ America needs a better national health care plan.
Ⓑ America has to stop ignoring its health care crisis.
Ⓒ Over-immigration is at least partly to blame for America's health care crisis.
Ⓓ The media should focus more on immigration issues than on health care issues.

5 What does the woman imply regarding high-tech workers?

Ⓐ Only immigrants with high-tech skills should be allowed into the country.
Ⓑ America is helping other nations by hiring their high-tech workers.
Ⓒ Brain drain is actually a good thing for America.
Ⓓ Immigrants with high-tech skills do not help develop their home countries by emigrating.

6 *Listen again to part of the lecture.*
Then answer the question.
What is the woman's point?

Ⓐ Those who favor reduced immigration are often misunderstood.
Ⓑ Most who want immigration reduced are racists.
Ⓒ There is basically no difference between a reductionist stance and an anti-immigrant stance.
Ⓓ It is a myth that some people want immigration reduced.

問題演習 ディスカッション1 解答・解説

Discussion Questions 1–6

正解一覧

1. Ⓐ　2. Ⓒ　4. Ⓒ　5. Ⓓ　6. Ⓐ

3.

	Yes	No
a. Too much immigration degrades the quality of life in the U.S.	✓	
b. Over 90% of U.S. population growth is due to immigration.		✓
c. Immigration is responsible for school overcrowding in the U.S.	✓	
d. Immigration is detrimental to the natural environment.	✓	
e. Most immigrants have a bad attitude toward American society.		✓

スクリプト

MP3 086

Listen to part of a discussion in an international relations class.

1 **Professor:** Q1 Key ① Continuing our look at immigration today, I thought we might try to focus more on the issue of illegal immigration. ② Recently, a good many vocal groups have been calling for tighter border security and stricter handling of illegal immigrants. ③ And of course, every once in a while we are hit by news stories, such as the one last week, in which it was reported that hundreds of government agents raided the facilities of a nationwide meat processor, arresting thousands of possibly illegal workers. ④ The processor in question has had to shut down for the time being, due to a serious shortage of workers. ⑤ I am wondering today if we might not attempt to explore the pros and cons of the presence of illegal aliens in our nation.

2 **Student A:** ① First of all, regarding last week's news story. ② I'm not so sure all of those workers were illegal immigrants by any means. ③ I thought I heard that they all had documentation, and that the company in question had no knowledge of any of them being illegal immigrants.

3 **Student B:** ① Oh sure, they all had documentation. ② The problem is: Where did they get it from? ③ Basically, these people are using fake or stolen identities. ④ There are people in this country who make a whole business out of providing fake or stolen identities to illegals. ⑤ As for the companies that hire these people, it's hard to say whether they know or not, but personally I'm skeptical. ⑥ Of course they deny any wrongdoing, and they can get away with that provided that their workers do

indeed have seemingly proper documentation.

4 **Professor:** ① Let's try to get away from this one particular incident and focus on the larger picture.

5 **Student A:** ① There is no doubt that immigrants have enhanced America. ② Immigrants and illegal aliens are neither inherently good nor inherently bad. ③ Legal immigrants come to America with the explicit approval of Congress and thus all Americans. ④ Illegal aliens come here with an implicit 'blind eye' approval. ⑤ Thus, illegal immigration problems are due essentially to inaction of Congress, law enforcement, and ultimately American citizens. ⑥ To fix our dysfunctional immigration system, Americans need to educate and change legal, political, educational, environmental, labor, and religious institutions. ⑦ Over-immigration is not inevitable nor is the doubling of the U.S. population this century that it will cause.

6 **Student B:** ① Exactly. ② Legal immigrants deserve respect. ③ Illegal aliens, however, are lawbreakers who do not deserve jobs, amnesty, educational subsidies, driver's licenses, and other benefits at the expense of U.S. taxpayers. ④ Illegal aliens first should be encouraged to go home voluntarily and then be humanely deported as the law requires. ⑤ Once the public recognizes that jobs and benefits for illegals equals encouragement, the public will truly press for the flow to cease. ⑥ Amnesties for illegal aliens have clearly made the problem worse and should be vigorously opposed.

7 **Professor:** ① I am curious though. ② Why do you feel that illegal immigrants are some kind of burden to society?

8 **Student B:** Q2 Key ➡ Q3. a. Key ➡ ① Basically, some immigration may be a good thing, but too much immigration has a negative effect on the economy and quality of life. ② Immigration today is almost quadruple the traditional level. Q3. b. Key ➡ ③ Immigration has accounted for over 70% of U.S. population growth since 1970. ④ Q3. c. Key ➡ It has contributed significantly to school overcrowding, traffic congestion, the health care crisis, Q3. d. Key ➡ environmental degradation, social tension, and other negative impacts on our country. ⑤ Yet pro-mass migration forces, including the politically correct media, cheap labor advocates, and ethnic pandering politicians, rarely acknowledge the downside of mass migration. ⑥ For example, school overcrowding is usually considered to be a shockwave from the baby boom, but the Federation for American Immigration Reform recently released a shocking and enlightening report on the real reason behind school overcrowding, immigration. Q4 🎧 Q4 Key ➡ ⑦ And how often is our health care crisis attributed to mass migration? ⑧ Rarely, if ever, because the costs of mass migration have long been ignored by the media and politicians.

9 **Student A:** ① Exactly. Q6 🎧 Q6 Key ➡ ② Myths about immigration abound.

③ Often those favoring immigration reduction are called racist or anti-immigrant but the truth is nearly all immigration reductionists favor immigration and immigrants, but at a drastically reduced level. ④ Americans need to stand above the name-calling and speak the truth. ⑤ For example, is America being true to its values by creating and exploiting the illegal alien underclass at the expense of our own working poor? Q5 Key ⑥ Is America helping other countries raise their quality of life by recruiting their high-tech workers, doctors and nurses? ⑦ Is America really addressing national security by promoting a virtually open border? Q2 Key ⑧ History has shown that illegal immigration is highly correlated to legal immigration. ⑨ In other words, reduction of illegal immigration will only occur when legal immigration levels are reduced.

10 **Professor:** ① Those are certainly some good questions you have raised.

訳

国際関係の授業での議論の一部を聞きなさい。

1 **教授：**①今日も引き続き移民に目を向けますが、不法移民（入国）の問題により焦点を当ててみようかと思います。②最近、非常に多くの意見団体が国境警備強化や、より厳しい不法移民の取り締りを求めています。③そしてもちろん、私達は、何百人という政府職員が全国展開する食肉加工業者の施設の強制捜査を実施し、不法労働者かもしれない数千人を逮捕したという先週の報道のようなニュースを時折、耳にします。④問題となった加工業者は、深刻な労働者不足のため、当分の間、操業停止を余儀なくされています。⑤今日は、私達の国にいる不法在留外国人の存在に関する賛否について考えてみることはできないかと思っています。

2 **学生A：**①まず、先週の報道についてですが、②その労働者全員が、必ずしも違法移民だったかどうか、私は確信が持てません。③全員が証拠書類（身元証明）を持っていたし、問題の会社も彼らが不法移民とは知らなかったという話だったと思います。

3 **学生B：**①もちろん、全員、書類は持っていたでしょう。②問題は、その書類をどこから手に入れたのか、です。③基本的に、こういう人達は偽造IDや盗んだIDを使っているのです。④この国には、不法入国者に対して偽造したり盗んだりしたIDを提供することで儲けている人がいます。⑤このような人達を雇う会社については、知っているかどうかは何とも言えませんが、個人的には怪しいと思います。⑥もちろん彼らは、不正行為を否定し、もし、労働者が然るべき書類らしきものを実際に持っていれば、会社は罰則を逃がれるのです。

4 **教授：**①この特定の事件からは離れて、もっと全体像に目を向けてみましょう。

5 **学生A：**①これまで移民がアメリカを高めてきたことには、疑いの余地はありません。②移民や不法在留外国人は、本来よくもなければ、悪くもありません。③合法的な移民は、議会の明示的な承認を得てアメリカに来るのですから、皆アメリカ人です。④不法在留外国人は、黙示的な「見て見ぬふり」の承認を持ってアメリカへ来ます。⑤ですから、不法移民問題というのは、本質的には議会、法執行機関（警察）、そして結局はアメリカ国民が何もしないことが原因なのです。⑥この機能不全の移民制度を直すためには、アメリカ人は、法律、政治、教育、環境、労働、宗教に関する制度を教育によって変えていく必要があります。⑦過剰な移民入国は回避できないことではないし、今世紀にアメリカの人口はそれが原因で倍増することもないでしょう。

6　**学生B**：①そのとおりです。②合法移民は尊敬に値します。③でも不法在留外国人は法を破っているのですから、職、恩赦、教育補助金、運転免許、その他のアメリカ納税者の支出による恩恵を受けるには値しません。④不法在留外国人は、まず自主的に自国に戻るように促され、その上で法の定めに従い、人道的に国外退去にされるべきです。⑤不法入国者向けの職や手当は、不法入国の奨励に等しいと世間が気づけば、その流れを止めることを強く要求するでしょう。⑥不法在留外国人に対する恩赦は、明らかに問題を悪化させてきているので、積極的に反対されるべきことです。

7　**教授**：①でも気になりますね。②あなたはなぜ、不法移民は社会に対するある種の負担であると思うのですか。

8　**学生B**：①要するに、移民にはよいこともあるかもしれないけれど、過剰な移民入国は経済や生活の質にマイナスの影響があります。②今日の移民は、従来のレベルの約4倍です。③移民は1970年以降のアメリカの人口増の70%以上を占めています。④学校の過密、交通渋滞、医療危機、環境悪化、社会の緊張、その他の我が国に対する悪影響に大きく関与しています。⑤しかし、大量の人口流入に賛成の勢力、これには政治的に正しくあろうとするメディア、低賃金労働の提唱者、そして少数民族（の有権者）に迎合する政治家などが含まれますが、彼らは大量の人口流入のマイナス面をめったに認めません。⑥例えば、学校の過密は通常、ベビーブームの余波だと考えられていますが、アメリカ移民改革連盟は最近、移民と学校過密の背後にある本当の理由に関する衝撃的かつ啓発的な報告書を発表しました。Q4 ⑦では、どれほどの頻度で、アメリカの医療危機の理由が大量の人口流入に帰されるでしょうか。⑧皆無ではないとしても、ほとんどありません。というのも、大量の人口流入の対価はメディアや政治家達にずっと無視されてきたからです。

9　**学生A**：①そのとおりです。Q6 ②移民に関する根拠のない作り話は、たくさんあります。③移民削減に賛成する人々は、よく人種差別主義者もしくは移民排斥者呼ばわりされますが、実際には、移民削減賛成派のほとんど全員が、移民入国にも移民にも好意的なのです、それが徹底的に縮小された水準であればですが。④アメリカ人は、中傷を乗り越えて立ち上がり、真実を語る必要があります。⑤例えば、自国のワーキングプア（勤労貧民）を犠牲にして不法在留外国人の下層階級を作り出して搾取することで、アメリカは自国の価値観に忠実でしょうか。⑥他国から先端技術労働者や医師や看護師を募ることによって、アメリカはその国の生活の質の向上を助けているでしょうか。⑦事実上の国境開放を促すことで、アメリカは本当に国家安全保障に取り組んでいるのでしょうか。⑧歴史は、不法移民が合法移民と高い相関関係にあることを示しています。⑨言い換えれば、不法移民の減少は、合法移民の水準が低下して初めて起こるだろうということです。

10 **教授:**①あなた方は、確かによい論点をいくつか提起しましたね。

設問の訳・正解・解説

1 正解 Ⓐ MP3 087

議論の主な目的は何か。

Ⓐ 不法移民の問題を評価すること
Ⓑ なぜすべての移民が本質的によいかを論じること
Ⓒ 移民の数を正確さを査定すること
Ⓓ 最近の政府の行動の影響を調査すること

解説 トピック問題。冒頭の教授の発言を受けて、終始不法移民についての討論であるとわかるので、正解はⒶ。

2 正解 Ⓒ MP3 088

2人の学生の態度を一番よく表しているのは次のどれか。

Ⓐ 女性は男性よりも、移民により好意的だ。
Ⓑ 女性は不法移民に対して同情的なのに対して、男性はそうではない。
Ⓒ 2人とも、抑制なき移民は有害だと思っている。
Ⓓ 2人とも、移民反対者は人種差別主義者だと思っている。

解説 態度・意図問題。8 ①で、学生Bが過剰な移民は悪影響があると発言し、その後の学生Aの発言（9）では、まず初めにその意見に賛成し、その後、移民削減の必要性を述べている。

3

MP3 089

移民の悪影響について多くの発言がされた。はっきり述べられていること、示唆されていることにチェックをつけなさい。

正解

	Yes	No
a. 多過ぎる移民はアメリカにおける生活の質を低下させる。	✓	
b. アメリカの人口増加の90% 以上は、移民によるものだ。		✓
c. 移民はアメリカの学校における過密状態の原因だ。	✓	
d. 移民は、自然環境にとって有害だ。	✓	
e. ほとんどの移民は、アメリカ社会に対して態度が悪い。		✓

解説　情報整理問題。8 の情報からすべて判断できる。a. は①、c. と d. は④で述べられている。

4 正解 Ⓒ

MP3 090

講義の一部をもう一度聞きなさい。それから質問に答えなさい。(「スクリプト／訳」の下線部を参照)

学生の論点は何か。

Ⓐ アメリカは、よりよい国民医療制度を必要としている。
Ⓑ アメリカは、医療危機を無視するのをやめなければならない。
Ⓒ 過剰な移民は、アメリカの医療危機に対して少なくとも部分的に責任がある。
Ⓓ メディアは、医療危機よりも移民の問題をもっと取り上げるべきだ。

解説　態度・意図問題。冒頭の発言は形式的には疑問文だが、答えがわからないから質問しているのではなく、逆に答えが自分ではっきりわかった上での修辞的なもの。メディアや政治家が無視してきたせいで気づかれていないだけで、実際には多すぎる移民が医療危機の原因の1つであると述べている。

5 正解 Ⓓ

MP3 091

先端技術労働者に関して、女性が示唆していることは何か。

Ⓐ 先端技術のスキルを持った移民だけが、入国を許可されるべきだ。
Ⓑ アメリカは、先端技術労働者を雇うことで他国を助けている。
Ⓒ 頭脳流出は、アメリカにとっては実際によいことだ。
Ⓓ 先端技術のスキルを持つ移民は、国を離れることで国の発展を助けてはいない。

解説　推測問題。⑨ ⑥は、疑問文の形式にはなっているが、その答えが「NO」である前提で発言されている。先端技術を持つ移民をアメリカで雇うことは、その移民の母国を助けていることにはならない、というのが背後にある真意。

6 正解　Ⓐ　　MP3 092

講義の一部をもう一度聞きなさい。それから質問に答えなさい。(「スクリプト／訳」の下線部を参照)

女性の論点は何か。

Ⓐ 移民削減に賛成の人々は、しばしば誤解されている。
Ⓑ 移民削減を望む人の大半は、人種差別主義者だ。
Ⓒ 削減主義者と移民反対者の立場には、基本的に違いは何もない。
Ⓓ 移民削減を望んでいる人もいる、というのは根拠のない作り話だ。

解説　態度・意図問題。「削減に賛成すると人種差別主義者呼ばわりされることがあるが、実際には移民入国や移民には好意的」とあるので、つまり誤解されているということ。内容を正しく反映しているのは Ⓐ。

問題演習　ディスカッション 1 の語彙・表現

1

□ **immigration**　〔名〕入国、移住
□ **every once in a while**　〔熟〕ときどき
□ **raid**　〔動〕強制捜査する
□ **for the time being**　〔熟〕当面の間
□ **pros and cons**　〔名〕賛否

2

□ **by any means**　〔副〕何が何でも

3

□ **skeptical**　〔形〕懐疑的な
□ **get away**　〔動〕罰せられずにうまく逃げ切る
□ **provided that**　〔接〕もし～とすれば

5

□ **inherently**　〔副〕本質的に

□ **explicit**	〔形〕明確な
□ **Congress**	〔名〕議会
□ **implicit**	〔形〕暗黙の
□ **enforcement**	〔名〕執行
□ **institution**	〔名〕制度、慣習
□ **inevitable**	〔形〕不可避の

6

□ **deserve**	〔動〕値する
□ **amnesty**	〔名〕恩赦
□ **subsidy**	〔名〕補助金
□ **benefit**	〔名〕助成金
□ **humanely**	〔副〕人道的に
□ **deport**	〔動〕国外退去させる
□ **vigorously**	〔副〕精力的に、活発に

7

□ **burden**	〔名〕重荷、負担

8

□ **congestion**	〔名〕交通渋滞
□ **advocate**	〔名〕擁護者
□ **downside**	〔名〕悪い面、欠点
□ **enlightening**	〔形〕啓発的な
□ **attribute A to B**	〔熟〕A を B のせいにする

9

□ **abound**	〔形〕豊富にある
□ **name-calling**	〔名〕中傷
□ **virtually**	〔副〕事実上

問題演習 ディスカッション2

MP3 093~099

Now get ready to answer the questions.
You may use your notes to help you answer the questions.

1 Why does the professor start by introducing a comedy sketch?

Ⓐ To highlight the suffering of the Judean people
Ⓑ To show that we rarely appreciate people's contributions
Ⓒ To emphasize the impact of one society on others
Ⓓ To illustrate how much we misunderstand ancient Rome

2 Listen again to part of the lecture.
Then answer the question.
What does the professor mean when she says this?

Ⓐ Roman influence extends throughout modern society.
Ⓑ Many aspects of today's society come from non-Roman influences.
Ⓒ Ancient Rome and the modern United States are very different.
Ⓓ We can get a clearer idea by asking a negative question.

3 What are two of the reasons the professor gives to explain the lasting influence of Latin?

[A] It was the accepted language of the Church.
[B] The Roman Empire continued for hundreds of years.
[C] It was spread via the Romance languages.
[D] It was widely spoken in England and France.

4 Why is the female student half-right about the month of September?

Ⓐ The word "September" comes from a Greek word.
Ⓑ The Romans created a year of twelve months.
Ⓒ September used to come just after January and February.
Ⓓ September used to occupy a different position in the calendar.

5 According to the professor, how is the U.S. government similar to that of ancient Rome?

Ⓐ It has both a congressional Senate and House.
Ⓑ It is split into three sections.
Ⓒ It is controlled by strict laws.
Ⓓ It has free elections by citizens.

6 What is the professor's opinion of concrete?

Ⓐ She likes the straight roads made from it.
Ⓑ She has mixed feelings about it.
Ⓒ She admires buildings made from it.
Ⓓ She thinks its use should be limited.

問題演習 ディスカッション 2 解答・解説

Discussion Questions 1–6

正解一覧

1. Ⓒ 2. Ⓐ 3. [A]、[C] 4. Ⓓ 5. Ⓑ 6. Ⓑ

スクリプト

MP3 093

Listen to part of a lecture in a history class.

1 **Professor:** ① I'd like to begin today's lecture by describing a famous comedy sketch that sets the scene for today's discussion. ② The sketch is set in ancient Rome*. ③ The leader of an independence movement for Judea, the ancient homeland of the Jews which was then occupied by Rome, is trying to persuade his followers that the Roman occupation has been bad for the Jewish people. ④ The leader says: "They've taken everything we had, and not just from us—from our fathers, and from our fathers' fathers. ⑤ And what have they given us in return?" ⑥ Of course, this is a rhetorical question—the leader expects the other members to shout "Nothing!" in unison. ⑦ But instead, one member replies, "The aqueduct?" ⑧ Then another says, "Sanitation?" ⑨ A third answers, "The roads!" ⑩ And so it goes on, through wine, public baths, safety, and health, until the leader, in exasperation, is forced to ask: "All right, but apart from sanitation, medicine, education, wine, public order, irrigation, roads, a fresh water system, and public health, what have the Romans ever done for us?" ⑪ You may chuckle, but this story serves to illustrate a serious point. Q2 🎧 ⑫ Instead of asking what the Romans have done for us, it might be more apposite to ask what they haven't done for us. Q1, 2 Key ➡ ⑬ So much of their legacy remains with us to this day. ⑭ Now, can anyone suggest one of the key ways in which the legacy of the Romans continues to affect the society we live in? ⑮ Yes, Nathan?

2 **Student A:** ① How about language? ② I know Latin is a dead language, but aren't there plenty of Latin words still alive in English and some other languages?

3 **Professor:** ① Good point, Nathan. ② Latin was the lingua franca of the Roman Empire, and after the empire's fall Q3. A Key ➡ it remained the language of communication for hundreds of years, especially as it was the official language of the Roman Catholic Church. ③ When church ministers from England, France, and Italy got together, they communicated using the common language of Latin. ④ So the language survived long after the empire itself was dead and gone. Q3. C Key ➡ ⑤

The different dialects of Latin that were spoken throughout the empire developed into the languages that we know today as French, Spanish, and Italian, which we call the Romance languages, and they are spoken by more than 600 million native speakers worldwide. ⑥ So far from being a dead language, the influence of Latin is very much with us today. ⑦ Yes, Sarah, what is it?

4 **Student B:** ① Did its influence extend to English? ② I mean, Britain was part of the Roman Empire, wasn't it—or at least, part of it?

5 **Professor:** ① Yes it was. ② The Latin language did indeed influence English, but mostly via the French. ③ In 1066 the French invaded England and introduced many of their own words into English. ④ Next, I'd like to mention our calendar system. ⑤ Can anyone tell me what date it is today?

6 **Student A:** ① Sir, it's September 12th.

7 **Professor:** ① Correct. ② And does anyone know how the month of September relates to the Romans? ③ Yes, Sarah?

8 **Student B:** ① Well, let's see. ② I seem to remember that the Latin for seven is Septem, so September is the seventh month. ③ Only September is actually the ninth month, so I must have got it wrong…

9 **Professor:** ① Well, you're half-right. ② The Roman calendar originally began with March as the first month. Q4 Key ➡ ③ September was indeed the seventh month until one of the Roman kings added January and February, which pushed the other months back towards the end of the calendar by two months. ④ So the twelve-month calendar as we know it today came from the Romans. ⑤ It would take a year's worth of lectures to do justice to the impact of the Roman Empire on our society, so for reasons of time I'll just take two more examples. ⑥ One of these is government. Q5 Key ➡ ⑦ Just like the Roman Republic, the United States has three branches of government. ⑧ The Executive Branch headed by the president is similar to the elected consuls of the Roman era; the Legislative Branch, or Congress, resembles Roman assemblies like the Senate; and the judicial branch mirrors the Praetors of Rome. ⑨ The U.S. even named one house of Congress after the Senate of Rome. ⑩ Another is engineering and construction. ⑪ The Romans succeeded in developing—though they didn't invent it—a material that you see in use everywhere. ⑫ Look out of the window and you can see it now. ⑬ It's not always pretty, but it is versatile. ⑭ Can anyone guess what I am referring to? ⑮ Nathan?

10 **Student A:** ① Is it glass? ② Some buildings with glass fronts are pretty ugly.

11 **Student B:** ① Surely it's roads! ② The Romans were famous for building long, straight roads. ③ Roads are useful but rarely pretty.

12 **Professor:** ① Those are both good guesses, but we can't see any glass-fronted buildings or roads from this window! ② The answer that I was looking for is concrete.

③ Concrete was known before the Romans came along, but they perfected the process for making it. ④ The techniques that the Romans devised were largely forgotten during the dark ages, but once revived they took over the world. Q6 Key ➡ ⑤ We don't always like the look of concrete structures—in fact, this building is an example of how ugly they can be—but we can't deny the huge impact that concrete has had in creating the megacities of the modern world.

* "What have the Romans ever done for us?" from the movie *Monty Python's Life of Brian,* 1979

訳

歴史学の授業における講義の一部を聞きなさい。

1 **教授：**①今日のディスカッションの準備となる有名なコメディスケッチ（寸劇）の説明をして、今日の講義を始めたいと思います。②その寸劇の舞台は古代ローマに設定されています。③当時ローマによって占領されていたユダヤ人の古代の祖国であるユダヤの独立運動の指導者は、彼の信奉者達にローマによる占領がユダヤの人民にとって悪であると説得しようとしています。④そのリーダーは言います「彼らは私達が持っていたあらゆるものを奪ってきた、私達からだけでなく—私達の父、その父の父からもだ。⑤そして、お返しに彼らは私達に何をくれたのか。」⑥もちろん、これは修辞的な質問であって—そのリーダーは、ほかのメンバーが一斉に「何もない！」と叫ぶことを期待しています。⑦しかし、代わりにあるメンバーは「水道？」と答えます。⑧別の1人は「衛生？」と言います。⑨3番目の人は「道路！」と答えます。⑩そして、それはワイン、公衆風呂、安全、保険といった調子で続き、ついにリーダーは激怒してこう尋ねるしかありません「いいでしょう。でも衛生、医療、教育、ワイン、社会秩序、灌漑、道路、淡水道システム、公衆衛生以外に、ローマ人はいったい私達のために何をしてくれたのでしょうか。」⑪あなた達は笑うかもしれませんが、この話は重要な点を解説するのに役立ちます。Q2 🎧 ⑫ローマ人が私達のためにしたことを尋ねる代わりに、彼らが私達のためにしなかったことを尋ねるほうが、よりしっくりするかもしれません。⑬非常に多くの彼らの遺産が今日まで残っており、私達と共にあります。⑭さて、誰か、ローマ人の遺産が私達の住む社会に影響を与え続けている主なものの1つを挙げられますか。⑮はい、ネイサン。

2 **学生A：**①言語はどうですか。②ラテン語が死語であることは知っていますが、まだ英語やその他いくつかの言語の中で生きているラテン語の単語はたくさんあるのではありませんか。

3 **教授：**①よい指摘ですね、ネイサン。②ラテン語はローマ帝国の共通語でした。そして帝国の没落後、特にローマカトリック教会の公用語だったこともあり、何百年もの間コミュニケーション用の言語であり続けました。③イングランド、フランス、イタリアの教会の聖職者達が集まると、彼らは共通言語であるラテン語を使ってやりとりしました。④それで、その言語は帝国自体が絶えて消滅した後も長く生き残りました。⑤帝国全土で話されていたラテン語の各種の方言は、私達が今日知っているフランス語、スペイン語、イタリア語などのロマンス語と呼ぶ言語に発展し、それらの言語は世界中で6億人以上の母語者によって話されています。⑥死語どころか、ラテン語の影響は、今日の私達にも非常に大きいのです。はい、サラ、何ですか。

4 **学生B**：①その影響は英語に及んだのでしょうか。②つまり、英国はローマ帝国の一部だったんですよね—少なくとも英国の一部は？

5 **教授**：①はい、そうでした。②ラテン語は確かに英語に影響を与えましたが、だいたいフランス人を通してでした。③1066年にフランス人はイングランドに侵攻し、自分達の言葉の多くを英語に導入しました。④次に、暦体系について話したいと思います。⑤今日の日付を誰か教えてくれますか。

6 **学生A**：①先生、9月12日です。

7 **教授**：①正解です。②そして、9月という月はどのようにローマ人に関係しているか誰か知っていますか。③はい、サラ。

8 **学生B**：①ええと、そうですね。②ラテン語の7はSeptemだと覚えているような気がするから、Septemberは7番目の月です。③だけど、Septemberは実際には9番目の月だから、私は勘違いしていたに違いないです…。

9 **教授**：①ええと、半分は正しいです。②ローマの暦は当初3月を最初の月として始まりました。③9月はローマの王の1人が1月と2月を追加するまで本来は7番目の月でしたが、これによりほかの月がカレンダーの終わりに向かって2カ月押し出されました。④だから今日私達が知っているような12カ月のカレンダーはローマ人から伝えられました。⑤私達の社会に対するローマ帝国の影響を十分に説明するには1年分の講義が必要となるので、時間の都合上、あと2つだけ例を挙げます。⑥1つは政府です。⑦ローマ共和国と同様、米国には3つの政府部門があります。⑧大統領を長とする行政部は、ローマ時代の選出された執政官と似ていますし、立法府、つまり議会は元老院のようなローマ議会に似ており、司法部はローマの法務官とよく似ています。⑨米国は、連邦議会の議院の1つをローマの元老院にちなんで命名さえしました。⑩もう1つは工学と建設です。⑪発明したのではないですが、ローマ人は至ところで使われているのを目にする素材の開発に成功しました。⑫窓の外を見たら、今もそれを見ることができます。⑬いつも美しいとは限りませんが、それは多目的に使えます。⑭私が何を指しているか誰かわかりますか。⑮ネイサン？

10 **学生A**：①ガラスですか。②前面がガラス張りの建物にはかなり醜いものもあります。

11 **学生B**：①それはもちろん道路ですよ！　②ローマ人は長く、まっすぐな道路を作ることで有名でした。道路は便利ですが、めったに美しくないです。

12 **教授**：①どちらもよい推測ですが、この窓からは正面がガラス張りの建物や道路は見えません！　②私が探していた答えはコンクリートです。③コンクリートはローマ人がやってくる前に知られていましたが、彼らはそれを作る工程を完成させました。

④ローマ人が考案したテクニックは、暗黒時代の間ほぼ忘れられていましたが、いったん復活すると、それらは世界を席巻しました。⑤私達はコンクリート構造の見た目をいつも好むとは限りませんし—実際、この建物はいかにそれらが醜くなりうるかの例ですが—コンクリートが近代世界の巨大都市の建設に与えた莫大な影響を否定することはできません。

設問の訳・正解・解説

1 正解 Ⓒ　MP3 094

なぜ教授はコメディスケッチの紹介で講義を始めるのか。

Ⓐ ユダヤ人の苦しみを強調するため。
Ⓑ 私達が人々の貢献にめった感謝しないことを示すため。
Ⓒ ある社会がほかの社会に及ぼす影響を強調するため。
Ⓓ 私達がどれほど古代ローマを誤解しているかを説明するため。

解説 構成把握問題。1 でローマ人の多大な影響について述べられているので正解は Ⓒ。

2 正解 Ⓐ　MP3 095

講義の一部をもう一度聞きなさい。それから質問に答えなさい。(「スクリプト／訳」の下線部を参照)
教授はこう言うとき、何を意味しているか。

Ⓐ ローマの影響力は近代社会全体に広がっている。
Ⓑ 今日の社会の多くの側面は、ローマ以外の影響を受けている。
Ⓒ 古代ローマと近代アメリカは非常に異なっている。
Ⓓ 否定疑問文で尋ねることで、より明確な考えを得られる。

解説 態度・意図問題。1 ⑬に「多くの彼らの遺産が今日まで残っており、私達と共にあります」とあるため、正解は Ⓐ。

3 正解 Ⓐ、Ⓒ　MP3 096

ラテン語の永続的な影響を説明するために教授が挙げている2つの理由は何か。

Ⓐ それは教会で受け入れられた言葉だった。
Ⓑ ローマ帝国は何百年も続いた。
Ⓒ それはロマンス言語を通して広がった。
Ⓓ それはイギリスとフランスで広く話されていた。

解説　詳細理解問題。3 ②に「ラテン語はローマ帝国の共通語でした。そして帝国の没落後、特にローマカトリック教会の公用語だったこともあり、何百年もの間コミュニケーションの言語であり続けました」とある。3 ⑤に「ラテン語の各種の方言は、ロマンス語と呼ぶ言語に発展し、多くの人に話されている」とあるので、正解は Ⓐ と Ⓒ。

4 正解 Ⓓ MP3 097

なぜ女性の生徒は9月という月について半分正解なのか。

Ⓐ「9月」という言葉はギリシャ語に由来する。
Ⓑ ローマ人は12カ月の年を作った。
Ⓒ 以前、9月は1月と2月のすぐ後に来ていた。
Ⓓ 以前、9月はカレンダーで別の位置を占めていた。

解説　詳細理解問題。9 ③で教授は「9月はローマの王の1人が1月と2月を追加するまで本来は7番目の月」だったと述べているので正解は Ⓓ。9 ④で12カ月のカレンダーはローマ人によるものと述べられているが、それはサラが半分正解している理由にはならないので Ⓑ は不適。

5 正解 Ⓑ MP3 098

教授によると、米国政府は古代ローマの政府とどのように似ているのか。

Ⓐ 上院と下院の両方がある。
Ⓑ 3つの部門に分かれている。
Ⓒ 厳しい法律によって管理されている。
Ⓓ 市民による自由選挙を行う。

解説　詳細理解問題。9 ⑦に「ローマ共和国と同様、米国には3つの政府部門があります」とあるので正解は Ⓑ。

6 正解 Ⓑ MP3 099

教授のコンクリートに対する意見は何か。

Ⓐ 彼はそれで作られたまっすぐな道路が好きである。
Ⓑ 彼はそれについて相反する感情を抱いている。
Ⓒ 彼はそれで作られた建物を賞賛している。
Ⓓ 彼はその使用が制限されるべきだと考えている。

解説　詳細理解問題。⑫ ⑤で教授が「私達はコンクリート構造の見た目をいつも好むとは限りませんし—実際、この建物はいかにそれらが醜くなりうるかの例ですが—コンクリートが近代世界の巨大都市の建設に与えた莫大な影響を否定することはできません」と述べていることから Ⓑ が正解だとわかる。

問題演習　ディスカッション 2 の語彙・表現

1

□ **describe**	〔動〕描写する、説明する
□ **independence movement**	〔名〕独立運動
□ **occupy**	〔動〕占領する
□ **persuade**	〔動〕説得する
□ **occupation**	〔名〕占領
□ **rhetorical question**	〔名〕修辞的な質問
□ **in unison**	〔熟〕一斉に
□ **aqueduct**	〔名〕水道
□ **sanitation**	〔名〕衛生
□ **in exasperation**	〔熟〕怒って
□ **apart from**	〔熟〕～以外に
□ **public order**	〔名〕社会秩序
□ **irrigation**	〔名〕灌漑
□ **chuckle**	〔動〕（静かに、くすくすと）笑う
□ **illustrate**	〔動〕例示する
□ **apposite**	〔形〕適切な
□ **legacy**	〔名〕遺産
□ **affect**	〔動〕影響を与える

3

□ **lingua franca**	〔名〕共通語
□ **empire**	〔名〕帝国
□ **minister**	〔名〕聖職者
□ **dialect**	〔名〕方言
□ **far from**	〔熟〕～どころか（まったく反対に）

4

□ **extend**	〔動〕拡大する

5

□ **via**	〔前〕～を経由して
□ **invade**	〔動〕侵攻する

9

□ **do justice**	〔動〕公平に評価する
□ **branch**	〔名〕部門
□ **executive branch**	〔名〕行政部
□ **consul**	〔名〕（古代ローマの）執政官
□ **legislative branch**	〔名〕立法部
□ **congress**	〔名〕議会
□ **resemble**	〔動〕～に似ている
□ **assembly**	〔名〕集会
□ **the Senate**	〔名〕上院
□ **judicial branch**	〔名〕司法部
□ **mirror**	〔動〕～と酷似する
□ **praetor**	〔名〕（古代ローマの）法務官
□ **engineering**	〔名〕工学
□ **invent**	〔動〕発明する
□ **versatile**	〔形〕用途の広い、多目的の
□ **refer to**	〔動〕～に言及する

12

□ **devise**	〔動〕発明する
□ **take over**	〔動〕～を占領する
□ **deny**	〔動〕否定する

問題演習 ディスカッション3

MP3 100~106

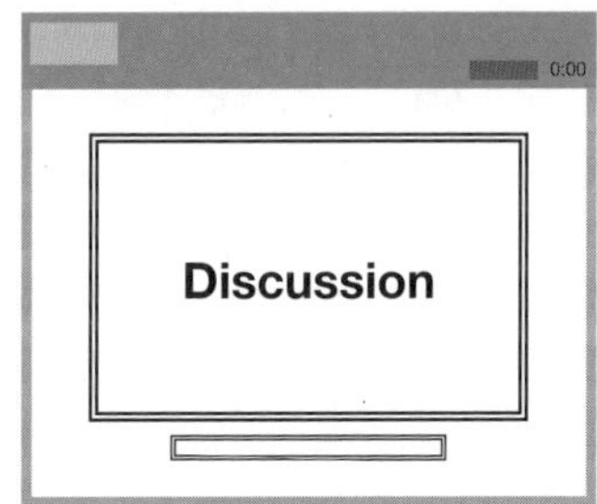

Now get ready to answer the questions.
You may use your notes to help you answer the questions.

1 What is the main purpose of the lecture?

Ⓐ To discuss how active individuals can stay hydrated
Ⓑ To discuss the best fluids for hydration
Ⓒ To discuss how to avoid over-hydration
Ⓓ To discuss which sports cause the most dehydration

2 What is said about sodium?

Ⓐ It should not be consumed while performing strenuous physical activities.
Ⓑ Including it in a beverage makes it easier to drink.
Ⓒ Drinking too little water can lead to salt deficiency in the body.
Ⓓ Excessive consumption can have dangerous results.

3 Based on the lecture, which of the following are true of sports drinks?
Choose 2 answers.

[A] They contain minerals.
[B] They are harmful for some athletes.
[C] They are appropriate for marathon participants only.
[D] Their necessity is exaggerated.

4 Which of the following are true of hydration?
Put a check mark in the correct box.

	True	False
a. Hydration should be started before physical exercise is begun.		
b. Liquids should not be consumed during exercise.		
c. Fluids containing caffeine are not effective hydrators.		
d. Alcoholic beverages are a better hydrator than caffeinated ones.		
e. It is possible to overhydrate oneself.		

5 *Listen again to part of the lecture.*
Then answer the question.
What does the professor mean when he says this?

Ⓐ The student's comment that sports drinks are not necessary is true.
Ⓑ All athletes should consume sports drinks to replace lost minerals.
Ⓒ Normally, a person would not need to consume sports drinks to replace lost minerals.
Ⓓ The only benefit to drinking sports drinks for anyone is increased energy.

6 *Listen again to part of the lecture.*
Then answer the question.
What does the professor mean when he says this?

Ⓐ Some people mistakenly believe that exercise helps them to lose weight.
Ⓑ Some people mistake water loss for true fat loss.
Ⓒ It is impossible to burn two pounds of fat through exercise.
Ⓓ Some people believe that drinking water helps them to lose weight.

問題演習 ディスカッション3 解答・解説

Discussion Questions 1–6

正解一覧

1. Ⓐ 2. Ⓑ 3. [A]、[D] 5. Ⓒ 6. Ⓑ

4.

	True	False
a. Hydration should be started before physical exercise is begun.	✓	
b. Liquids should not be consumed during exercise.		✓
c. Fluids containing caffeine are not effective hydrators.	✓	
d. Alcoholic beverages are a better hydrator than caffeinated ones.		✓
e. It is possible to overhydrate oneself.	✓	

スクリプト

MP3 100

Listen to part of a lecture in a sports education class.

1 **Professor:** ① Well, today I thought we'd talk about hydration. ② Proper hydration is extremely important during exercise. ③ Adequate fluid intake for athletes, even the recreational kind, is essential to comfort, performance and safety. ④ The longer and more intensely you exercise, the more important it is to drink plenty of fluids. ⑤ Inadequate water consumption can be physically harmful. ⑥ Consider that a loss of as little as 2% of one's body weight due to sweating can lead to a drop in blood volume. ⑦ When this occurs, the heart works harder in order to move blood through the bloodstream. ⑧ Pre-hydration and rehydration are vital to maintaining cardiovascular health, proper body temperature, and muscle function. ⑨ Dehydration is a major cause of fatigue, poor performance, decreased coordination, and muscle cramping. ⑩ Now let's go ahead and see what you can tell me about how athletes... and uh... of course anyone involved in exercise, can go about keeping themselves hydrated.

2 **Student A:** Q4.a Key ① Well, I read that the American College of Sports Medicine suggests that a person should drink at least 16 ounces or 2 cups of fluid 2 hours before exercise. ② Then we should continue to drink fluid every 15 minutes during exercise.

3 **Professor:** ① Okay, I guess there is probably nothing wrong with those guidelines, but uh... you keep talking about fluid. ② What kind of fluid? ③ Is uh...

just any kind of fluid okay?

4 **Student B:** ① I think it's always stressed that plain water should be drunk to hydrate oneself... or uh... at least some kind of fluid that does not include sugar, caffeine, or alcohol.

5 **Professor:** ① Yes... ② Now... why would that be? ③ Why is it so important that we drink pure water?

6 **Student A:** ① Well, I don't exactly know about the sugar thing, but I do know about caffeine. ② I've actually experienced the dehydrating effects of caffeine even when not being involved in any type of athletics or exercise. Q4. c. Key ③ Caffeine acts as a diuretic causing your body to excrete fluid instead of retaining it, so it is not the wisest choice when trying to hydrate.

7 **Professor:** ① And what about alcohol? ② Why should it be avoided? ③ [jokingly] Just because it's going to impair your motor skills, or what?

8 **Student B:** ① Hey, I'm the expert on hangovers. ② Alcohol is a big dehydrator. ③ That's apparently what causes that dull headache at the top of the head when you have a hangover. ④ Your brain is dehydrated and has actually shrunk.

9 **Professor:** ① Hmm. ② yeah... so, any other rules?

10 **Student A:** ① They say to keep the drinks cooler than air temperature, and that if you exercise for more than 60 minutes, you may benefit from a sports drink containing carbohydrates—not greater than 8% concentration, though.

11 **Professor:** ① That's true. ② 30–60 grams of carbohydrates per hour will delay fatigue and fuel muscle contractions. ③ The sodium in sports drinks could be of benefit also. Q2 Key ④ Inclusion of sodium, like about 0.5 to 0.7 g per 32 ounces of water, ingested during exercise lasting longer than an hour, may enhance palatability and therefore encourage athletes to drink enough.

12 **Student B:** ① Are sports drinks really a good thing? ② I mean... I've read conflicting things about them. Q3. D. Key ③ Some people claim that they aren't as wonderful or as necessary as those marketing them try to make us believe.

13 **Professor:** Q5 Q5 Key ① Sports drinks can be helpful to athletes who are exercising at a high intensity for 90 minutes or more. ② Fluids supplying 60 to 100 calories per 8 ounces help to supply the needed calories required for continuous performance. ③ However, there is a bit of truth in what you have heard. Q3. A. Key ④ It isn't really necessary to replace losses of sodium, potassium and other electrolytes during exercise since you're unlikely to deplete your body's stores of these minerals during normal training.

14 **Student A:** ① We could deplete them during really intense training or activity though, couldn't we? ② I read that if you're exercising in extreme conditions over 5 or 6 hours, like doing an Ironman competition or marathon, for example, you really

need to add a complex sports drink with electrolytes. Q4. e. Key ➡ ③ Athletes who don't consume electrolytes under these conditions risk over-hydration.

15 **Student B:** ① Yeah, like we all do one of those every day.

16 **Professor:** ① Well, of course we don't, but uh... those are just good examples. ② Our five or more hours of intense exercise could be a variety of things; tennis, cycling, even dancing for that matter. ③ Now uh... back to this matter of over-hydration. ④ Was there something more you wanted to say about that?

17 **Student A:** ① Well, yeah. ② When athletes drink excessive amounts of electrolyte-free water, they can develop a condition whereby they have low blood sodium concentration.

18 **Professor:** ① That's right. ② Now... we don't have time to go into why that is not desirable, but let's finish off with just how much water is enough. Q6 🎧 ③ To get an idea of how much you need to drink, you should weigh yourself before and after your workouts. Q6 Key ➡ ④ Any weight decrease is probably due to water loss, and though some people would like to believe it, sorry, you didn't just lose 2 pounds of body fat. ⑤ If you have lost two or more pounds during your workout, the guideline is that you should drink 24 ounces of water for each pound lost. ⑥ Okay, that wraps it up for today.

訳

スポーツ教育の授業での講義の一部を聞きなさい。

1 **教授**：①さて、今日は水分補給について話そうと思います。②適切な水分補給は、運動中には非常に大切です。③運動選手にとっての十分な水分摂取は、たとえ娯楽的な種類のものでも、快適さ、能力発揮度、安全に欠かせません。④運動が長く激しいほど、十分な水分をとることはより重要になります。⑤不十分な水分消費は、身体に害を及ぼしうるのです。⑥発汗によるわずか2％体重減少も血量の低下を招きかねません。⑦この状態が起こると、血流中の血液を移動させるために、心臓はより活発に働きます。⑧事前の水分補給と再補給は、心臓血管の健康、適切な体温、筋肉の機能を維持するために不可欠です。⑨脱水状態は、疲労、成績不振、（筋肉の）共同作用低下、筋肉痙攣の主な原因です。⑩では、運動選手が…、もちろん運動に関わるあらゆる人が、どうやって体内の水分を保てるようにするか、皆さんの考えを聞いてみましょう。

2 **学生A**：①実は、アメリカスポーツ医学会は、運動の2時間前に少なくとも16オンス、つまりカップ2杯分の水分を摂取すべきであるとすすめているのを読みました。②それから、運動中も引き続き、15分ごとに水分を摂るべきだそうです。

3 **教授**：①そうですか。そのガイドラインはおそらく何も間違ってはいないと思いますが…、水分に関して話を続けましょう。②どんな種類の水分ですか。③飲み物ならどんなものでも構わないのでしょうか。

4　**学生B：**①私がいつも強調されているように思うのは、水分を補給する際には、ただの水というか少なくとも、砂糖、カフェイン、アルコールを含まない液体を飲むべきだということです。

5　**教授：**①そうですね…。②では…、それはなぜでしょうか。③純粋な水を飲むことが、なぜそんなに大事なのですか。

6　**学生A：**①砂糖に関してはよくわかりませんが、カフェインならわかります。②自分自身が、実際にカフェインの脱水効果を経験したことがあるんです。しかも、スポーツや運動の類を何もしていないときでした。③カフェインは利尿剤として作用し、身体に水分を保つどころか逆に体外に排出してしまうので、水分補給をするつもりの場合には賢明な選択肢ではありません。

7　**教授：**①では、アルコールはどうですか。②なぜ避けるべきなのでしょうか。③[冗談めかして] 単に、運動能力を弱めるからでしょうか。

8　**学生B：**①ああ、私は二日酔いの達人なんです。②アルコールは、大きな脱水原因となります。③それがどうやら、二日酔いのときに頭のてっぺんに鈍い頭痛を引き起こしているようです。④脳が脱水状態になって、実際に縮んでしまっているのです。

9　**教授：**①なるほど。②そうですね…、それでは、ほかに何か決まりは？

10　**学生A：**①飲み物を気温よりも冷たくしておくこと、そして1時間を超える運動をするなら、炭水化物を含むスポーツドリンクが効果的かもしれません。ただし、濃度が8%を超えないものですが。

11　**教授：**①そのとおりです。②1時間あたり30～60グラムの炭水化物を摂取すれば、疲労を遅らせ、収縮する筋肉に燃料を補給することになります。③さらに、スポーツドリンクのナトリウムもプラスに作用するでしょう。④32オンスの水に入れた約0.5～0.7グラム程度のナトリウムが1時間以上続く運動中に消化されると、おいしさが増すため、水分を十分に摂取することを運動選手に促す可能性があります。

12　**学生B：**①スポーツドリンクは本当によいものなのでしょうか。②つまり…、その件について相反するものを読んだことがあるのです。③それの販売を促進している人々が私達に信じさせようとしているほど、実はスポーツドリンクは素晴らしいものでも必要なものでもない、と主張している人もいます。

13　**教授：** Q5 ①スポーツドリンクは、激しい運動を90分以上する運動選手には有効になりえます。②8オンスあたり60～100カロリーを供給する飲み物は、運動を続行するのに必要とされるカロリー補給を助けます。③しかし、あなたが聞いた話にも、ちょっとした真実があります。④身体が蓄えているナトリウム、カリウム、その他の電解質の喪失を再補給する必要は本当はありません。というのも、普通のトレーニング中に体内のこれらのミネラルの蓄えを消耗してしまうことはほぼないからです。

14　**学生A：**①でも本当に激しいトレーニングや活動の最中には、これらを使い果たしてしまいかねないですよね？　②どこかで読んだのですが、5、6時間以上、極度な状態で運動するとしたら、例えばトライアスロンやマラソンのようにですが、電解

第4章　問題演習　ディスカッション

質入りの合成スポーツドリンクを加えることが実際に必要です。③このような状況下で電解質を摂取しない運動選手は、水分過剰（体内水分量の過剰）の危険を冒します。

15 **学生B:**①そうですね、私達が皆、毎日その種のことをやっているように、ね。

16 **教授:**①いえ、もちろん、私達はそんなではないですが…、よい例ではありますね。②5時間以上にわたる激しい運動には、様々なものがあります。テニス、サイクリング、さらにはダンスなど。③さて、水分過剰の件に話を戻しましょう。④それに関して、もっと言いたかったことがありますか。

17 **学生A:**①はい、そうですね。②運動選手が電解質を含まない水を大量に飲みすぎると、血中ナトリウム濃度低下の状態を引き起こす可能性があります。

18 **教授:**①そのとおりです。②今日は…、それがなぜ望ましくないかを取り上げる時間がないですが、最後に、どれだけの水で十分なのかを話して終わりにしましょう。Q6 ③どのくらい飲む必要があるかを知るためには、トレーニングの前後に体重を量ってみるべきです。④体重が減っているとすれば、それはおそらく水分喪失によるものです。信じたくない人もいるでしょうが、残念ながら、体脂肪が2ポンド減ったわけではないのです。⑤トレーニング中に2ポンド以上減っているとしたら、指針としては、減った1ポンドあたり24オンスの水を飲むべきだということです。⑥いいですね、では今日はこれで終わりにします。

設問の訳・正解・解説

1 正解 Ⓐ MP3 101

この講義の主な目的は何か。

Ⓐ 活動的な人がどのようにして体内の水分を保つことができるかを話し合うこと
Ⓑ 水分補給に一番よい飲み物について話し合うこと
Ⓒ 水分過剰を避ける方法について話し合うこと
Ⓓ どのスポーツが一番脱水を引き起こすかを話し合うこと

解説 トピック問題。Ⓑ、Ⓒについても話されているが、いずれもあくまで「運動選手の水分補給」という枠組みの中で出てきた話題の1つ。討論全体を考えると、Ⓐが正解。

2 正解 Ⓑ

MP3 102

ナトリウムについて言われていることは何か。

Ⓐ 精力的な身体活動を行っている最中には、摂取すべきではない。
Ⓑ それを加えることで、飲み物が飲みやすくなる。
Ⓒ 飲む水が少なすぎると、体内の塩分不足につながるおそれがある。
Ⓓ 飲みすぎると、危険な結果を招きかねない。

解説　詳細理解問題。11 ④の教授の言葉に、「ナトリウムを加えることでおいしさが増す」とあるので Ⓑ が正しいと判断できる。Ⓐ は逆のことを言っており不正解。

3 正解 [A]、[D]

MP3 103

講義に基づくと、スポーツドリンクに関して正しいのはどれか。
2 つ選びなさい。

[A] ミネラルを含んでいる。
[B] 一部の運動選手には有害である。
[C] マラソン参加者だけに適している。
[D] その必要性は、誇張されている。

解説　詳細理解問題。12 の最後の発言で、スポーツドリンクの必要性が誇張されていると述べられているし、13 ④の教授の発言から、スポーツドリンクにナトリウムなどのミネラルが含まれているとわかる。

4

MP3 104

次のうち、水分補給に関して正しいものはどれか。正しい欄にチェックマークをつけなさい。

正解

	True	False
a. 水分補給は、身体運動開始前に始めるべきだ。	✓	
b. 運動中は、水分を摂取するべきではない。		✓
c. カフェインを含む飲み物は、水分補給のためには効果的でない。	✓	
d. アルコール飲料は、カフェイン入り飲料より優れた水分補給物だ。		✓
e. 水分過剰になることはありうる。	✓	

解説　情報整理問題。a. は、1 ⑧と 2 ①に、c. は、6 ③に、e. は 14 に、それぞれ該当する情報が見つかる。

第4章 問題演習 ディスカッション

5 正解 Ⓒ　MP3 105

講義の一部をもう一度聞きなさい。それから質問に答えなさい。（「スクリプト／訳」の下線部を参照）

この教授の発言の意味は何か。

Ⓐ スポーツドリンクは必要ないという学生の発言は正しい。
Ⓑ すべての運動選手は、失われたミネラルを補うためにスポーツドリンクを飲むべきだ。
Ⓒ 普通は、失われたミネラルを補うためにスポーツドリンクを飲む必要はないだろう。
Ⓓ 誰にとっても、スポーツドリンクを飲む唯一の利点は、エネルギーが増すことだ。

解説 態度・意図問題。該当箇所は「90 分以上にわたる激しい運動にはスポーツドリンクは適しているが、それ以外の運動では体内からミネラルが失われることはないのでスポーツドリンクでそれを補う必要もない」と述べている。

6 正解 Ⓑ　MP3 106

講義の一部をもう一度聞きなさい。それから質問に答えなさい。（「スクリプト／訳」の下線部を参照）

以下の教授の発言の意味は何か。

Ⓐ 運動は減量に役立つという間違った認識を持っている人がいる。
Ⓑ 水分が減ったことを、脂肪分が減ったと勘違いしている人がいる。
Ⓒ 運動を通して 2 ポンド分の脂肪を燃焼させることは不可能だ。
Ⓓ 水を飲むことが体重を減らす助けになると信じている人がいる。

解説 態度・意図問題。運動後に減った体重は、実際には失われた水分によるものであり、「体脂肪が減ったわけではない」と述べているので、Ⓑ が正解。

問題演習　ディスカッション 3 の語彙・表現

1

□ **hydration**	〔名〕水分補給、水和
□ **fluid**	〔名〕流体、飲み物
□ **physically**	〔副〕身体的に

□ **vital**	〔形〕重要な
□ **cardiovascular**	〔形〕心臓血管の
□ **dehydration**	〔名〕脱水（症状）
□ **fatigue**	〔名〕疲労

6

□ **diuretic**	〔名〕利尿剤
□ **excrete**	〔動〕排出する
□ **retain**	〔動〕保持する

7

□ **impair**	〔動〕害する、損なう

8

□ **hangover**	〔名〕二日酔い
□ **dull**	〔形〕鈍い
□ **shrink**	〔動〕収縮する

10

□ **carbohydrate**	〔名〕炭水化物
□ **concentration**	〔名〕濃度

11

□ **contraction**	〔名〕収縮
□ **sodium**	〔名〕ナトリウム

12

□ **conflicting**	〔形〕相反する

13

□ **potassium**	〔名〕カリウム
□ **deplete**	〔動〕使い果たす、涸渇する

18

□ **workout**	〔名〕トレーニング
□ **wrap up**	〔動〕（仕事･議論などを）終わりにする

問題演習 ディスカッション4

MP3 107~113

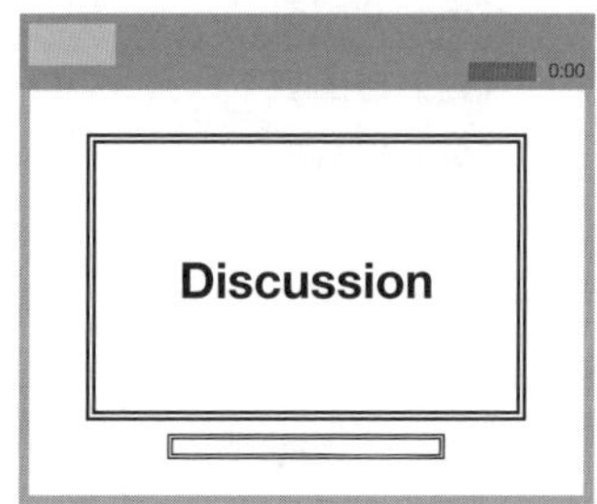

Now get ready to answer the questions.
You may use your notes to help you answer the questions.

1 What is the main purpose of the lecture?

Ⓐ To describe the main features of Egyptian civilization
Ⓑ To debunk current research on ancient civilizations
Ⓒ To show research that contrasts with accepted academic views
Ⓓ To argue the supremacy of Sumerian civilization over all others

2 What does the professor imply about the great human achievements of Egyptian and Mesopotamian civilizations?

Ⓐ They might not have occurred exactly at the same time.
Ⓑ They both flourished and died out at the same time.
Ⓒ Only the Egyptians could build large structures.
Ⓓ Egypt had a civilization superior to that of Mesopotamia.

3 According to the student, what are some controversial facts that science cannot explain?

Ⓐ Who actually invented the wheel?
Ⓑ The value of pi is inherently unknowable, and can be calculated to infinity.
Ⓒ What triggered the great leap in technological achievement evidenced by the Egyptian and Mesopotamian empires?
Ⓓ How the Cheops pyramid could have been built during the accepted time frame.

4 What does the professor imply about widely accepted academic histories?

Ⓐ They are the only version of history worth considering.
Ⓑ People who question them are not to be trusted.
Ⓒ Open, intellectual inquiry is a benefit to scholars of history.
Ⓓ There is no such thing as universally accepted versions of history.

5 According to the professor, which of the following belongs to a traditional analysis of the regions discussed in the lecture?

Ⓐ The influence of geography on the civilizations discussed in the lecture.
Ⓑ Probing the nature of the technology available to these ancient peoples.
Ⓒ Devising theories to account for Sumer's engineering genius.
Ⓓ Questioning the Great Pyramid's astronomical alignment with constellations.

6 *Listen again to part of the lecture.*
Then answer the question.
Why does the professor say this?

Ⓐ She asks, unreasonably, that the students accept unproven claims.
Ⓑ She asks her students to consider an alternative view of history.
Ⓒ She disagrees with the traditional views of history.
Ⓓ She wants to digress from the topic at hand and explore a new topic.

問題演習 ディスカッション4 解答・解説

Discussion　Questions 1–6

正解一覧

1. Ⓒ　2. Ⓐ　3. Ⓓ　4. Ⓒ　5. Ⓐ　6. Ⓑ

スクリプト

MP3 107

Listen to part of a discussion in a history class.

1 **Professor:** ① Last week we saw how Egypt flourished because of its geographical location and how, via trade with Mesopotamia, it benefitted from the technology that transformed early Mesopotamia. ② More on the geography later. ③ First, let's take a look at their technology. ④ We're talking about the most advanced societies on the globe circa 3000 BCE: the Sumerian, Assyrian, and Babylonian empires that made up Mesopotamia. ⑤ They showed expertise in glass-making, metal working, textiles, woodworking, and architecture. ⑥ Mesopotamia and later Egypt had highly developed agricultural systems; both had mastered irrigation. ⑦ They both knew astronomy and mathematics and had precise calendars to grow crops by. ⑧ Both had writing systems and standardized weights and measures. ⑨ Both developed urban areas and traded with distant countries, made possible by a new infrastructure of ships and roads. ⑩ Let's pause a moment and ask a question. ⑪ Sometimes knowing the right question is more important than knowing the right answer. ⑫ If all I said were true, both civilizations should be equally famous. ⑬ Right? ⑭ But what is the verdict? ⑮ Which is more famous today, Egypt or Mesopotamia?

2 **Student A:** ① Egypt, hands down.

3 **Professor:** ① Examples?

4 **Student B:** ① The pyramids, the Sphinx, Ramses, Tutankhamen, Nefertiti, and…

5 **Professor:** Q6 🎧 ① Right on all counts. ② You can stop there. Q1 Key ➡ Q6 Key ➡ ③ Today, I want to take a slight detour from the usual route historians take and consider, with an open mind, some persistent, albeit unproven claims. ④ What if we could show that Mesopotamia may be more important than Egypt? ⑤ Or at least equal? ⑥ It is definitely as mysterious! ⑦ Let me focus for a moment on one of the planet's earliest flowerings of civilization: the ancient Sumerians. ⑧ And I'll kick things off with a laundry list of Sumer's gifts to civilization: one of the world's first

wheels; the chariot; the sailboat; and the first plow, which, with the domestication of animals, allowed for fixed, human communities. ⑨ They invented time, 60 seconds in a minute, 60 minutes to the hour – and most important, Astrology and Astronomy. ⑩ And this last is the most intriguing. ⑪ Sumerians left us a particular clay tablet, one of hundreds of thousands, that, incredibly, depicts our solar system! ⑫ Yes, an accurate, scaled rendition of our solar system that includes even Pluto, thousands of years before Copernicus!

6 **Student B:** ① Professor, this must be a hoax. ② Unless you are going to say that they invented telescopes, too?

7 **Professor:** ① No. ② No telescopes. ③ But you can add the invention of maps, mathematics, urbanization, the first forms of writing and agriculture and irrigation to the list.

8 **Student B:** ① Professor, if all this is true, I can't believe I am hearing it for the first time now.

9 **Professor:** ① I'm with you. Q2 Key ➡ ② How or why have these great achievements gotten diluted in the rich stream of Egyptian civilization that followed? ③ But even in Egyptian history, we find gaps that parallel the two regions in terms of mystery and controversy. ④ Just as I have yet to find a reputable scholar weigh in on the veracity of that tablet, I find an equal academic silence regarding Egypt's enigmas.

10 **Student A:** Q4 Key ➡ ① For instance, how the ancient Egyptians managed to set stones weighing anywhere from 1 to 10 tons, without even pulleys?

11 **Professor:** ① Yes! ② Very good! ③ Anything else?

12 **Student B:** ① I read that their stone carving tools were made from bronze, a really soft metal.

13 **Professor:** ① A tool unfit for cutting granite. ② A fierce debate rages. ③ How did they build the pyramids? ④ Some modern researchers claim they successfully moved megaliths with primitive technology, while others failed. ⑤ But several enigmas are not in dispute:

- ⑥ The Great Pyramid is precisely aligned to true North, South, East and West.
- ⑦ If you take the perimeter of the pyramid and divide it by two times the height, you get a number that is exactly equivalent to the number PI – 3.14159 up to the fifteenth digit.
- ⑧ Every angle in the base is exactly 90 degrees.
- ⑨ Some of the pyramids show an exact alignment to geostationary bodies such as the Orion constellation belt and the path of the Sun during solstices.

14 **Student B:** ① Professor, may I add another puzzle? ② The pyramid of Cheops has 2.5 million stones, weighing from 2 tons to 70 tons. Q3 Key ➡ ③ No one denies it was built in 20 years. ④ But that means putting 400 of these huge stones in place

every day. ⑤ In other words, setting one stone every 3.6 minutes every hour, of every day… for 20 years!

15 **Student A:** ① Professor, are you trying to say that there is much research that may have some merit but we will never learn about in our standard history courses?

16 **Professor:** ① Yes, and that's another topic for another day. ② Let's stop here and Q5 Key ➡ return to how geography shaped the politics, religion and culture of the region and, ultimately, their ability to survive.

訳

歴史学の授業における議論の一部を聞きなさい。

1 **教授：**①先週、私達はエジプトがその地理的な位置づけによってどのように栄えたか、そしてメソポタミアとの貿易を通してエジプトが初期のメソポタミアを一変させた技術からどのように恩恵を受けたかを見ました。②地理についてより詳しくは後にします。③まずは、彼らの技術を見てみましょう。④今、私達は、紀元前3000年頃に地球上で最先端であった社会について話しています、つまり、メソポタミアを構成していたシュメール・アッシリア・バビロニア帝国についてですね。⑤彼らはガラス製造、金属加工、織物、木材加工、そして建築において専門的技能を発揮しました。⑥メソポタミアと後期エジプトには、高度に発達した農業システムがあり、両方とも灌漑に精通していました。⑦彼らは両者ともに、天文学と数学を熟知していて、正確な暦を持ち、それによって作物を育てていました。⑧両方とも筆記システムと規格化された度量衡を持っていました。⑨両方とも都市部を開発し、遠方の国々と貿易をしていました、これらは、船と道路という新しいインフラによって可能になっていたことです。⑩ここで一旦止めて、質問をしましょう。⑪時として、適切な質問を知っていることは、正しい答えを知っていることよりも重要です。⑫私が言ったことが全部真実であるならば、両文明とも同じくらい有名であるはずですね。⑬そうですよね？

⑭しかし、どんな裁定が下されているでしょうか？　⑮今日では、どちらがより有名ですか、エジプトそれともメソポタミア？

2 **学生A：**①エジプトです、断然。

3 **教授：**例は？

4 **学生B：**①ピラミッド、スフィンクス、ラムセス、ツタンカーメン、ネフェルティティ、それに…。

5 **教授：** Q6 🎧 ①それらはすべて正しいですね。②そこでやめていいですよ。③今日は歴史家が通常辿る道筋から少しばかり横道に逸れて、根強いが証明されていないいくつかの主張について、開かれた心で考えてみたいと思います。④メソポタミアがエジプトより重要かもしれないと示すことができたらどうなるでしょうか。⑤また少なくとも同等だとしたらどうでしょうか。⑥メソポタミアは確かにエジプトと同じくらい謎に満ちています。⑦地球上で最も早く開花した文明の1つである古代シュメール人について、少しの間、目を向けさせてください。⑧そこで、シュメール人の文明への贈り物の長々としたリストから始めましょう、それらは、世界で最初の車輪の1つ、二輪馬車、ヨット、最初の鋤、これは動物の家畜化とともに定住性の人間の共同体ができるようになりました。⑨彼らは60秒を1分に、60分を1時間とする時間を発明しました – 最も重要なのは、占星術と天文学を発明でした。⑩そしてこの最後の発明が最も興味深いのです。⑪シュメール人は何十万とある粘土板のうち、ある特殊な1つの粘土板を残しました、それには信じられないことに、私達の太陽系が描かれています。⑫そうです、コペルニクスの何千年も前に、冥王星さえも含む私達の太陽系の正確な縮尺図です。

6　**学生B：**①教授、それはでっち上げに違いありません。②彼らが望遠鏡も発明したとあなたが言わない限り、ですが。

7　**教授：**①いいえ。②望遠鏡はなかったです。③しかし、地図、数学、都市化、そして文字、農業、灌漑の最初の形態の発明をそのリストに付け加えることができます。

8　**学生B：**①教授、もしこれが全部正しいならば、今、初めてこのことを聞いているのが信じられません。

9　**教授：**①私も同感です。②これらの偉大な功績が後に続くエジプト文明の豊かな流れの中で、どのように、またはなぜ、薄まってしまったのでしょうか。③しかし、エジプトの歴史においても、謎と論争という点では、その2つの地域に似たような隔たりが見受けられます。④評価に値する学者がその粘土板の精密さに深く踏み込むのをまだ見たことがないのとちょうど同じように、エジプトの謎についても、学術界に同様の沈黙が見られます。

10　**学生A：**①例えば、古代エジプト人は滑車さえ持たずに、どのように1～10トンの間の重さの石を設置できたのでしょうか。

11　**教授：**①そうです。②非常にいいですね。③ほかには？

12　**学生B：**①彼らの石を削る道具は非常に柔らかい金属である青銅でできていたと読んだことがあります。

13　**教授：**①花崗岩を削るには適さない道具ですね。②激しい論争が起きますね。③彼らはどのようにピラミッドを建てたのでしょうか。④他民族は失敗した一方で、彼らは原始的な技術で巨石を動かすことに成功したと主張する現代の研究者もいます。⑤しかしいくつかの謎は、議論されていません。

- ⑥大ピラミッドは実際の北・南・東・西の方向に合わせて正確に並んでいます。
- ⑦ピラミッドの周囲の長さを測って、高さの2倍の数で割ると、円周率（3.14159）の15桁までの数ときっちり同じ数字が得られます。
- ⑧底辺のどの角度もちょうど90度です。
- ⑨いくつかのピラミッドは、オリオン座ベルトや夏至と冬至の間の太陽の軌道などの（地球から見て）不動の天体との正確な配置を示しています。

14　**学生B：**①教授。難問をもう1つ加えてもよいでしょうか。②ケオプスのピラミッドには、2トンから70トンという重さの石が250万個もあります。③そのピラミッドが20年で建設されたことは誰も否定しません。④しかし、それだと、これらの巨大な石を毎日400個設置していることになります。⑤言い換えると、20年間も毎日、毎時間、3.6分ごとに1個の石を設置しているということです。

15 **学生A**：①教授、何らかの価値があるのに一般的な歴史の授業では決して学べない研究が多くあるということをおっしゃろうとしているのですか。

16 **教授**：①はい、それはまた別の日に話しましょう。②これくらいにして、地理がその地域の政治、宗教、文化、そして究極的には彼らの生存能力をどのように形成していったのかに戻りましょう。

設問の訳・正解・解説

1 正解 Ⓒ

MP3 108

講義の主な目的は何か。

Ⓐ エジプト文明の主な特徴を説明すること。
Ⓑ 古代文明に関する現在の研究の誤りを暴くこと。
Ⓒ 認められた学術的見解とは対照的な研究を示すこと。
Ⓓ その他のあらゆる文明に対するシュメール文明の優越性を主張すること。

解説 トピック問題。5 ③で教授は「今日は歴史家が通常辿る道筋から少しばかり横道に逸れて」と述べ、まだ解明されていない歴史上の謎に関する話をしているため、正解はⒸ。

2 正解 Ⓐ

MP3 109

エジプト文明とメソポタミア文明における人類の偉大な功績について、教授は何を示唆しているか。

Ⓐ それらはちょうど同時期には起きなかったかもしれない。
Ⓑ それらは同時期に繁栄し滅亡した。
Ⓒ エジプト人だけが大きな建造物を建設できた。
Ⓓ エジプトにはメソポタミアより優れた文明があった。

解説 推測問題。9 ②で教授は「これらの偉大な功績が後に続くエジプト文明の豊かな流れの中で、どのように、またはなぜ、薄まってしまったのでしょうか」と述べている。「これらの偉大な功績」はメソポタミアの功績を指すため、エジプト文明はメソポタミア文明より後に起こったことになり、正解はⒶ。

3 正解 Ⓓ　　MP3 110

学生によると、科学では説明できない論争を招くような事実とは何か。

Ⓐ 誰が本当に車輪を発明したのか。
Ⓑ 円周率の値は本質的に知ることは不可能であり、無限に計算できる。
Ⓒ エジプトとメソポタミア帝国によって示された技術的成果において大きな飛躍を引き起こしたのは何か。
Ⓓ ケオプスのピラミッドはなぜ、見解が一致した期間内に建設できたか。

解説　詳細理解問題。学生Bは ⑭ ③~⑤で「ケオプスのピラミッドが20年で建設されたことは誰も否定しないが、膨大な数の巨大な石をどのように積み上げたかについては謎だ」といったことを述べているので Ⓓ が正解だとわかる。

4 正解 Ⓒ　　MP3 111

教授は学術的に広く受け入れられている歴史に関して何を示唆しているか。

Ⓐ それらは考慮する価値のある唯一の歴史解釈である。
Ⓑ それらに関して疑問を持つ人々は信頼できない。
Ⓒ 開かれた知的探究は、歴史学者にとって有益である。
Ⓓ 普遍的に受け入れられている歴史解釈など存在しない。

解説　推測問題。⑩ で学生Aがエジプトのピラミッドの謎について質問をしたことを受け、教授が ⑪ で「そうです。非常にいいですね。」と答えている。知的探求を推奨しているとわかるため、正解は Ⓒ。

5 正解 Ⓐ　　MP3 112

教授によると、以下のうちのどれが、この講義で論じられた地域の従来の分析に属するか。

Ⓐ 講義の中で論じられている文明に対する地理の影響。
Ⓑ これら古代の民族が利用できた技術の性質を調べること。
Ⓒ シュメール人の工学技術の特殊な才能を説明する理論を考え出すこと。
Ⓓ 大ピラミッドの星座との天文学的な位置合わせを疑問視すること。

解説 詳細理解問題。設問の traditional analysis（従来の分析）とは、「一般的な歴史の授業で学ぶ内容」の言い換え表現。教授は 1 の冒頭で「先週、エジプトがその地理的な位置づけによってどのように栄えたかを見た」と言い、5 ③で「今日は歴史家が通常辿る道筋から横道に逸れ、証明されていないいくつかの主張について考えてみたい」と述べている。さらに、16 ②で「地理がその地域の政治、宗教、文化、彼らの生存能力をどのように形成していったかに戻る」と言っていることから、Ⓐ が正解と判断できる。

6 正解 Ⓑ

MP3 113

講義の一部をもう一度聞きなさい。それから質問に答えなさい。（「スクリプト／訳」の下線部を参照）
なぜ教授はこう言うのか。

Ⓐ 彼女は証明されていない主張を受け入れるように学生に不当に求めている。
Ⓑ 彼女は生徒に歴史の別の見方を検討してみるよう求めている。
Ⓒ 彼女は伝統的な歴史観に同意していない。
Ⓓ 彼女は今話されている話題から離れて、新しい話題を探求したい。

解説 態度・意図問題。教授の発言にある “detour” は「回り道」という意味。この発言から、一般的に受け入れられている歴史観から離れてまだ解明されていない謎について考えてみるよう学生に促しているとわかるため、正解は Ⓑ。

問題演習　ディスカッション 4 の語彙・表現

1

□ **flourish**	〔動〕栄える
□ **advanced**	〔形〕高度な
□ **circa**	〔前〕約、およそ
□ **textile**	〔名〕織物
□ **astronomy**	〔名〕天文学
□ **verdict**	〔名〕評決

5

□ **detour**	〔名〕横道、回り道
□ **persistent**	〔形〕根強い、継続的な
□ **albeit**	〔接〕～にもかかわらず

□ definitely	〔副〕間違いなく
□ laundry list	〔名〕長いリスト
□ intriguing	〔形〕興味深い

6

□ hoax	〔名〕でっち上げ
□ unless	〔接〕～でなければ

9

□ dilute	〔動〕薄める
□ parallel	〔動〕類似する
□ in terms of	〔熟〕～の点で
□ reputable	〔形〕評判の良い
□ veracity	〔名〕精密さ、真実性
□ enigma	〔名〕謎

10

□ manage to V	〔熟〕なんとかしてVする

13

□ granite	〔名〕花崗岩
□ fierce	〔形〕激しい
□ megalith	〔名〕巨石
□ primitive	〔形〕原始的な
□ dispute	〔名〕議論、論争
□ align	〔動〕並べる
□ perimeter	〔名〕周辺の長さ
□ constellation	〔名〕星座
□ solstice	〔名〕夏至、冬至

問題演習 ディスカッション5

MP3 114~120

Now get ready to answer the questions.
You may use your notes to help you answer the questions.

1 What is the central issue being discussed?

Ⓐ The various forms of alternative energy available today
Ⓑ How to best exploit the oil available in the Alaskan region
Ⓒ The government's desire to promote oil drilling in the Alaskan region
Ⓓ Why current strategies for oil recovery in the U.S. are not ideal

2 Based on the discussion, which of the following seem to be true regarding renewable energy in the U.S.?
Put a check mark in the correct box.

	True	False
a. The industry is poised for growth.		
b. Politicians are supportive of the industry.		
c. It is not economically viable at this time.		
d. It could be of economic significance in the future.		
e. The U.S. is ahead of other countries in developing the alternative energy sector.		

3 What does the professor say about oil drilling in the Arctic?

Ⓐ The issue is black and white.
Ⓑ Only one wildlife reserve would be affected.
Ⓒ The nation does not need the oil reserves in the Arctic.
Ⓓ It could potentially cause ecological damage.

4 Based on the discussion, which of the following seem to represent the students' views?
Choose 2 answers.

[A] Some politicians do not pay attention to public consensus.
[B] There is no harm in drilling outside the wildlife refuge.
[C] In the long-term, arctic drilling would reduce dependence on imported oil.
[D] Developing renewable energy will benefit our posterity.

5 *Listen again to part of the discussion.*
Then answer the question.
What is the student implying?

Ⓐ The quantity of oil under the wildlife refuge is truly vast.
Ⓑ Quicker extraction methods are needed to get the oil to market sooner.
Ⓒ Oil reserves under the wildlife refuge should not be underestimated.
Ⓓ It is clearly a waste of time to attempt to exploit the oil reserves under the wildlife refuge.

6 *Listen again to part of the discussion.*
Then answer the question.
What is the student implying?

Ⓐ Politicians have left many questions unanswered.
Ⓑ Acquiring more oil is not the solution to America's energy problem.
Ⓒ We could get a hold of the Alaskan oil if we had more virtuous politicians.
Ⓓ Politicians need to return to traditional values.

問題演習 ディスカッション5 解答・解説

Discussion Questions 1–6

正解一覧

1. Ⓒ　3. Ⓓ　4. [A]、[D]　5. Ⓓ　6. Ⓑ

2.

	True	False
a. The industry is poised for growth.	✓	
b. Politicians are supportive of the industry.		✓
c. It is not economically viable at this time.		✓
d. It could be of economic significance in the future.	✓	
e. The U.S. is ahead of other countries in developing the alternative energy sector.		✓

スクリプト

MP3 114

Listen to part of a lecture in an environmental studies class.

1 **Professor:** Q1 Key ➡ ① Well class, today I thought we'd talk about the recent government push for more oil drilling in the Alaskan region. ② As you know, the Arctic National Wildlife Refuge along Alaska's northern coastline is at risk. ③ It is a wild, unspoiled sanctuary for polar bears, caribou, and millions of migratory birds. ④ It isn't only the wildlife reserve though, that the government wants to open up for drilling. ⑤ The issue is of course, as usual, far from simple. ⑥ You might say it is a bit of a dilemma, really. ⑦ The nation is in need of increased domestic supplies of petroleum, but at the same time, Q3 Key ➡ it goes without saying that oil drilling presents the very real risk of environmental damage. ⑧ So, anyway, uh, I'm curious to hear your thoughts on the matter.

2 **Student A:** Q6 🎧 ① As far as I'm concerned, pro-drilling politicians are living in the past. Q6 Key ➡ ② Those who are pushing for oil drilling in the Arctic refuge, and the Arctic in general, don't seem to understand that it really isn't the answer. ③ Attaining a secure energy future for America calls for new thinking and a new attitude. ④ Unfortunately, those virtues seem to be in short supply in Washington these days.

3 **Student B:** ① Yeah, it doesn't make any sense to me either. ② I mean, ultimately, an energy policy that relies on billions of dollars in subsidies to big oil and

gas companies and drilling in wildlife sanctuaries for less oil than the U.S. consumes in a single year is worse than no plan at all. ③ Rather than extending our reliance on fossil fuels, we should be focusing on developing sustainable, clean, innovative energy solutions.

4 **Student A:** ① Exactly. ② I don't know what these people are thinking. ③ For example, federal officials say the one offshore area proposed for leasing could yield 460 million barrels of oil, but the U.S. uses about 7 billion barrels of oil a year. ④ What is the point of destroying ecosystems and risking all kinds of potential environmental destruction for an amount of oil that isn't really going to make any difference to the nation anyway?

5 **Student B:** Q5 🎧 Q5 Key➡ ① Yeah, apparently, experts agree that drilling in the Wildlife Refuge would take a decade to add even a drop of oil to the market, and another decade or more to reach peak production, which would be a whopping 2 to 3 percent of our annual consumption. ② After that, it would gradually and inexorably dwindle back to nothing, leaving us still dependent on imported oil, with no more jobs than when we started, and with an industrial wasteland where we used to have a wildlife refuge.

6 **Student A:** Q4. A. Key➡ ① Not only is this approach unsound, but it demonstrates Washington's complete indifference to what the people want. ② When asked the best way to solve our energy challenges, voters consistently and overwhelmingly choose clean, renewable energy and greater conservation over increased drilling in places like the Arctic National Wildlife Refuge. ③ To me, that suggests that the political figures who are pushing so hard for Arctic drilling are either fundamentally misreading or blatantly ignoring what the people are looking for.

7 **Professor:** ① So maybe what you are suggesting is that with a little imagination and real leadership, our political leaders could set this country on a new course to a cleaner, more sustainable energy future while reaping political rewards into the bargain. ② Some of our senators have actually been leaders in keeping the oil rigs out of the Arctic refuge, but even as they worked to protect the refuge, they have consistently worked to focus the energy debate on the smarter solution of renewable energy resources.

8 **Student B:** ① Apparently, clean energy is already having a positive impact in Alaska. Q2. a. Key➡ ② I read there is a $1.4 billion clean-energy industry that is on track to grow to $2.5 billion over the next several years. ③ They say this will create more than 12,000 new jobs in the region, primarily in rural communities. ④ Investments in clean energy would not only grow the local economy and reinvigorate the region's technology sector, but would also put us at the leading edge of an international wave of innovation. ⑤ Interest groups estimated that the international

market for clean-energy technologies, including renewable energy resources such as wind or solar power, will grow to $180 billion a year over the next 20 years. Q2. d. Key ⑥ It is in our economic interest to set policy that will ensure the United States captures a major portion of this market. ⑦ We could attain 3.5 percent of the worldwide market for clean-energy technologies—including not just generation, but also transmission technologies needed to bring power to market more efficiently, and create thousands of jobs as well. ⑧ Unlike fossil fuels, renewable energy sources are sustainable. ⑨ They will never run out. Q4. D. Key ⑩ Our actions today to use renewable energy technologies will not only benefit us now, but will benefit many generations to come.

訳

環境問題研究の授業での講義の一部を聞きなさい。

1 **教授：**①さて皆さん、今日は政府が近年アラスカ地帯での石油採掘の増加を押し進めていることについて話す予定になっていたと思います。②ご存知のとおり、アラスカの北部海岸線沿いの北極圏野生生物国家保護区が危険な状態にあります。③ここはホッキョクグマやカリブー、そして何百万羽もの渡り鳥のための手つかずの野生の自然保護区です。④しかし、政府が採掘のために開拓しようとしているのは野生生物保護区だけではありません。⑤もちろん、いつもどおり、問題はまったく単純ではありません。⑥実際のところ、ちょっとしたジレンマだと言えるでしょう。⑦国家は石油の国内供給量を増加させる必要があるのですが、それと同時に、石油採掘が環境被害の実質的な危険を示していることは言うまでもありません。⑧それで、とにかくこの問題についての皆さんの考えに興味があるのです。

2 **学生 A：**Q6 ①私に言わせれば、採掘に賛成の政治家は旧態依然ですよ。②北極圏の保護区や北極圏全域での石油採掘を推進している人達は、それは本来的には答えではないことを理解していないように思われます。③アメリカのために確かなエネルギーの未来を達成するには新しい考え方や新たな姿勢が求められます。④残念ながら、こうした美徳は最近ワシントンでは不足しているようです。

3 **学生 B：**①ええ、私にも理解できないですね。②私が言いたいのは、結局のところ、石油やガスの大企業向けの数十億ドルもの助成金、そして 1 年間の合衆国の消費量よりも少ない石油のために野生生物保護区で採掘することに依存するようなエネルギー政策は、まったくの無計画よりもなお悪いことです。③化石燃料に対する依存度を高めるよりも、持続可能でクリーンかつ革新的なエネルギーの解決策に注力すべきでしょう。

4 **学生 A：**①そのとおり。②こうした人達が何を考えているのかわかりません。③例えば、リース契約が提案されたある沖合の海域は、4 億 6000 万バレルの石油を産出する可能性があると連邦政府の役人達が述べていますが、合衆国は年間約 70 億バレルの石油を消費しています。④実際のところ国に何の影響も与えない程度の量の石油のために、生態系を破壊してあらゆる種類の潜在的な環境破壊の危険を冒すことに何の意味があるのでしょうか。

5 **学生B**：Q5 ①そう、野生生物保護区で採掘をしても、市場にたった1滴の石油を加えるのに10年、私達の年間の消費量の2～3パーセント程度にしかならない生産量のピークに達するにはさらに10年以上かかると、どうやら専門家達の意見は一致しています。②それ以降は徐々に容赦なくゼロまで縮小していき、私達は輸入石油に依存したまま、開始時より雇用が増えるわけでもなく、以前は野生生物の保護区があったところに産業廃棄地が残されるだけでしょう。

6 **学生A**：①この取り組みは妥当性を欠いているだけでなく、ワシントンの政府が国民の望みに対してまったくもって無関心であることを示しています。②私達のエネルギー課題を解決するための最善の方法を問われたとき、有権者達は一貫して圧倒的多数で、北極圏野生生物国家保護区のような場所で採掘を増やすよりもクリーンで再生可能なエネルギーと、より大規模な自然保護を選びました。③以上のことが示唆しているのは、北極圏での採掘をこんなに強く推し進めている政治家達は、国民が求めていることを根本的に誤解しているか、あるいは露骨に無視しているかのどちらかだと思われます。

7 **教授**：①ということは、あなたが言わんとしているのは、少しばかりの想像力と真の指導力があれば、政治的指導者達は、よりクリーンで持続可能なエネルギーの未来につながる新しい進路にこの国を導くことができるだろう、と同時に、おまけとして政治的な報奨を受けられる、ということのようですね。②上院議員の中には実際に率先して北極圏保護区から石油採掘装置を締め出し、保護区の保全に取り組みながら、エネルギー論争の焦点を再生可能なエネルギー源というより賢明な解決策に合わせようと一貫して取り組んできた人達もいます。

8 **学生B**：①見たところ、クリーンエネルギーはすでにアラスカに好影響をもたらしています。②14億ドル規模のクリーンエネルギー産業があり、今後数年間で25億ドル規模に成長する軌道に乗っていると読みました。③彼らの話では、これによりこの地域、主に農村部で1万2000以上の新しい雇用が創出されるそうです。④クリーンエネルギーへの投資は、地元経済を成長させ、地域の技術部門を再活性化させるだけでなく、我が国を国際的な技術革新の波の最先端に立たせることにもなるでしょう。⑤利益団体の見積もりによると、風力や太陽光発電などの再生可能エネルギー源を含むクリーンエネルギー技術の国際市場は、今後20年間で年間1800億ドル規模へと成長するそうです。⑥合衆国がこの市場で大部を確実に獲得できるような政策をとることは、私達の経済的な利益になります。⑦発電だけでなく、市場へより効率的に電力を供給するために必要な送電技術も含むクリーンエネルギー技術の世界市場の3.5パーセントを獲得し、また数千の雇用を創出できるかもしれません。⑧化石燃料と異なり、再生可能なエネルギー源は持続可能です。⑨枯渇することがありません。⑩再生可能なエネルギー技術を使う私達の今日の行動は、現在の私達に利するばかりでなく、将来の多くの世代にも多くの恩恵をもたらすでしょう。

設問の訳・正解・解説

1 正解 Ⓒ　MP3 115

議論の中心となる問題は何か。

Ⓐ 今日利用可能な様々な形態の代替エネルギー

Ⓑ アラスカ地帯で入手可能な石油を最大限に開発する方法

Ⓒ アラスカ地帯で石油採掘を推進しようという政府の望み

Ⓓ なぜ合衆国における石油回収のための現在の戦略が理想的でないか

解説　トピック問題。議題は、教授の最初の発言で提示されているとおり、政府によるアラスカでの石油採掘推進の是非で、教授も2人の学生も一様に政府の方針を疑問視していることは明らか。よって Ⓒ が最も適合する。

2　MP3 116

議論に基づくと、合衆国での再生可能なエネルギーについて正しいと思われることは次のうちどれか。正しい欄にチェックマークをつけなさい。

正解

	True	False
a. 産業が成長する態勢が整っている。	✓	
b. 政治家達は産業を支持している。		✓
c. 今は経済的に実行可能ではない。		✓
d. 将来、経済的に重要になる可能性がある。	✓	
e. 合衆国は代替エネルギー部門の開発で他国に先行している。		✓

解説　情報整理問題。再生可能なエネルギーについては学生Bの最後の発言 8 に詳しい説明がある。a. はその②、d. は⑥の内容と一致しているが、b. はすべての政治家に当てはまる内容ではないので誤り。c. と e. に一致する発言はない。

3 正解 Ⓓ　MP3 117

北極圏での石油採掘について教授は何と述べているか。

Ⓐ 問題は白黒はっきりしている。
Ⓑ たった1つの野生生物保護区だけが影響を受ける。
Ⓒ 国家は北極圏で石油の備蓄を必要としていない。
Ⓓ 潜在的に生態系の破壊を招く可能性がある。

解説　詳細理解問題。教授は 1 ⑦で、「石油採掘には環境破壊の危険性がある」と述べており、Ⓓ が適合する。Ⓐ は⑤、Ⓑ は ④、Ⓒ は⑦の内容とそれぞれ矛盾する。

4 正解 [A], [D]　MP3 118

議論に基づくと2人の学生の見解を表していると思われるのは次のうちどれか。2つ選びなさい。

[A] 民意に注意を払わない政治家もいる。
[B] 野生生物保護区の外で採掘すれば害はない。
[C] 長期的に見ると、北極圏での採掘は輸入石油への依存を減らすことになる。
[D] 再生可能なエネルギーの開発は我々の子孫に利益をもたらす。

解説　態度・意図問題。[A] は学生Aの最初の2つの発言（4、6）と一致する。[D] は学生Bの最後の発言内容（8）と一致している。[B] と同様の発言はなく、[C] は学生Bの2回目の発言の内容（5）と矛盾する。

5 正解 Ⓓ　MP3 119

議論の一部をもう一度聞きなさい。それから質問に答えなさい。（「スクリプト／訳」の下線部を参照）

この学生が示唆していることは何か。

Ⓐ 野生生物保護区に埋蔵されている石油の量は実に膨大なものだ。
Ⓑ より早く市場に石油を届けるため、より早く抽出する方法が必要だ。
Ⓒ 野生生物保護区に埋蔵されている石油は過小評価されてはならない。
Ⓓ 野生生物保護区に埋蔵されている石油を掘削しようという試みは明らかに時間の無駄だ。

解説　推測問題。非常に時間がかかることが具体的に示されているので、Ⓓ が最も適合する。

6 正解 Ⓑ　　MP3 120

議論の一部をもう一度聞きなさい。それから質問に答えなさい。(「スクリプト／訳」の下線部を参照)

この学生が示唆していることは何か。

Ⓐ 政治家達は多くの疑問に答えないままでいる。
Ⓑ より多くの石油を獲得することがアメリカのエネルギー問題に対する解決策なのではない。
Ⓒ もっと高潔な政治家がいればアラスカの石油を手に入れることができるだろう。
Ⓓ 政治家達は伝統的な価値観へと回帰する必要がある。

解説　推測問題。2 ②は「石油掘削の推進は解決策ではないことを理解していない」と二重否定になっている。つまり、内容的には Ⓑ とほぼ同じ意味なので Ⓑ が正解。

問題演習　ディスカッション5の語彙・表現

1

□ **arctic**	〔形〕北極の
□ **wildlife**	〔名〕野生生物
□ **refuge**	〔名〕避難所、(動物の)保護区
□ **unspoiled**	〔形〕手つかずの
□ **sanctuary**	〔名〕聖域、自然保護区
□ **polar**	〔形〕北極の、南極の
□ **migratory bird**	〔名〕渡り鳥
□ **reserve**	〔名〕保護区
□ **domestic**	〔形〕国内の
□ **petroleum**	〔名〕石油
□ **it goes without saying that**	〔熟〕言うまでもなく～
□ **curious**	〔形〕興味がある

2

□ **as far as I'm concerned**	〔熟〕私に関する限り
□ **pro-**	〔接頭辞〕～支持の

- ☐ live in the past　〔熟〕旧態依然である
- ☐ attitude　〔名〕態度
- ☐ attain　〔動〕達成する
- ☐ secure　〔形〕確実な、無難な
- ☐ virtue　〔名〕美徳、美点
- ☐ in short supply　〔熟〕不足している

3

- ☐ make sense　〔動〕意味が通じる
- ☐ ultimately　〔副〕最終的に
- ☐ subsidy　〔名〕助成金、補助金
- ☐ fossil fuel　〔名〕化石燃料
- ☐ sustainable　〔形〕持続可能な

4

- ☐ federal　〔形〕連邦政府の
- ☐ official　〔名〕職員
- ☐ yield　〔動〕生み出す
- ☐ ecosystem　〔名〕生態系

5

- ☐ decade　〔名〕10 年
- ☐ whopping　〔形〕途方もない
- ☐ annual　〔形〕年間の
- ☐ inexorably　〔副〕容赦なく、無常に、冷酷に
- ☐ dwindle　〔動〕（徐々に）減少する
- ☐ wasteland　〔名〕荒野

6

- ☐ unsound　〔形〕根拠のない、理屈の通らない、不健全な
- ☐ indifference　〔名〕無関心
- ☐ challenge　〔名〕課題、難題
- ☐ voter　〔名〕有権者
- ☐ consistently　〔副〕一貫して
- ☐ overwhelmingly　〔副〕圧倒的に
- ☐ conservation　〔名〕自然保護、保全
- ☐ figure　〔名〕人物
- ☐ fundamentally　〔副〕根本的に

□ **blatantly** 〔副〕露骨に

7

□ **reap** 〔動〕（利益を）受ける
□ **reward** 〔名〕報奨
□ **into the bargain** 〔熟〕おまけに、さらに
□ **senator** 〔名〕上院議員
□ **rig** 〔名〕掘削装置
□ **resource** 〔名〕資源

8

□ **on track** 〔副〕軌道に乗った
□ **primarily** 〔副〕主に
□ **rural** 〔形〕地方の
□ **reinvigorate** 〔動〕再活性化する
□ **leading edge** 〔名〕最先端
□ **estimate** 〔動〕見積もる
□ **ensure** 〔動〕保証する
□ **capture** 〔動〕占領する、獲得する
□ **generation** 〔名〕産出、創出
□ **transmission** 〔名〕送信
□ **as well** 〔熟〕～も
□ **run out** 〔動〕なくなる、切れる

第5章

Chapter 5

実戦模試

MP3 121~126

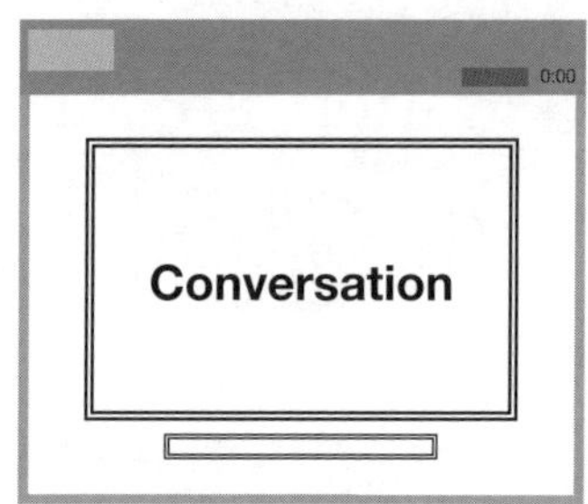

Now get ready to answer the questions.
You may use your notes to help you answer the questions.

1 Why does the student meet with his academic advisor?

Ⓐ He needs help choosing a math class.
Ⓑ He has come for advice on Psychology.
Ⓒ The university requires beginning students to meet with their advisors.
Ⓓ He needs to take statistics courses required by the Psychology department.

2 What classes does the academic advisor recommend?
Choose 2 answers.

[A] Psychology
[B] Algebra
[C] SAT
[D] English writing

3 *Listen again to part of the conversation.*
Then answer the question.
What does the professor mean when she says this?

Ⓐ The classes are intended for all students but some students may be able to skip taking some of them.
Ⓑ The classes are intended for all students but not all students will benefit from them.
Ⓒ The classes aren't intended for everyone because students take different majors.
Ⓓ These classes are designed for everyone but only students who have an interest take them.

4 *Listen again to part of the conversation.*
Then answer the question.
Why does the student say this?

Ⓐ He is showing that he has no doubts about the professor's advice.
Ⓑ He is indicating that the advice on writing balances out that on math.
Ⓒ He is eager to follow the professor's advice even though he does not like it.
Ⓓ It pleases him that the professor realizes his SAT writing scores are higher than his math scores.

5 Why does the student need to take a noncredit algebra class in his beginning year at the university?

Ⓐ To rectify a deficiency in an admission's requirement
Ⓑ To boost his SAT scores on the math section of the exam
Ⓒ To ensure he takes more than just statistics classes
Ⓓ To make up for skipping one writing class

MP3 127〜133

Now get ready to answer the questions.
You may use your notes to help you answer the questions.

6 What is the purpose of the talk?

Ⓐ To explain the origin of the cold war between the Russians and the Americans
Ⓑ To explain the purposes of space exploration
Ⓒ To outline the stages of the space race between the Russians and the Americans
Ⓓ To explain how the Russians were clearly the dominant players in the space race

7 Which of the following is true of the third stage of the space race?

Ⓐ The Soviets once again maintained the upper hand over the Americans.
Ⓑ The Americans were the first to capture close-up pictures of the moon.
Ⓒ The Americans were the first to put their rocket into orbit around the earth.
Ⓓ The Soviets' Lunik 1 did not land on the moon.

8 In the lecture, the professor talks about rockets. Indicate whether each of the following is mentioned or implied.

Put a check mark in the correct box.

	YES	NO
a. V2 rockets enabled Germany to destroy most of London during World War II.		
b. Multi-stage rockets were necessary to get payloads into space.		
c. The Russians gained competence with multi-stage rockets before the Americans did.		
d. Work on rocket development was first done before World War II.		
e. Early rockets were never intended to carry warheads.		

9 According to the professor, what can be said about the space race?

Ⓐ It began after World War II and the Russians led it for the first half of the four phases.
Ⓑ The Russians dominated the first three phases of the space race.
Ⓒ The Russians had almost no part in the fourth phase of the space race.
Ⓓ In the final stage of the space race, the Russians and the Americans raced to investigate other planets in our solar system.

10 *Listen again to part of the lecture.*
Then answer the question.
What does the professor mean when she says this?

Ⓐ The U.S. moon exploration program was halted for purely economic reasons.
Ⓑ The Soviets have never been able to successfully put a man on the moon.
Ⓒ There were at least two reasons for the discontinuance of the U.S. moon exploration program.
Ⓓ The Russians were unable to continue space exploration because of economic problems.

11 *Listen again to part of the lecture.*
Then answer the question.
What do we learn from the statement?

Ⓐ The Americans were unfazed by the Soviet launching of Sputnik 1.
Ⓑ The Americans were not able to outdo the Soviets until the late sixties.
Ⓒ It took the Americans ten years to realize the significance of Sputnik 1.
Ⓓ The Americans spent over ten years taking over the Russians' space resources.

MP3 134~139

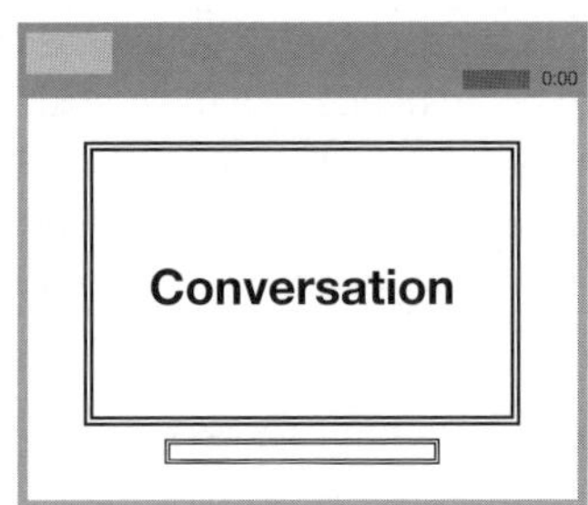

Now get ready to answer the questions.
You may use your notes to help you answer the questions.

12 *Listen again to part of the conversation.*
Then answer the question.
Why does the student say this?

Ⓐ To be certain that he understands the counselor's advice
Ⓑ To give the counselor more information
Ⓒ To emphasize his summary
Ⓓ To show he is paying attention

13 Which of the following tips does the counselor give the student?
Choose 2 answers.

[A] The student should apply for an internship.
[B] The student should network actively.
[C] The student should simulate job interviews at home.
[D] The student should have the resume prepared professionally.

14 How has the student made contacts in the accounting world?

Ⓐ By getting a certificate in bookkeeping
Ⓑ By learning database management
Ⓒ By working as an intern in the field
Ⓓ By sending out resumes and cover letters

15 How does the counselor suggest the student maintain business contacts?

Ⓐ Send such people a job-related article
Ⓑ Submit a taped version of answers to the interview questions
Ⓒ Continue working at the accounting firm for a few more years
Ⓓ Make more demands on management's time

16 According to the counselor, how much time does a job search typically take?

Ⓐ It is up to the recruiter.
Ⓑ It varies according to the economic climate.
Ⓒ It takes longer than most people realize.
Ⓓ It depends on a number of factors.

MP3 140~146

Now get ready to answer the questions.
You may use your notes to help you answer the questions.

17 According to the professor, what was true of the crew of the Essex?

Ⓐ They all perished in the attack.
Ⓑ Despite losing their ship, they were able to kill the whale that attacked them.
Ⓒ The survivors were not rescued until more than three months after the attack.
Ⓓ Their inexperience led to the loss of their ship.

18 What does the professor imply about good authors?

Ⓐ The more they write, the better they become.
Ⓑ Their stories draw on their own personal experience.
Ⓒ They would benefit from spending time at sea.
Ⓓ They do not always achieve critical success.

19 According to the professor, what was one fortunate occurrence that Melville experienced at sea?

Ⓐ He received an autographed copy of a book that he kept in his personal library.
Ⓑ He was introduced to another young writer.
Ⓒ He was able to see Mocha Dick with his own eyes.
Ⓓ He met the son of a man who was on the Essex.

20 Which of the following was true of the whale called "Mocha Dick"?

Ⓐ He would often attack ships for no apparent reason.
Ⓑ After he died, his body was never discovered.
Ⓒ He spent much of his time in waters off the coast of Chile.
Ⓓ He avoided all interaction with humans.

21 Based on the lecture, indicate which of the following information was provided for the two whales described by the professor.
Place a check mark in each of the correct boxes.

	Attacked many ships	White in color	Larger than average
a. The whale that attacked the Essex			
b. Mocha Dick			

22 *Listen again to part of the lecture.*
Then answer the question. 
What does the professor mean when she says this?

Ⓐ Moby-Dick was eventually recognized as a quality piece of literature.
Ⓑ Melville's work became popular as a result of his death.
Ⓒ Melville was responsible for creating a brand new type of literature.
Ⓓ The lack of success of Moby-Dick led to Melville's death.

MP3 147~153

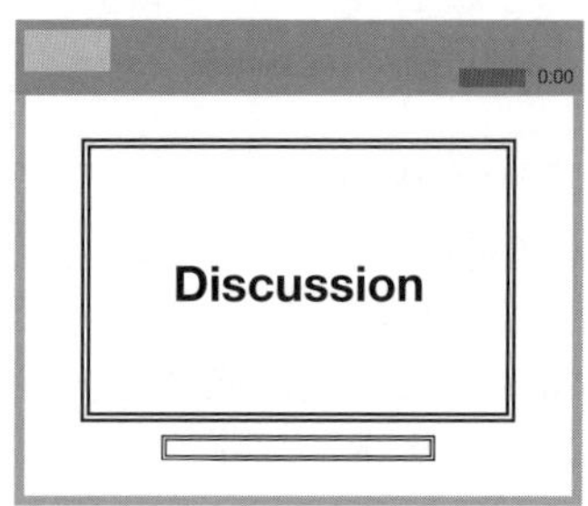

23 According to the professor, how does the definition of “orphan” in psychological studies differ from the standard dictionary definition?

Ⓐ It adds the requirement of being institutionalized.
Ⓑ It is basically the same.
Ⓒ It includes children who have been abandoned by their still living parents.
Ⓓ It can include children who have lost only one parent.

24 What important distinction does the professor make about foster parents?

Ⓐ They have not adopted the children, but they could possibly adopt them in the future.
Ⓑ They can include the child’s biological parents or relatives.
Ⓒ The couple must be married.
Ⓓ By definition they cannot formally adopt the children.

25 What could be said about the brains of institutionalized children and foster care children?

Ⓐ The amount of white matter in the brains of both groups was the same.
Ⓑ Both groups had more gray matter than the brains of never institutionalized children did.
Ⓒ The brains of institutionalized children had less white matter than the brains of foster care children did.
Ⓓ The brains of foster care children had more gray matter than the brains of institutionalized children did.

26 What were some of the measurements used by the researchers in this study?
Choose 2 answers.

[A] Brain activity
[B] Height
[C] Weight
[D] Emotional attachment

27 What is the "sensitive period"?

Ⓐ The amount of time it takes for children to develop an attachment to a caregiver
Ⓑ A period of time after which children are unable to form close emotional bonds with others
Ⓒ The time period during which children's development is most affected by interaction with caregivers
Ⓓ The length of time it takes for children to complete their development

28 Based on information provided in the discussion, organize the following groups of children based on their test results (with "First" being the best and "Fourth" being the worst).
Place a check mark in each of the correct boxes.

	First	Second	Third	Fourth
Children who entered foster care after they were two years old				
Children who entered foster care before they were two years old				
Institutionalized children				
Never institutionalized children				

実戦模試 1　会話1　解答・解説

Conversation　Questions 1–5

正解一覧

1. Ⓒ　2. [B], [D]　3. Ⓐ　4. Ⓑ　5. Ⓐ

スクリプト

MP3 121

Listen to a conversation between a professor and a student.

Professor ①: So, Mr. Hansen, I am Professor Irving of the psychology department and I'll be your academic advisor, since you plan to major in psychology.

Student ①: Yes, good. I'm glad to meet you.

Professor ②: Q1 Key➡ The school requires beginning students to see their advisors before registering for classes in order to answer any questions they might have about the process, maybe help out with course selections, that kind of thing.

Student ②: Yes, well, I do need a little help. I was a little bit confused about some of the required courses.

Professor ③: OK, well, let's look at those. There are requirements for graduation from the college of arts and sciences and there are requirements for obtaining a degree in psychology. Q2. D Key➡ Also, the university has some courses they want all entering students to take. For example, the English writing courses.

Student ③: I did see those in the course schedule.

Professor ④: Q3 🎧 Those courses are meant for everybody but I don't think everybody is meant for those courses. I was looking at your SAT scores and they're very good. Q3 Key➡ I think you could start with the second writing course rather than the beginning one. I usually recommend that to students who do well on their SATs.

Student ④: Sounds good to me! Thank you.

Professor ⑤: Good. However, you do have a little glitch here with your math. Your high school transcripts don't seem to have anything at all.

Student ⑤: Yeah, well, I did enroll in an algebra class when I was a sophomore and actually I enjoyed it but I got pretty sick that year and had to drop out of school for a while. Somehow when I came back I just sort of forgot about math. But if you look at my SAT math scores you'll see that I did well there too.

Professor ⑥: Yes, I see that. You did fine on the math part of the SATs but a certain amount of high school math is, actually, an admission requirement to the university. Q2. B Key➡ So I recommend you take the noncredit math course we offer, which, basically, is a simple algebra course. You'll need to take some statistics courses for your psychology requirements. You may want to take other math courses too. In any case, you need to take the noncredit course first. Q5 Key➡ It might seem like red tape but it is an admission requirement that if you have a deficiency like this you correct it in this way.

Student ⑥ : Q4 🎧 So, that's what you advise?

Professor ⑦ :Yes, that's what I advise.

Student ⑦ : Well, all right. I guess the writing advice makes it even. OK, thank you Professor Irving. I think I'm ready for registration.

訳

教授と学生の会話を聞きなさい。

教授①：では、ハンセンさん、私が心理学部のアービング教授です。そしてあなたが心理学を専攻する予定なので、私があなたのアカデミックアドバイザーとなります。

学生①：はい、よかったです。お会いできて嬉しいです。

教授②：科目登録の前に、その際の手順に関しての疑問に答えたり、講座選択を手助けしたりといったことをするため、新入生はアドバイザーに会うことを大学によって義務づけられています。

学生②：はい、ええと、少し助けが必要です。いくつかの必須科目に関して少し戸惑っていました。

教授③：はい、ええと、では見てみましょう。教養学部を卒業するための必要条件と、心理学の学位を得るための必要条件があります。また、大学が全新入生に履修を求める科目がいくつかあります。例えば英作文講座です。

学生③：講座スケジュールで確かに見ました。

教授④：Q3 🎧 それらの講座は全員を対象にしていますが、全員にそれらの講座が必要とは限りません。あなたのSATの点数を見ていたのですが、とてもいいですね。あなたは初級の作文講座ではなく、2番目の作文講座から始められると思いますよ。私はSATの点数がいい生徒には通常それをすすめています。

学生④：それはいいですね！　ありがとうございます。

教授⑤：よかったですね。けれども、数学でちょっとした問題がありますね。あなたの高校の成績表にはまったく何も書かれていないようです。

学生⑤：はい、ええと、高校2年生のとき、代数学の授業に登録して、実際、授業は楽しかったのですが、その年に大病してしまい、しばらく学校を休まなければなりませんでした。戻ったときには、どういうわけか数学のことを忘れてしまいました。でも、私のSATの数学の点数を見ていただければ、私がよくできたとおわかりいただけるでしょう。

教授⑥：はい、それはわかります。SAT の数学であなたはよくできていたけど、一定量の高校数学は、実はこの大学の入学条件なのよ。だから、大学が提供している単位にならない数学講座を取ることをすすめるわ。その講座は、基本的に易しい代数学の講座です。心理学の履修条件のためには、統計学講座をいくつか取る必要があるでしょう。ほかの数学講座も取りたいかもしれないわね。いずれにせよ、まずその単位にならない科目を取らなければいけません。官僚主義の形式的な手続きのように思えるかもしれないけど、このような不足があったら、こうして補うことが入学条件なのよ。

学生⑥： Q4 🎧 それで、それが先生のアドバイスですか。

教授⑦：はい、それが私のアドバイスです。

学生⑦：ええと、いいでしょう。作文に関する助言で釣り合いがとれると思います。わかりました。アービング教授、ありがとうございます。登録の準備ができたと思います。

設問の訳・正解・解説

1 正解 Ⓒ

MP3 122

なぜ学生はアカデミックアドバイザーと会うのか。

Ⓐ 数学講座を選ぶのに彼は助けが必要である。
Ⓑ 心理学についての助言を得るために来ている。
Ⓒ 大学が新入生にアドバイザーと会うことを義務づけている。
Ⓓ 心理学部で必修の統計学講座を履修しなければならない。

解説 トピック問題。②で教授が「新入生はアドバイザーに会うことを大学によって義務づけられています」と述べている。

2 正解 [B]、[D]

MP3 123

アカデミックアドバイザーは何の講座をすすめているか。2 つ選びなさい。

[A] 心理学
[B] 代数学
[C] SAT
[D] 英作文

解説　詳細理解問題。③で教授は「大学が全新入生に履修を求める科目がいくつかあります。例えば英作文講座です」と述べている。また⑥で「大学が提供している単位にならない数学講座を取ることをすすめるわ。その講座は、基本的に易しい代数学の講座です」と述べている。

3 正解 Ⓐ　MP3 124

会話の一部をもう一度聞きなさい。それから質問に答えなさい。(スクリプト／訳の下線部を参照)

次の教授の発言はどういう意味か。

Ⓐ 講座は全学生を対象としているが、いくつかの講座の履修を飛ばしてもよい学生もいる。
Ⓑ 講座は全学生を対象としているが、すべての学生の役に立つわけではない。
Ⓒ 学生によって専攻が異なるので、講座は全員を対象としているわけではない。
Ⓓ 講座は全員を対象としているが、興味のある学生だけがそれらの講座を履修する。

解説　態度・意図問題。④で教授が「あなたのSATの点数を見ていたのですが、とてもいいですね。あなたは初級の作文講座ではなく、2番目の作文講座から始められると思いますよ」と学生に提案していることから、ある基準に達していれば、初級の講座の履修を免除されることがわかる。

4 正解 Ⓑ　MP3 125

会話の一部をもう一度聞きなさい。それから質問に答えなさい。(スクリプト／訳の下線部を参照)

なぜ学生は次のように言うのか。

Ⓐ 教授の助言に対してまったく疑いを持っていないことを示している。
Ⓑ 作文の助言が数学の助言に対して釣り合いがとれていると示唆している。
Ⓒ 教授の助言は気に入らないが、教授の助言に従いたがっている。
Ⓓ 教授が彼のSATの作文の点数が数学の点数よりも高いと気づいたことを喜んでいる。

解説　態度・意図問題。教授は学生にSATの点数がよいので初級ではなく2番目の作文講座から始めるようにすすめている。一方、学生は高校時代の代数学の成績がないため、教授に必須単位ではない代数学の講座を取ることをすすめられている。数学の講座は取らなければならないが、作文は初級の講座を取らなくて済むので、学生は総じて帳尻は合うと感じている。

5 正解 Ⓐ　　MP3 126

なぜ学生は大学で初年度に単位のつかない代数学講座を履修する必要があるのか。

Ⓐ 入学条件の不足を正すため
Ⓑ SAT の数学の点数を上げるため
Ⓒ 確実に統計学講座だけでなくより多くの講座を履修するため
Ⓓ 作文講座を 1 つ飛ばしていることを埋め合わせるため

解説 詳細理解問題。学生が高校で代数学の単位を取得していなかったことに対して、⑥で教授は「SAT の数学であなたはよくできていたけど、一定量の高校数学は、実はこの大学の入学条件なのよ。だから、大学が提供している単位にならない数学講座を取ることをすすめるわ」と述べている。

実戦模試 1　会話 1 の語彙・表現

Professor ①

□ **psychology**	〔名〕心理学
□ **department**	〔名〕学部
□ **major in**	〔動〕～を専攻する

Professor ②

□ **require**	〔動〕要求する
□ **register for**	〔動〕～に登録する
□ **in order to V**	〔熟〕V するために

Student ②

□ **confused**	〔形〕混乱した

Professor ③

□ **requirement**	〔名〕要件
□ **graduation**	〔名〕卒業
□ **obtain**	〔動〕取得する
□ **degree**	〔名〕学位

Professor ④

□ **SAT**	〔名〕大学進学適性試験 = Scholastic Aptitude Test
□ **recommend**	〔動〕薦める

Professor ⑤

□ **glitch**	〔名〕欠陥
□ **transcript**	〔名〕成績表

Student ⑤

□ **enroll in**	〔動〕（授業など）に登録する
□ **algebra**	〔名〕代数学
□ **sophomore**	〔名〕（大学･高校の）2 年生
□ **pretty**	〔副〕かなり
□ **drop out of school**	〔熟〕学校を中退する
□ **for a while**	〔熟〕しばらくの間
□ **somehow**	〔副〕なんとか
□ **sort of**	〔熟〕まあ、少し

Professor ⑥

□ **admission requirement**	〔名〕入学条件
□ **noncredit**	〔形〕単位に含まれない
□ **basically**	〔副〕基本的に
□ **statistics**	〔名〕統計学
□ **in any case**	〔熟〕いずれにせよ
□ **red tape**	〔名〕官僚主義的な手続き
□ **deficiency**	〔名〕不足
□ **correct**	〔動〕補正する

Student ⑦

□ **even**	〔形〕釣り合いが取れた、対等な

実戦模試 1　講義 1　解答・解説

Lecture　Questions 6–11

正解一覧

6. Ⓒ　7. Ⓓ　9. Ⓐ　10. Ⓒ　11. Ⓑ

8.

	YES	NO
a. V2 rockets enabled Germany to destroy most of London during World War II.		✓
b. Multi-stage rockets were necessary to get payloads into space.	✓	
c. The Russians gained competence with multi-stage rockets before the Americans did.	✓	
d. Work on rocket development was first done before World War II.	✓	
e. Early rockets were never intended to carry warheads.		✓

スクリプト

MP3 127

Listen to part of a lecture in a modern history class.

1 ① The means of undertaking space exploration only became available in the second half of the twentieth century. ② It was the development of rocket technology, and especially the multi-stage rocket, that enabled us to cross the threshold to space travel.

2 Q8. d. Key➡ ① The rocket stemmed from theoretical work by the Russian Konstantin Tsiolkovsky and some largely abortive experiments in America and Europe by the American Robert H. Goddard and the Romanian-born German Hermann Oberth in the first half of the twentieth century. ② It was then developed as the V2, the second 'vengeance weapon' of Adolf Hitler, in the Second World War. ③ The brilliant engineering team under Werner von Braun developed a rocket propelled by burning alcohol and liquid oxygen. Q8. e. Key➡ ④ The rockets could reach a height of over a hundred miles and could deliver a formidable high explosive warhead on London and other targets in England. Q8. a. Key➡ ⑤ The war ended before the full potential of this weapon could be achieved, but the expertise was acquired by the United States and Soviet Russia, and provided the basis for the rocket-development programs in these two superpowers.

3 ① So the Space Age was born and the space race began. ② In both America and Russia, military technologists experimented with surviving V2s and started to design multi-stage rockets in the decade after the Second World War. Q11 🎧 Q8. c. Key ③ Then, on October 4 in 1957, to the consternation of Americans, the Russians launched Sputnik 1, the first successful artificial satellite to be placed in orbit around the Earth. Q8. b. Key ④ It was only a small sphere with an 83 kg instrument package which broadcast a radio bleep to listeners below, but it signaled Russian mastery of the technique for achieving escape velocity through a rocket burning in two or three successive stages. Q11 Key ⑤ The United States immediately devoted massive resources to overtaking this Russian initiative, but it took them over a decade to do so, during which time Russian technology remained in the ascendancy.

4 Q9 Key ① The space race may be characterized as having passed through four chronological but overlapping phases, in which the Russians won the first two and the Americans the second two. ② The first phase was concerned with increasing the thrust of rockets to put larger and more complex satellites into Earth orbit, and with exploring their possible uses in communications, in weather observation, and in monitoring military information. ③ The second phase was that of manned space flight. ④ It began with the successful orbit of the Earth by the Soviet cosmonaut Yuri Gagarin on 12 April 1961, in the space vehicle Vostok 1. ⑤ His flight demonstrated mastery of the complex problems of weightlessness and of safe re-entry into the atmosphere. ⑥ It was followed by a series of Soviet and United States space flights in which the techniques of space rendezvous and docking were rehearsed. ⑦ Men were kept in space for up to a fortnight, and made the first ‘space walk’ outside their craft.

5 Q7 Key ① It was in the third phase, concerned with the exploration of the Moon, that America at last drew ahead of Russian technology. ② The phase began, however, with another Russian achievement when Lunik 1, launched on the second of January 1959, became the first spacecraft to escape the gravitational field of the Earth, fly past the Moon, and enter an orbit around the Sun. ③ In the process, human beings received their first views of the side of the Moon which is turned permanently away from the Earth. ④ By the late 1960s the giant Saturn rocket, standing 108m high on its launching pad, made it possible for the United States to embark upon the Apollo series of spacecraft, with capsules designed to carry three astronauts to the Moon and back. ⑤ On July 20 1969, Neil Armstrong and Edwin Aldrin climbed out of the lunar module of the Apollo 11 spacecraft to become the first human beings to step upon the surface of the Moon. Q10 🎧 ⑥ There were five more successful landings and one aborted attempt before the program was abruptly closed down. Q10 Key ⑦ This was partly an economic measure, in the face of the enormous costs of the space missions, but it also reflected the fact that the Soviet space program made no attempt to follow

the Americans in manned exploration of the Moon.

6 ① While these phases were still being pursued, the fourth and most open-ended phase of space exploration had already begun, with the use of spacecraft to investigate the other planets of the solar system and beyond. ② The American Mariner 2 was launched on August 27, 1962, and passed by Venus in the following December. ③ It was followed by several other craft, both Russian and American, some of which went into orbit around Venus or landed on the surface. ④ In 1965, the United States series of Mariner and Viking space probes continued with photographic surveys of Mars, Mercury, and many of the larger satellites around the giant planets.

訳

近現代史の講義の一部を聞きなさい。

1 ①宇宙探査を始める手段は、20世紀後半になってから初めて利用できるようになりました。②私達が宇宙旅行への敷居をまたぐことを可能にさせたのは、ロケット技術、とりわけ多段式ロケットの開発でした。

2 ①ロケットは20世紀前半に、ロシア人コンスタンティン・ツィオルコフスキーによる理論研究と、ほとんどが実を結ばなかったものの、アメリカ人ロバート・H・ゴダードとルーマニア生まれのドイツ人ヘルマン・オーベルトによって欧米で行われた実験から生まれました。②その後、第2次世界大戦中、ロケットはV2、すなわちアドルフ・ヒトラーの第2の「復讐兵器」として開発されました。③ヴェルナー・フォン・ブラウンのもとに結集した優秀なエンジニアチームは、アルコールと液体酸素を燃焼させて推進させるロケットを開発しました。④そのロケットは100マイルを超える高さに到達でき、高い起爆力を備えた恐るべき弾頭をロンドンやイングランド内のほかの攻撃目標へと運ぶ能力を備えていました。⑤この兵器の全部の潜在能力が達成されないうちに戦争は終わりましたが、その専門知識や技術はアメリカとソビエトロシアに獲得され、この2つの超大国によるロケット開発計画の基礎を提供しました。

3 ①こうして宇宙時代が幕を開け、宇宙開発競争が始まりました。②アメリカとロシアの両方で、軍の科学技術者達は残存していたV2で実験を行い、第2次世界大戦後10年間のうちに多段式ロケットの設計も始まりました。Q11 ③その後、1957年10月4日、アメリカ人を仰天させたことに、ロシア人はスプートニク1号を打ち上げ、それは地球周回軌道に置くことに成功した初めての人工衛星となりました。④これは地上の聞き手に無線のピーッという信号音を送る83キロの装置を搭載した小さな球体にすぎませんでしたが、ロケットの2、3段連続燃焼を通して脱出速度を達成する技術のロシアの熟達を象徴していました。⑤アメリカはすぐさま、膨大な資金を投入してこのロシア主導権を追い抜こうとしましたが、そうなるまでに10年以上を要し、その間、ロシアの技術は優位を保ちました。

4 ①宇宙開発競争は、時系列的だが一部重複する4段階を経てきたという、特徴があり、そのうち最初の2段階はロシア人、後半の2段階はアメリカ人が勝利しました。②第1段階は、より大きく複雑な衛星を地球周回軌道に置くためにロケットの推力を高めること、また、通信･気象観察･軍事情報監視の分野におけるロケット使用の可能性を模索することに関わっていました。③第2段階は、有人飛行でした。④始まりは、1961年4月12日、ソ連の宇宙飛行士ユーリ・ガガーリンによるボストーク1号での地球軌道周回の成功でした。⑤彼の飛行は、無重力や大気圏への安全な再突入といった複雑な問題の克服を示していました。⑥続いて、ソ連とアメリカの一連の宇宙飛行があり、宇宙ランデヴーやドッキングの技術が予行演習されました。⑦人が最長2週間、宇宙に残され、宇宙船外で初の「宇宙遊泳」も行われました。

5　①アメリカがようやくロシアの技術を引き離したのは、月探査に関わる第3段階でした。②しかし、この段階は別のロシアの功績で始まりました。1959年1月2日に打ち上げられたルーニク1号が地球の重力場を脱出し月を通過して飛行し、太陽周回軌道に入った初めての宇宙船となったときです。③その過程で人類は初めて、永久に地球から向きを背けている月の側面の写真を受け取りました。④1960年代末までに、発射台に立てると108メートルの高さにもなる巨大なサターンロケットにより、アメリカが一連のアポロ宇宙船へ乗り込むことが可能になりました。それには3人の宇宙飛行士を月に運んで戻るために設計されたカプセルが搭載されていました。⑤1969年7月20日、ニール・アームストロングとエドウィン・オルドリンは宇宙船アポロ11号の月着陸船から降り、月面を踏んだ初の人間となりました。Q10 ⑥さらに5回の着陸成功と1回の企画中止の後、その計画は突然終了しました。⑦これは、一部には宇宙任務の膨大なコストに直面しての経済対策という面もありましたが、有人月探査に関してソ連の宇宙計画がアメリカ人を追いかけようとしなかったという事実も反映していました。

6　①こうした段階（第1から第3段階）がまだ遂行中だった一方で、宇宙探査で最も制約のない第4の段階が、太陽系のほかの惑星や太陽系外を調査するための宇宙船の使用とともに始まっていました。②アメリカのマリナー2号は、1962年8月27日に打ち上げられ、12月には金星を通過しました。③ロシアとアメリカ両方のその他いくつかの宇宙船がそれに続きに続き、なかには金星の軌道に入ったり、その地表面に降り立ったりした宇宙船もありました。④1965年、アメリカの一連の宇宙探測機マリナーとバイキングは、火星、水星、巨大惑星の周囲の大型衛星の写真調査を継続しました。

6 正解 Ⓒ　　MP3 128

講義の目的は何か。

Ⓐ 米露間の冷戦の起源を説明すること
Ⓑ 宇宙探査の目的を説明すること
Ⓒ ロシア人とアメリカ人の間の宇宙開発競争段階の概略を述べること
Ⓓ 宇宙開発競争ではいかに明確にロシアが優位だったかを説明すること

解説 トピック問題。冷戦中の米露の宇宙開発競争が講義の中心。1、2 で競争に至るまでの経緯を示し、3 以降で競争の経過を説明している。特に 4 以降は開発競争の 4 段階を順に述べているので、Ⓒが正解。

7 正解 Ⓓ　　MP3 129

宇宙開発競争の第 3 段階について正しいのはどれか。

Ⓐ 再びソ連がアメリカに対する優位を保った。
Ⓑ アメリカ人が最初に月の詳細な写真を手に入れた。
Ⓒ アメリカが最初にロケットを地球周回軌道に乗せた。
Ⓓ ソ連のルーニク 1 号は月面に着陸しなかった。

解説 詳細に関する問題。5 ①で、「第 3 段階ではアメリカが優位に立った」と述べられているので Ⓐの内容は誤り。②で「ルーニク 1 号は月を通り過ぎて太陽周回軌道に入り」、③で「その間に月の裏側の写真が撮られた」と述べ、その後⑤で「アメリカのアポロ 11 号で初めて人類が月面に着陸した」と説明しているため Ⓓが正解。

8　　MP3 130

講義では、教授がロケットについて話している。以下のそれぞれについて言及されるか、または暗示されているかどうかを示しなさい。正しい欄にチェックマークを入れなさい。

正解

	Yes	No
a. V2 ロケットは、第 2 次世界大戦中にドイツがロンドンの大半を破壊することを可能にした。		✓
b. 多段式ロケットは、宇宙へ搭載物を送るために必要だった。	✓	
c. 多段式ロケットに関しては、ロシアがアメリカよりも先に能力を得た。	✓	

d. ロケット開発の研究は最初、第 2 次世界大戦前に行われた。	✓	
e. 初期のロケットでは、弾頭の運搬は意図されていなかった。		✓

解説　情報整理問題。d. については 2 ①に「ロケットは 20 世紀前半の理論と実験に由来する」との言及がある。④~⑤に「ロンドンを破壊する能力のある弾頭は搭載できたが能力を全て発揮する前に戦争が終わった」とあることから、a. と e. は誤り。b. については 3 ④から、c. については 3 ③から正しいと推測できる。

9 正解 Ⓐ　MP3 131

教授によると、宇宙開発競争に関して何が言えるか。

Ⓐ 第 2 次世界大戦後に始まり、4 段階の前半はロシアが先頭に立っていた。
Ⓑ ロシアは、宇宙開発競争の最初の 3 段階を支配した。
Ⓒ ロシアは、宇宙開発競争の第 4 段階にはほとんど関わらなかった。
Ⓓ 宇宙開発の最終段階では、太陽系のほかの惑星調査のため、ロシア人とアメリカ人が競争した。

解説　詳細理解問題。開発戦争の 4 段階には、米露ともにすべて関わっているが、4 ①の情報から、ロシアが優位に立ったのは第 1·2 段階、アメリカの優位が第 3·4 段階とわかるので、Ⓑ、Ⓒ、Ⓓの記述は間違いだと判断できる。

10 正解 Ⓒ　MP3 132

議論の一部をもう一度聞きなさい。それから質問に答えなさい。「スクリプト／訳」の下線部を参照）

次の教授の発言はどういう意味か。

Ⓐ アメリカの月探査計画は、純粋に経済的な理由で中止された。
Ⓑ ソ連は一度も月面に人を立たせることができなかった。
Ⓒ アメリカの月探査計画中止には、少なくとも 2 つの理由があった。
Ⓓ ロシア人は、経済的問題が理由で宇宙探査を続けられなかった。

解説　態度・意図問題。該当箇所（5 ⑥）では 2 つの理由として、膨大なコストとソ連がアメリカに追従しようとしなかったことが挙げられている。

11 正解 Ⓑ　　MP3 133

議論の一部をもう一度聞きなさい。それから質問に答えなさい。「スクリプト／訳」の下線部を参照）

この発言からわかることは何か。

Ⓐ アメリカ人は、ソ連のスプートニク 1 号の打ち上げに動じなかった。
Ⓑ アメリカ人は、60 年代末まではソ連に勝つことができなかった。
Ⓒ アメリカ人がスプートニク 1 号の意義を認めるのに 10 年かかった。
Ⓓ アメリカ人はロシアの宇宙資源を引き継ぐのに 10 年を費やした。

解説 構成把握問題。3 に「ロシア側のスプートニク 1 号の打ち上げ成功が 1957 年」で、その後「アメリカが優位に立つまでに 10 年以上を要した」とある。このことからアメリカがソ連に勝ったのは 1960 年代末と判断できる。

実戦模試 1　講義 1 の語彙・表現

1

□ **means**	〔名〕手段《単複同形。単数の場合 a means となる》
□ **undertake**	〔動〕着手する、企てる
□ **exploration**	〔名〕探査
□ **threshold**	〔名〕敷居、入り口

2

□ **stem from**	〔動〕～に起因する、由来する
□ **abortive**	〔形〕不成功の
□ **vengeance**	〔名〕復習、報復
□ **formidable**	〔形〕恐るべき
□ **explosive**	〔名〕爆発性の
□ **expertise**	〔名〕専門知識、専門技術
□ **acquire**	〔動〕獲得する

3

□ **consternation**	〔名〕仰天
□ **artificial**	〔形〕人工的な
□ **orbit**	〔名〕軌道
□ **sphere**	〔名〕球体
□ **velocity**	〔名〕速度

□ **successive**	〔形〕連続する
□ **overtake**	〔動〕追い抜く
□ **ascendancy**	〔名〕優勢

4

□ **chronological**	〔形〕時系列の
□ **phase**	〔名〕段階
□ **be concerned with**	〔熟〕～に関わる
□ **thrust**	〔名〕推力
□ **vehicle**	〔名〕乗り物、車両
□ **atmosphere**	〔名〕大気
□ **fortnight**	〔名〕2 週間

5

□ **gravitational**	〔形〕重力の
□ **embark**	〔動〕乗り込む
□ **lunar**	〔形〕月の
□ **abort**	〔動〕中止する
□ **abruptly**	〔副〕突然に
□ **measure**	〔名〕対策
□ **reflect**	〔動〕反映する

6

□ **pursue**	〔動〕追求する
□ **open-ended**	〔形〕制約のない、自由な
□ **space probe**	〔名〕宇宙探査機
□ **survey**	〔名〕調査

実戦模試 1　会話 2　解答・解説

Conversation　Questions 12–16

正解一覧

12. Ⓐ　13. [B]、[C]　14. Ⓒ　15. Ⓐ　16. Ⓓ

スクリプト

MP3 134

Listen to a conversation between a student and a career counselor.

Student ①: Since I'll be graduating in June, I'm hoping to find a job that I can start pretty soon thereafter. Naturally, I'm also hoping for a job that pays fairly well and has plenty of opportunity for advancement.

Counselor ①: Did you bring your resume for me to look at?

Student ②: Sure, here it is.

Counselor ②: Let's see. First of all, I suggest that you redo your resume before sending it out. Here at the top, put a paragraph summarizing your qualifications. You have a strong background in accounting so identify each skill you have in that field.

Student ③: Q12 🎧 Q12 Key ➡ Do you mean I should tell them that I've got experience with data-base management, I'm familiar with billing, and I've got a certificate in bookkeeping?

Counselor ③: Exactly. The rest of your resume looks fine to me. Now, it says here that you've had an internship with a large accounting firm downtown for two years. Have you been networking there?

Student ④: Q14 Key ➡ I guess so. I've established contacts with quite a few people outside my department and, of course, I've gotten to know people in my section quite well. They even let me attend a recent seminar with my manager, and I got a chance to meet a lot of major players in the field.

Counselor ④: Excellent. Now, have you kept up those contacts?

Student ⑤: I've tried to, but you know between my classes, my homework, and my office hours I don't have much time or energy left over.

Counselor ⑤: Q13. B Key ➡ One secret of being a successful job hunter is not only making contacts, but keeping them so you'll need to take the trouble to maintain those relationships. Q15 Key ➡ You might casually send them a trade-magazine article that they might find useful with a note attached reminding them that you are looking for a job.

Student ⑥ : Okay, I hadn't thought of that. Can you give me any tips about doing well in a job interview? I always get so nervous that I sound like a buffoon.

Counselor ⑥ : That's a pretty normal reaction. Q13. C Key➡ Why don't you prepare some typical interview questions at home and then tape-record yourself answering the questions. As you listen to this recording, you can critically assess your answer and see what you need to add or subtract. This process will also give you experience in discussing various accounting issues that can build up your confidence during an actual interview.

Student ⑦ : How long does a job search usually take?

Counselor ⑦ : Q16 Key➡ Now that I don't have an answer for. It depends on what kind of job you're looking for, what kind of pay you insist on, and what credentials you have. The job market is quite good at the moment and there is usually demand for young accountants, so I wouldn't worry about it too much if I were you.

訳

学生と進路カウンセラーの会話を聞きなさい。

学生①：6 月に卒業するので、その後すぐに始められる仕事を見つけたいと思っています。当然、給料がまあまあよくて、昇進の機会がたくさんある仕事を希望しています。

カウンセラー①：私に見せる履歴書を持ってきましたか。

学生②：もちろんです。これです。

カウンセラー②：ええと、まずは、送る前に履歴書の書き直しをおすすめするわ。ここの一番上に、あなたの資格を要約した段落を置きなさい。会計業務の経歴に強みがあるから、その分野であなたが持つ各技能を明確にしなさい。

学生③：Q12🎧 つまりデータベース管理の経験がある、請求書発行業務に詳しい、簿記の資格があると伝えるべきだということですか。

カウンセラー③：そのとおりです。それ以外のあなたの履歴書はいいと思います。さて、ここにあなたが都心の大きな会計事務所で 2 年間インターンシップをしたと書いてあるわね。そこで人脈作りはしてきたのかしら。

学生④：してきたと思います。部署外のかなり多くの人とつながり、もちろん私の課の人達とかなり親しくなりました。最近、部長と一緒にセミナーに参加させてもくれましたし、会計業界の多くの重要人物と会う機会も得ました。

カウンセラー④：素晴らしい。ではその人達と連絡は保っていますか。

学生⑤：努力はしました。でも、ご存知のように、授業や宿題、勤務時間やらで時間や元気があまり残っていません。

カウンセラー⑤：成功する求職者であるための1つの秘訣は、人脈を作るだけでなく、その人脈を保つことだから、その人達との関係を維持する手間をかける必要があるのよ。仕事を探していると伝えるメモをつけて、彼らが有益だと思いそうな業界紙の記事を何気なく彼らに送ってみてもいいかもしれないわ。

学生⑥：はい、それは考えたことがなかったです。仕事の面接でうまくいくコツをいくつか教えていただけますか。いつもとても緊張するので、おどけ者みたいに聞こえてしまうんです。

カウンセラー⑥：それはごく普通の反応よ。よく聞かれる面接の質問を家で準備して、それから質問に答えている自分自身を録音したらどうかしら。この録音を聞いて、答えを批判的に評価して何を足したり削ったりする必要があるかを確かめられるわ。この過程で会計に関する様々な問題を論じる経験をして、実際の面接中の自信をつけられるわ。

学生⑦：仕事探しは普通どれくらいかかりますか。

カウンセラー⑦：それに対する答えはないわ。それは、どのような種類の仕事を探しているか、どれくらいの給料を求めているか、どんな資質を持っているか次第です。求人市場は今のところかなり良好だし、若い会計士にはたいてい需要があるから、私があなただったらあまりそのことは心配しないでしょう。

設問の訳・正解・解説

12 正解 Ⓐ　　**MP3 135**

会話の一部をもう一度聞きなさい。それから質問に答えなさい。(「スクリプト／訳」の下線部を参照。)
なぜ学生は次のことを言うのか。

Ⓐ カウンセラーの助言を理解していることを確かめるため
Ⓑ カウンセラーにもっと情報を与えるため
Ⓒ 要約を強調するため
Ⓓ 注意を払っていると見せるため

解説 態度・意図問題。カウンセラー②のアドバイスに対して、学生は "Do you mean …"（つまり～ですか）とより具体的な内容を加えてアイデアを展開していることから、学生は自分の理解が正しいかどうか、カウンセラーに確認をしているのがわかる。

13 正解　[B]、[C]　MP3 136

次のどの助言をカウンセラーは学生にするか。2つ選びなさい。

[A] 学生はインターンシップに応募すべきである。
[B] 学生は積極的に人脈作りをすべきである。
[C] 学生は家で仕事の面接の予行練習を行うべきである。
[D] 学生は履歴書をプロの人が書くように準備すべきである。

解説　詳細理解問題。カウンセラーは履歴書を書き直すように助言しているが、"professionally"「プロの人のように」とは助言していないので、[D] は不適切。⑤でカウンセラーは「その人達との関係を維持する必要がある」と述べているから [B] が正解。⑥では「よく聞かれる面接の質問を家で準備して、それから質問に答えている自分自身を録音したら」と助言しているので [C] も正解。

14 正解　Ⓒ　MP3 137

学生はどのように会計業界で人脈作りをしてきたか。

Ⓐ 簿記の資格を取ることで
Ⓑ データベース管理を学ぶことで
Ⓒ その分野でインターンとして働くことで
Ⓓ 履歴書と添え状を発送することで

解説　詳細理解問題。カウンセラーからインターンシップをした会計事務所で人脈作りはしてきたのかと聞かれ、学生は④で「部署外のかなり多くの人とつながり、もちろん私の課の人達とかなり親しくなりました」と述べている。

15 正解　Ⓐ　MP3 138

カウンセラーは学生がビジネス人脈をどのように保つよう提案しているか。

Ⓐ 仕事に関連する記事をその人達に送る。
Ⓑ 面接の質問に対する答えをテープに吹き込んで送る。
Ⓒ あと数年会計事務所で働き続ける。
Ⓓ 経営陣により多くの時間を要求する。

解説　詳細理解問題。カウンセラーは⑤で「仕事を探していると伝えるメモをつけて、彼らが有益だと思いそうな業界紙の記事を何気なく彼らに送ってみてもいいかもしれない」と助言している。

16 正解 Ⓓ MP3 139

カウンセラーによると、仕事探しは一般的にどれくらいかかるか。

Ⓐ 採用担当者次第である。
Ⓑ 経済情勢によって異なる。
Ⓒ ほとんどの人が認識しているよりも長くかかる。
Ⓓ いくつもの要因次第である。

解説 詳細理解問題。⑦でカウンセラーは「どのような種類の仕事を探しているか、どれくらいの給料を求めているか、どんな資質を持っているか次第」と述べている。

実戦模試1　会話2の語彙・表現

Student ①

□ **naturally**	〔副〕当然に
□ **fairly**	〔副〕かなり、相当
□ **opportunity**	〔名〕機会、チャンス
□ **advancement**	〔名〕昇進

Counselor ①

□ **resume**	〔名〕履歴書

Counselor ②

□ **redo**	〔動〕やり直す
□ **summarize**	〔動〕要約する
□ **qualification**	〔名〕資格
□ **accounting**	〔名〕会計
□ **identify**	〔動〕明確にする、特定する

Student ③

□ **be familiar with**	〔熟〕～に詳しい
□ **billing**	〔名〕請求書作成
□ **certificate**	〔名〕証明書、免許状
□ **bookkeeping**	〔名〕簿記

Counselor ③

□ **rest**	〔名〕残り

- □ **firm**　〔名〕会社
- □ **downtown**　〔副〕都心部で
- □ **network**　〔動〕人脈作りをする

Counselor ⑤

- □ **take the trouble to V**　〔熟〕手間を惜しまずVする
- □ **maintain**　〔動〕維持する
- □ **casually**　〔副〕何気なく

Student ⑥

- □ **tip**　〔名〕コツ、ヒント
- □ **nervous**　〔形〕緊張している
- □ **buffoon**　〔名〕道化師

Counselor ⑥

- □ **pretty**　〔副〕かなり
- □ **reaction**　〔名〕反応
- □ **prepare**　〔動〕準備する
- □ **typical**　〔形〕典型的な、一般的な
- □ **critically**　〔副〕批判的に
- □ **assess**　〔動〕評価する
- □ **subtract**　〔動〕～を取り去る、引く
- □ **issue**　〔名〕問題
- □ **confidence**　〔名〕自信

Counselor ⑦

- □ **depend on**　〔動〕～次第だ
- □ **insist on**　〔動〕～を要求する
- □ **credential**　〔名〕資格証明書
- □ **at the moment**　〔熟〕今のところ

Lecture　Questions 17–22

正解一覧

17. Ⓒ　18. Ⓑ　19. Ⓓ　20. Ⓒ　22. Ⓐ
21.

	Attacked many ships	White in color	Larger than average
a. The whale that attacked the Essex			✓
b. Mocha Dick	✓	✓	✓

スクリプト

MP3 140

Listen to part of a lecture in an American literature class.

1 ① As all of you probably know, Herman Melville's Moby-Dick is considered to be one of the greatest American novels ever written. ② The novel was published in 1851 during the height of Melville's success, but it was not well received by the critics… ③ In fact, it was this same novel that signaled the beginning of the end of Melville's commercial and critical success. ④ What many of you might not know, and what the topic of today's lecture is, is that Moby-Dick is based on not one, but two true stories.

2 Q18 Key➡ ① Melville, like many good authors, wrote stories that drew on his own personal experience…so, given the level of detail of the whaling profession described in the novel, it should come as no surprise that he had actually worked on a whaling vessel. ② From January 1841 to July 1842, the young Melville was a… he was a crewmember of the whaling ship Acushnet. ③ Although he quit this job and deserted the ship well before his contract was completed, Q19 Key➡ he was fortunate enough to meet a young man named William Chase when Melville's and Chase's ships encountered each other at sea. ④ Now what is really interesting about this chance meeting is that William Chase was the son of a man named Owen Chase. ⑤ And Owen Chase's story was known to Melville because Owen was one of only eight survivors from the 21-man crew of the Essex, a whaling ship that had been sunk in 1820 when it was rammed by a sperm whale. ⑥ Now, the whale that attacked the

Essex was no ordinary whale—this whale was huge! ⑦ Let me put this in perspective for you: Q21. a. Key➡ while the average adult male sperm whale is about 52 feet long, the whale that attacked the Essex was estimated to be around 85 feet in length. ⑧ Now, this giant whale rammed the Essex twice...and it was the second impact—a direct, head-on collision—that destroyed the ship's bow and caused it to quickly sink. ⑨ After the attack, the whale disappeared and was never seen again. Q17 Key➡ ⑩ Owen Chase had written a story describing both the whale's attack on the ship and the 95 days that the survivors endured before they were rescued. ⑪ Owen Chase's book was difficult to obtain at that time, but his son, William Chase, had his personal copy with him, and he lent this copy to Melville. ⑫ Melville found the story fascinating, and after returning Chase's copy, he was eventually able to acquire a copy of his own. ⑬ He wrote many notes in his own copy of the book and apparently kept it in his personal library for the rest of his life.

3 ① Now, the other true story that inspired Melville was the story of Mocha Dick. ② That's right, the whale's name was Mocha, M-O-C-H-A, Dick. Q20 Key➡ ③ This whale's name came from Mocha Island, a small island off the coast of Chile, which is where this whale was often spotted. Q21. b. Key➡ ④ From 1810 to 1838, this whale had reportedly attacked around 100 ships...and had sunk about 20 of them. ⑤ He was a huge male sperm whale around 70 feet in length. ⑥ What made him even more...unusual...was that he was albino, meaning he was white—just like the whale in Melville's novel. ⑦ This whale, Mocha Dick, was generally considered to be peaceful...in fact, it would sometimes swim alongside all different types of ships. ⑧ However, if he was attacked by harpoons, he would ferociously counterattack the ship. ⑨ He was eventually killed when he tried to help a female whale and her baby—both of which had been attacked by a whaling ship. ⑩ After Mocha Dick was killed, the whalers discovered about 20 harpoons that were stuck in his body—20 harpoons from previously unsuccessful attempts to kill him.

4 Q22 🎧 ① These two stories, combined with his personal experiences on a whaling ship, provided Melville with the raw material that he used to write his masterpiece, Moby-Dick. ② Unfortunately, Q22 Key➡ it was not until well after his death in 1891 that the rest of the world began to fully appreciate Melville's groundbreaking work.

第5章 実戦模試

訳

アメリカ文学の授業の講義の一部を聞きなさい。

1 ①おそらく皆さんがご存知のとおり、ハーマン・メルヴィルの『白鯨』は、これまで書かれた最も優れたアメリカの小説の1つと考えられています。②この小説は、メルヴィルの成功の絶頂期の最中、1851年に出版されましたが、批評家にはよく受け入れられませんでした。③実は、メルヴィルの商業的な、そして批評上の成功の終焉の始まりの前兆となったのがこの小説だったのです。④皆さんの多くが知らないであろうこと、それが本日の講義のテーマですが、『白鯨』は1つではなく、2つの実話に基づいています。

2 ①多くの優れた作家と同様、メルヴィルは自分の個人的な経験を生かした物語を書きました…、ですから、小説で描かれている捕鯨という仕事の詳しさを見れば、彼が実際に捕鯨船で働いていたことに驚かないでしょう。② 1841年1月から1842年7月まで、若きメルヴィルは…、彼は捕鯨船アクシュネット号の乗組員でした。③彼は、契約が終了するかなり前にこの仕事をやめて船を脱走しましたが、メルヴィルとチェイスの船が海上で互いに遭遇したときに、ウィリアム・チェイスという名の若者に出会ったのは幸運でした。④さて、この偶然の出会いが非常に興味深いのは、ウィリアム・チェイスがオーウェン・チェイスという男の息子であったことです。⑤そして、オーウェン・チェイスの話をメルヴィルは知っていました、というのは、オーウェンは1820年にマッコウクジラに激突されて沈められた捕鯨船エセックス号の21人の乗組員のうち生き残ったわずか8人の1人だったのです。⑥ところで、エセックス号を襲ったクジラはごく普通のクジラではありませんでした—このクジラは巨大だったのです！ ⑦全体像を説明しましょう、つまり、平均的な大人のオスのマッコウクジラの体長はおよそ52フィート（約15.85メートル）ですが、エセックス号を襲ったクジラの体長はおよそ85フィート(約25.91メートル)と推定されました。⑧さて、この巨大なクジラはエセックス号に2度激突しましたが…、船首を破壊して船を急速に沈没させたのは、2度目の激突—真っ向からの直撃—でした。⑨攻撃後、このクジラは姿を消してしまい、2度と見られませんでした。⑩オーウェン・チェイスは、このクジラの船に対する攻撃と、救助されるまでに生存者が耐え抜いた95日間を描写した話を書いていました。⑪当時、オーウェン・チェイスの本を入手するのは困難だったのですが、彼の息子であるウィリアム・チェイスが個人的に本を手元に持っていて、その本をメルヴィルに貸しました。⑫メルヴィルはその話が魅力的であると感じ、そしてチェイスに本を返した後、ようやく自分用の1冊を手に入れることができました。⑬彼は、その本の自分用の一冊にたくさんの覚え書きを記し、その後一生、自分の書架にその本を保管していたようです。

3 ①さて、メルヴィルに着想を与えたもう1つの実話は、モカ・ディックの話です。②そう、クジラの名前は、モカ、M-O-C-H-A、ディックでした。③このクジラの名前はチリ沖の小島、モチャ島に由来し、そこではこのクジラの姿がよく目撃されていました。④伝えられているところでは、1810年から1838年にかけて、このクジラはおよそ100隻の船を攻撃し…、そのうち20隻ほどを沈没させました。⑤このクジラ、モカ・ディックは、巨大な雄のマッコウクジラで、体長およそ70フィート（約21.34メートル）でした。⑥さらにこのクジラを…特異なものとしていたのは…、それがアルビノ（先天的な遺伝子疾患によるメラニン色素欠乏症）であった、つまり白かったということ—ちょうど、メルヴィルの小説のクジラのように、です。⑦このモカ・ディックというクジラは、通常は温厚と見なされていて…、実際、様々な種類の船と並んで泳ぐこともありました。⑧しかし、銛（もり）で攻撃されると、猛然と船に反撃しました。⑨このクジラは、あるメスのクジラとその幼いクジラを—2頭とも捕鯨船の攻撃を受けていたのですが—助けようとした際に、ついに殺されました。⑩モカ・ディックが死んだ後、捕鯨船員が、およそ20本の銛が体に突き刺さっているを発見しました—以前このクジラを殺そうとして失敗した試みによる20本の銛です。

4　Q22 ①これらの2つの話が捕鯨船での個人的体験と組み合わせられて、メルヴィルに傑作『白鯨』を書くために使う素材を提供しました。②残念ながら、メルヴィルの画期的な作品を世の中が十分に認め出したのは、1891年の彼の死後、かなり経ってからでした。

設問の訳・正解・解説

17 正解 Ⓒ

MP3 141

教授によると、エセックス号の乗組員について正しいのは何か。

Ⓐ 全員攻撃で死んだ。
Ⓑ 船は失ったが、彼らを攻撃したクジラを殺すことができた。
Ⓒ 生存者は、攻撃後、3カ月以上後まで救助されなかった。
Ⓓ 彼らの経験不足が船の喪失につながった。

解説 詳細理解問題。2 の「エセックス号の 21 人の乗組員のうち生き残ったのはたった8人で、攻撃後、このクジラは姿を消してしまい、2度と目撃されていない」という内容は Ⓐ、Ⓑ と一致しない。⑩で「救助されるまでに生存者は 95 日間耐え抜いた」と言っていることが Ⓒ と一致する。Ⓓ については特に言及はない。

18 正解 Ⓑ

MP3 142

教授は優れた作家について暗に何と言っているか。

Ⓐ 書けば書くほど、上手になる。
Ⓑ 話に自分自身の経験を生かしている。
Ⓒ 海上で過ごすことが有益である。
Ⓓ いつも批評上の成功を収めるとは限らない。

解説 態度・意図問題。2 の最初で「多くの優れた作家と同様、メルヴィルは自分の個人的な経験を生かした物語を書いた」と言っているので、正解は Ⓑ。

19 正解 Ⓓ

MP3 143

教授によると、メルヴィルが海上で経験した1つの幸運なできごとは何であったか。

Ⓐ サイン入りの本をもらい、それを書架に保管した。
Ⓑ もう1人の若い作家に紹介された。
Ⓒ モカ・ディックを自分の目で見ることができた。
Ⓓ エセックス号に乗っていた男性の息子に会った。

解説　詳細理解問題。2 ③で「幸運にもエセックス号の生き残りの乗組員、オーウェン・チェイスの息子のウィリアム・チェイスに出会った」と言っている。この発言の fortunate enough がキーワード。その後でメルヴィルがオーウェン・チェイスの本を入手したくだりが述べられているが、サインへの言及はない。2 の説明の内容と一致するのは Ⓓ。

20 正解 Ⓒ　MP3 144

「モカ・ディック」と呼ばれるクジラについて正しいのは次のうちどれか。

Ⓐ 明らかな理由もなく船を頻繁に襲ってきた。
Ⓑ 死後、その死体は発見されなかった。
Ⓒ チリ沖の水域で多くの時間を過ごしていた。
Ⓓ 人間との交流をすべて避けた。

解説　詳細理解問題。3 で「モカ・ディック」が「チリ沖の小島、モチャ島に由来し、そこでこのクジラの姿がよく見られた」と言っているので正解は Ⓒ。Ⓐ、Ⓓ は、モカ・ディックは船と並んで泳ぐこともあったが、銛で攻撃されると猛然と反撃したと言っている内容と異なる。「モカ・ディックの死後、捕鯨船員がおよそ 20 本の銛が体に突き刺さっていたのを発見した」との発言も Ⓑ と矛盾する。

21　MP3 145

講義の情報に基づいて、次のうちどの情報が、教授の説明した2頭のクジラについて述べられていたかを示しなさい。正しい欄にチェックマークを入れなさい。

	多くの船を攻撃した	白色	平均より大きい
a. エセックス号を攻撃したクジラ			✓
b. モカ・ディック	✓	✓	✓

解説　情報整理問題。エセックス号を襲ったクジラについては 2 で「体長は推定でおよそ 85 フィート、エセックス号に2度激突した後、姿を消した」と述べられている。そのほかの情報は特にないため「平均より大きい」欄が該当する。モカ・ディックについては 3 で「約 100 隻の船を攻撃し、体長およそ 70 フィートでアルビノ、つまり白かった」と述べられていることから、すべての欄が該当する。

22 正解 Ⓐ　　MP3 146

講義の一部をもう一度聞きなさい。それから設問に答えなさい。(「スクリプト／訳」の下線部を参照)
次の発言で教授は何を意味しているのか。

Ⓐ『白鯨』は最終的には質の高い文学作品であると認められた。
Ⓑ メルヴィルの作品は、彼が死んだ結果、人気を得た。
Ⓒ メルヴィルは新しい種類の文学の創出を担った。
Ⓓ『白鯨』の不成功はメルヴィルの死を招いた。

解説　態度・意図問題。It was not until A that …「Aになって初めて…した」という構文を耳で聞いて理解できるかどうかがカギ。ここでは「作家の死後かなり経ってから初めて十分に評価された」と述べられており、これは Ⓐ と同じことを意味するので正解は Ⓐ。

実戦模試 1　講義 2 の語彙・表現

1

□ **consider A to be B**	〔熟〕AをBとみなす
□ **publish**	〔動〕出版する
□ **height**	〔名〕絶頂
□ **receive**	〔動〕受け入れる
□ **critic**	〔名〕批評家
□ **signal**	〔動〕前兆となる、特徴づける
□ **commercial**	〔形〕商業的な
□ **be based on**	〔熟〕～に基づく

2

□ **draw on**	〔動〕～を生かす、利用する
□ **whaling**	〔名〕捕鯨
□ **profession**	〔名〕職業
□ **describe**	〔動〕描写する、説明する
□ **vessel**	〔名〕船
□ **desert**	〔動〕(軍や船などから) 脱走する
□ **contract**	〔名〕契約
□ **encounter**	〔動〕遭遇する

□ **ram**	〔動〕激突する
□ **sperm whale**	〔名〕マッコウクジラ
□ **perspective**	〔名〕広い視点
□ **estimate**	〔動〕推定する、見積もる
□ **head-on**	〔形〕真正面の
□ **collision**	〔名〕衝突
□ **bow**	〔名〕船首
□ **endure**	〔動〕耐える
□ **fascinating**	〔形〕魅力的な
□ **apparently**	〔副〕どうやら～らしい

3

□ **inspire**	〔動〕着想を与える
□ **spot**	〔動〕見つける
□ **albino**	〔名〕白化個体
□ **harpoon**	〔名〕銛
□ **ferociously**	〔副〕どう猛に
□ **counterattack**	〔動〕反撃する
□ **eventually**	〔副〕最終的に
□ **whaler**	〔名〕捕鯨船員

4

□ **raw**	〔形〕生の、未処理の
□ **material**	〔名〕原料、材料
□ **masterpiece**	〔名〕傑作
□ **appreciate**	〔動〕高く評価する
□ **groundbreaking**	〔形〕革新的な、画期的な

実戦模試 1　ディスカッション 1 解答・解説

Discussion　Questions 23–28

正解一覧

23. Ⓒ　24. Ⓐ　25. Ⓒ　26. [A]、[D]　27. Ⓒ
28.

	First	Second	Third	Fourth
Children who entered foster care after they were two years old			✓	
Children who entered foster care before they were two years old		✓		
Institutionalized children				✓
Never institutionalized children	✓			

スクリプト

MP3 147

Listen to part of a lecture in a developmental psychology class.

1 **Professor:** ① All right. ② Today, we're going to talk about the findings of a groundbreaking study conducted in Romania. ③ This study, which is still ongoing, began in 2000, and it focused on the, uh…the effects of different caregiving models on early childhood development. ④ Now, before I begin to…before I discuss this study further, it's important that we all clearly understand the definition of certain concepts that I will be using. ⑤ First off, who can tell me what an orphan is?

2 **Student A:** ① A child who has lost both of its parents.

3 **Professor:** Q23 Key➡ ① That is often the standard dictionary definition, but in psychological studies the definition can also include children who have been abandoned by their parents—children whose parents are still alive but have been abandoned by them. ② So, today, we will consider the term "orphan" to include abandoned children as well. ③ In fact, in this particular study, the majority of the orphans were actually, uh…they were abandoned by their parents due to financial circumstances. ④ The next term we need to define is "institutionalized." ⑤ In today's discussion, institutionalized will refer to being placed in a government-run institution designed to care for orphans. ⑥ Oh, I almost forgot. ⑦ The last term we need to clarify is "foster care." ⑧ Does anyone know what that means?

4 **Student B:** ① Yes. ② It means that children are being raised by people, usually a married couple, who are not actually related to the children.

5 **Professor:** ① Yes, that is correct. Q24 Key➡ ② It is important to note that foster parents have not formally adopted the children…although they may eventually adopt them. ③ Also, in the study we will be looking at today, all of the foster care children had initially been institutionalized. ④ All right, so, based on our definitions, the term "institutionalized children" would refer to children raised in a government-run institution, while "foster care children" would refer to children who had initially been institutionalized but were later raised by foster parents. ⑤ Are there any questions? ⑥ No? ⑦ All right, let's proceed. ⑧ So as I mentioned earlier, this study focused on developmental differences for different types of caregiving. ⑨ Initially, the researchers divided children into three groups: institutionalized children, foster care children, and a third group—never institutionalized children. ⑩ After they studied the children for 10 years, they discovered that the never institutionalized children… in other words, the children who had always lived with their parents or guardians… outperformed children from both of the other groups in all ways. ⑪ Can anyone guess any of the differences that had been measured?

6 **Student A:** ① I would have to guess height ...oh, and weight.

7 **Professor:** ① While there were undoubtedly some physical differences, those were not the, uh…not really the focus of the study. ② The researchers were looking more at mental and emotional differences. ③ That being said, they did notice some physical differences in terms of the, uh…in terms of the children's brains. ④ All of the foster care children and institutionalized children had smaller brains than the never institutionalized children. Q25 Key➡ ⑤ But what was really interesting was that although the foster care children and the institutionalized children had similar amounts of the parts of the brain known as gray matter, the foster care children actually had more white matter in their brains than the institutionalized children did.

8 **Student B:** ① So, to clarify, both of these groups had smaller brains than the never institutionalized children did. ② And these two groups, uh, they also had the same amount of gray matter as each other, but the foster care children had more white matter?

9 **Professor:** ① That is correct. ② It seems that the foster care children had better brain development than the, uh…than the institutionalized children. ③ However, eventually, researchers began to notice that, in other ways, the group of foster care children actually began to show differences within their own group. ④ And these differences could be seen based on the age at which the children left the government-run institution and entered foster care. ⑤ Therefore, the researchers decided to split this group into two smaller groups…group one: children who entered foster care

before they were two years old and group two: children who entered foster care after they were two years old. Q27 Key➡ ⑥ They started to notice that the first two years of a child's life could be called a "sensitive period"—a period during which support and contact with caregivers played a significant role in a child's development. Q26 Key➡ ⑦ They tested the children in the following areas: IQ, emotional attachment, and brain activity. Q28 Key➡ ⑧ And in all ways, the order…or the ranking…from best results to worst results went as follows: 1) never institutionalized children, 2) children who entered foster care before they were two years old, 3) children who entered foster care after they were two years old, and 4) institutionalized children. ⑨ What was interesting to note was that the foster care children who had left institutional care before they were two years old were very close to the never institutionalized children in all three of these measures—IQ, emotional attachment, and brain activity. ⑩ So, although foster care could not, uh…it could not fully reverse the negative effects of being an orphan in terms of early development, foster care was far superior to being institutionalized…and this was especially true for children who entered foster care during their sensitive period.

訳

発達心理学の授業における講義の一部を聞きなさい。

1 **教授：**①よろしい。②今日はルーマニアで行われた革新的な研究による発見についてお話しします。③この研究は2000年に始まってまだ続いており、子どもの発達初期における様々な養育モデルの…、えー、効果に着目しました。④さて、この研究をさらに論じ始める前に…、私が使用する一定の概念の定義を明確に理解しておくことが重要です。⑤まず、孤児とは何かを言える人はいますか。

2 **学生A：**①両親を亡くした子どもです。

3 **教授：**①それは標準的な辞書によくある定義ですが、心理学の研究では定義に両親に捨てられた子ども—両親はまだ生きているのに捨てられた子ども達も含みます。②そこで、今日は、捨てられた子ども達も含めて「孤児」という語について考えましょう。③実際、特にこの研究では、孤児の大多数は、えー…、経済的な理由で親に捨てられました。④次に私達が定義しなければならない用語は「施設に入れられた（施設収容）」です。⑤今日の講義では、施設収容とは、孤児の養育を目的とした国営施設に入れられることを指します。⑥ああ、もう少しで忘れるところでした。⑦最後に明確にすべき用語は「里親」です。⑧この意味がわかる人はいますか。

4 **学生B：**①はい。②それは子ども達が、子どもと実際には血縁関係のない、通常は夫婦によって育てられることを意味しています。

5 **教授：**①はい、そのとおりです。②里親は、正式に子どもを養子にしたわけではない点に留意することは重要です…、最終的には養子にするかもしれないですがね。

③また、今日見ていく研究では、里親の子ども達は全員が、初めのうちは施設に収容されていました。④よろしいですか、ですから、私達の定義に基づいて「施設に収容された子ども達」という言葉は国の施設で育った子ども達を指す一方、「里親の子ども達」は当初は収容されていたが、その後里親によって育てられた子ども達を指します。⑤何か質問はありますか。ないですか。⑥よろしい。⑦では、先に進みましょう。⑧それでは、先ほども言いましたが、この研究は異なる養育タイプによる発達の相違に焦点を当てました。⑨まず、研究者は子ども達を3つのグループに分けました、施設に収容された子ども達、里親の子ども達、そして3つめのグループは—一度も施設に収容されたことのない子ども達です。⑩10年間子ども達を研究した後、一度も施設に収容されたことのない子ども達…、言い換えれば、常に両親や保護者と生活してきた子ども達のほうが…、いずれの場合においてもほかの2つのグループを凌いでいることが判明しました。⑪誰か、どのような違いが測定されたかわかりますか。

6　**学生A**：①身長と…、ああ、体重ですか。

7　**教授**：①身体的な違いは間違いなくありますが、こうしたことは、えー…、あまり研究の対象ではありませんでした。②研究者は、精神面と感情面の違いにより注目していました。③とはいえ、彼らは、いくつかの身体的な相違には気づいていました、えー…、子ども達の脳について、のですね。④里親の子ども達と施設に収容された子ども達は皆、施設に収容されたことのない子ども達に比べて、脳が小さかったのです。⑤でも、実に興味深いことは、里親の子ども達と施設の子ども達は、灰白質として知られる脳の部分の量は似ていたのですが、里親の子ども達は施設にいる子ども達より脳内の白質が多くありました。

8　**学生B**：①それでは、整理すると、この両方のグループは、両方は収容されたことのない子ども達より脳が小さかった。②そして、この2つのグループは、えーと、お互いに似た量の灰白質を持っていたが、里親の子ども達はより多くの白質を持っていたのですね。

9　**教授**：①そのとおりです。②里親の子ども達は、えー…、施設の子ども達より脳がよく発達していたようです。③しかし、結局のところ、研究者は、里親の子ども達がほかの面で、同グループ内で実際に違いを示し出したことに気づき始めました。④そして、こうした違いは、子ども達が国営施設を出て、里親の養育に入った年齢によって基づいているかのようでした。⑤それで、研究者はこのグループをさらに2つの小グループに分けました…、グループ1は2歳になる前に里親に入った子ども達、グループ2は2歳になった後に里親に入った子ども達です。⑥研究者達は、子どもにとって最初の2年間は「敏感期」と呼べる—養育者による支援や触れ合いは子どもの発達において重要な役割を果たす時期だと気づき始めました。⑦彼らが子ども達をテストした分野は次のとおりで、IQ、情緒的愛着、脳活動です。⑧そして、あらゆる点で、最もよい結果から最も悪い結果の順番…あるいは順位は…、次のようになりました。1）施設に入ったことのない子ども達、2）2歳になる前に里親に入った子ども達、3）2歳よりも後に里親に入った子ども達、そして4）施設にいる子ども達でした。

⑨注目すべき興味深い点は、2歳になる前に施設を離れ里親の養育に入った子ども達は、これら3つ—IQ、情緒的愛着、脳活動の全測定項目において、施設に入ったことのない子ども達に非常に近かったことでした。⑩そういうわけで、発達の初期段階に関して、里親は、えー…、孤児であることの負の影響を完全には逆転できなかったとはいえ、里親の養育は、施設に収容されるよりは格段に優れていた…、そしてこれは、敏感期に里親に入った子ども達に特によく当てはまっていました。

設問の訳・正解・解説

23 正解 Ⓒ　　MP3 148

教授によれば、心理学の研究における「孤児」の定義は標準的な辞書の定義とどのように違うか。

Ⓐ 施設に収容されているという要件が付け加わる。
Ⓑ 基本的に同じである。
Ⓒ 生存している両親に捨てられた子ども達を含む。
Ⓓ 親の1人を亡くした子ども達を含む。

解説　トピック問題。解答は 3 ①で「両親はまだ生きているのに捨てられた子どもも含みます」と明確に述べられている。Ⓒ が正解。

24 正解 Ⓐ　　MP3 149

里親について何が重要な特徴だと教授は言っているか。

Ⓐ 彼らは子ども達を養子にはしていないが、将来的には養子にする可能性がある。
Ⓑ 彼らは子どもの実の親、または親戚を含む。
Ⓒ 里親の2人は結婚していなければならない。
Ⓓ 定義によれば彼らは公式には子ども達を養子にできない。

解説　詳細理解問題。正解の Ⓐ は 5 ②「里親は、正式に子どもを養子にしたわけではない点に留意することは重要です…、最終的には養子にするかもしれないですがね」との言い換え。養子にできないわけではないので Ⓓ は不可。

25 正解　Ⓒ　MP3 150

施設にいる子ども達と里親の子ども達の脳についてどんなことが言えたのか。

Ⓐ 両グループの脳内の白質の量は同じだった。
Ⓑ 両グループとも一度も施設に入ったことのない子ども達よりも多くの灰白質があった。
Ⓒ 施設に入っている子どもの脳は、里親の子どもの脳より白質が少なかった。
Ⓓ 里親の子ども達の脳は施設の子ども達の脳よりも多くの灰白質があった。

解説　詳細理解問題。Ⓐ、Ⓓ は、両グループはほぼ同量の灰白質があったという教授の説明と異なる。7 ⑤で「里親の子ども達は施設にいる子ども達より脳内の白質が多くあった」と述べているので Ⓒ が正解。Ⓑ については講義で触れられていない。

26 正解　[A]、[D]　MP3 151

この研究で研究者によって使用された測定結果は何か。2つ選びなさい。

[A] 脳活動
[B] 身長
[C] 体重
[D] 情緒的愛着

解説　詳細理解問題。教授は 9 ⑦で、テスト項目にIQ、情緒的愛着、脳活動を挙げている。

27 正解　Ⓒ　MP3 152

「敏感期」とは何か。

Ⓐ 子ども達が養育者に愛着を感じるようになるまでにかかる時間
Ⓑ その後には子ども達が緊密な情緒的絆を結ぶことができなくなる時期
Ⓒ 養育者とのやりとりが子ども達の発達に最も強く影響する時期
Ⓓ 子ども達が発達を完了するまでにかかる時間の長さ

解説　詳細理解問題。9 ⑥に「研究者達は、子どもにとって最初の2年間は「敏感期」と呼べる—養育者による支援や触れ合いは子どもの発達において重要な役割を果たす時期だと気づき始めました」とある。この内容に沿うのは Ⓒ。

28 MP3 153

講義中の情報に基づき、テストの結果に基づいて下記の子ども達のグループを整理しなさい。(First が最上位で、Fourth が最下位) 正しい欄にチェックマークを入れなさい。

正解

	1位	2位	3位	4位
2歳になった後に里親に入った子ども達			✓	
2歳になる前に里親に入った子ども達		✓		
施設の子ども達				✓
施設に入ったことのない子ども 施設に入ったことのない子ども達	✓			

解説 情報整理問題。問題としては単純で、9 ⑧の「1」施設に入ったことのない子ども達、2) 2歳になる前に里親に入った子ども達、3) 2歳よりも後に里親に入った子ども達、そして4) 施設にいる子ども達」の順にチェックマークを入れればよい。

実戦模試1 ディスカッション1の語彙・表現

1

- □ **finding** 〔名〕発見
- □ **groundbreaking** 〔形〕革新的な
- □ **conduct** 〔動〕行う
- □ **ongoing** 〔形〕進行中の
- □ **caregiving** 〔名〕世話、介護、ケアの提供
- □ **definition** 〔名〕定義
- □ **orphan** 〔名〕孤児

3

- □ **psychological** 〔形〕心理的な
- □ **abandon** 〔動〕見捨てる
- □ **circumstance** 〔名〕状況
- □ **term** 〔名〕用語
- □ **institutionalize** 〔動〕施設に収容する
- □ **government-run** 〔形〕国営の

□ **institution**	〔名〕施設
□ **foster care**	〔名〕里親制度

4

□ **raise**	〔動〕育てる

5

□ **note**	〔動〕留意する
□ **formally**	〔副〕正式に
□ **adopt**	〔動〕養子にする
□ **proceed**	〔動〕前進する
□ **outperform**	〔動〕凌ぐ

7

□ **physical**	〔形〕身体的な
□ **that being said**	〔熟〕そうは言っても
□ **gray matter**	〔名〕灰白質
□ **white matter**	〔名〕白質

8

□ **clarify**	〔動〕明確にする

9

□ **split**	〔動〕分割する
□ **sensitive**	〔形〕敏感な
□ **significant**	〔形〕重大な
□ **following**	〔形〕次の
□ **emotional attachment**	〔名〕情緒的愛着
□ **as follows**	〔熟〕次の通りに
□ **close to**	〔熟〕～に近い
□ **fully**	〔副〕完全に

実戦模試 2 会話 1

MP3 154~159

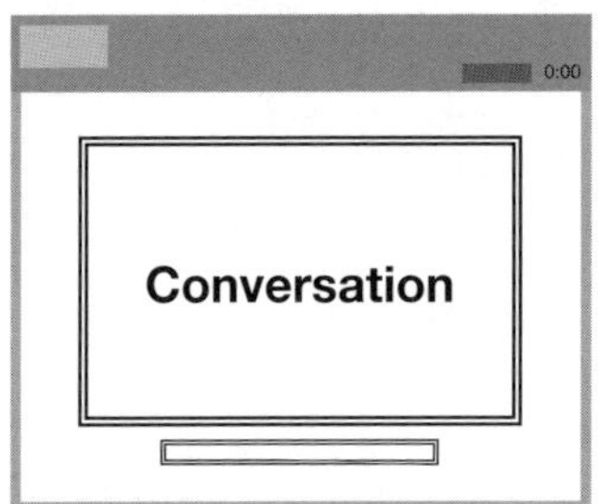

Now get ready to answer the questions.
You may use your notes to help you answer the questions.

1 What kind of problem caused the university to create the policy concerning transcripts?

Ⓐ Too many transcripts were sent directly to the computer science department.
Ⓑ Students changed sections of their transcripts.
Ⓒ The previous policy was much too problematic for students and college officials.
Ⓓ The university wanted to avoid a trivial issue.

2 What is the main problem with the student's transcripts?

Ⓐ Only transcripts sent directly from a university in their envelope are accepted.
Ⓑ The student's transcripts are definitely not authentic.
Ⓒ The student's transcripts were mailed to the wrong office.
Ⓓ The transcripts were in another office instead of on the computer.

3 Why does the university have this particular policy on transcripts?

Ⓐ So that students will not waste their time mailing their own transcripts
Ⓑ So that universities can communicate comments without the students' knowledge
Ⓒ So that the university can be assured that the transcripts are authentic
Ⓓ So that trivial resumes can be accommodated

4 *Listen again to part of the conversation.*
Then answer the question.
Why does the student make the following statement?

Ⓐ He's afraid if he doesn't apologize he won't be able to register.
Ⓑ He recognizes he was wrong in his assumptions on the importance of the policy.
Ⓒ He's being sarcastic and implying that the official should apologize.
Ⓓ He thinks it's really a trivial matter.

5 *Listen again to part of the conversation.*
Then answer the question. 
Why does the official say this?

Ⓐ The official wants the student to know that she will make notes about the problem for the registrar.
Ⓑ The official will allow the student to enroll using the transcripts he sent them in order to speed up registration.
Ⓒ The official will deal with the student's official transcripts quickly upon receipt.
Ⓓ The official will note the expiration issue about the student's transcripts in the admission office's files.

実戦模試 2　講義 1

MP3 160~166

Now get ready to answer the questions.
You may use your notes to help you answer the questions.

6 According to the professor, what did Mencius believe about people's sense of morality?

Ⓐ It is not an innate quality but is instead learned through proper education.
Ⓑ People can easily abandon this quality.
Ⓒ Education is needed in order to develop people's innate sense of morality.
Ⓓ It is impossible to cultivate a sense of morality through study.

7 Why can we assume that babies would be the perfect test subjects for studying an innate sense of morality?

Ⓐ They would not have yet been exposed to cultural expectations of proper moral behavior.
Ⓑ Their inability to speak would mean that they were uncorrupted by society's influence.
Ⓒ They were free of any stumbling blocks.
Ⓓ Their parents would have been able to teach them the basics of moral behavior.

8 What were some of the characteristics of the "morality plays" that were shown to the infants during the experiment?
Choose 2 answers.

Ⓐ They included human actors.
Ⓑ They contained characters that embodied good, bad, and neutral qualities.
Ⓒ They utilized sounds.
Ⓓ They involved the use of puppets.

9 How did the babies indicate which puppet they preferred?

Ⓐ They pointed to it while the morality plays were being performed.
Ⓑ They rolled a ball to it.
Ⓒ They used sounds and pointing to indicate their choice.
Ⓓ They reached for it when it was presented on a tray that contained all of the puppets.

10 Why did the second set of experiments seem to indicate that babies possess a sense of justice?

Ⓐ Because the babies consistently selected good behavior, regardless of what had happened beforehand
Ⓑ Because the babies would randomly select puppets based on their appearance
Ⓒ Because the babies would choose puppets who did bad things, as long as the bad action was used as a form of punishment
Ⓓ Because the babies began to choose the neutral puppet instead of the bad puppet

11 What is the professor's opinion of the outcomes of these experiments?

Ⓐ He thinks that, at least for the time being, they seem to show that humans possess innate morality and possibly an innate sense of justice.
Ⓑ He believes they prove an innate sense of morality, but whether they indicate an innate sense of justice remains to be seen.
Ⓒ Until further experiments are performed, he is unwilling to judge the results.
Ⓓ He believes that they unquestionably indicate a sense of innate morality.

実戦模試 2 ディスカッション 1

MP3 167~172

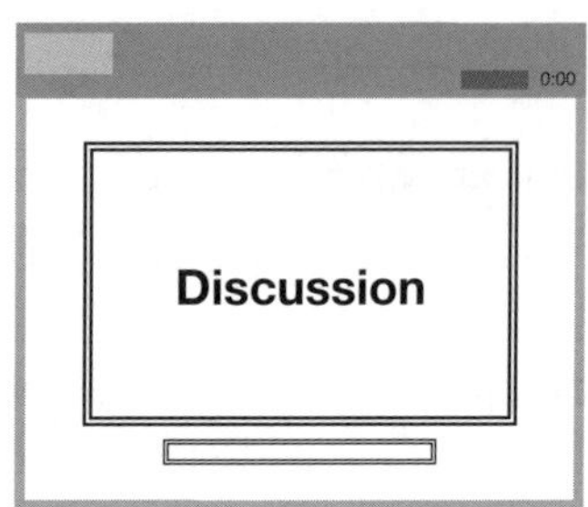

Now get ready to answer the questions.
You may use your notes to help you answer the questions.

12 What does the professor imply about EROI?

Ⓐ It can help towards the creation of effective policies.
Ⓑ It is far from perfect.
Ⓒ It was developed to evaluate the efficiency of tar sands.
Ⓓ It will probably be replaced in the near future.

13 What are some of the limitations of EROI?
Choose 2 answers.

[A] It excludes the environmental impacts of energy sources.
[B] It does not take into account the variability of certain sources of energy.
[C] It disregards some of the energy that can be produced by certain sources.
[D] It makes it difficult for us to compare diverse forms of energy.

14 What is the significance of an EROI value of 5?

Ⓐ Based on current global markets, it is the value at which energy can turn a profit.

Ⓑ It is the point below which modern societies stop using particular energy sources.

Ⓒ It is the value of one of the most important biofuels: soybean biodiesel.

Ⓓ It represents the point above which energy sources become economically viable.

15 Based on information provided in the lecture, rank the following energy sources based on their EROI values (with "First" having the highest EROI rating and "Fifth" having the lowest).

Place a check mark in each of the correct boxes.

	First	Second	Third	Fourth	Fifth
a. Coal					
b. Corn-based ethanol					
c. Hydroelectric					
d. Nuclear					
e. Wind					

16 According to the professor, why doesn't the US create sugarcane-derived biofuels?

Ⓐ They are not as efficient as corn-based ethanol.

Ⓑ Corn and soybean farmers are unfamiliar with the techniques needed to grow sugarcane.

Ⓒ The climate in the US is not particularly conducive to growing sugarcane.

Ⓓ Sugarcane has too much of a negative environmental impact.

MP3 173〜178

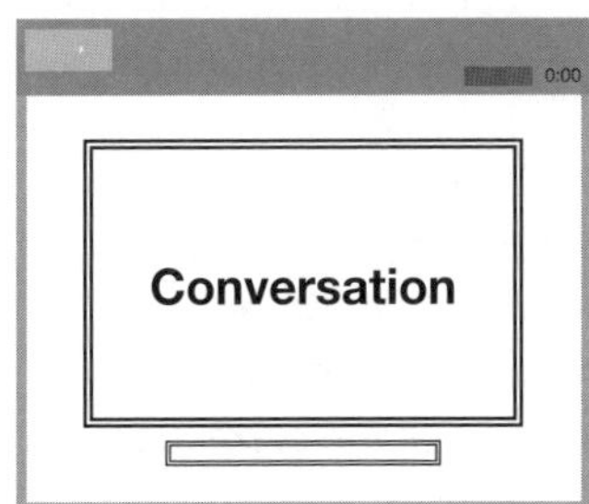

Now get ready to answer the questions.
You may use your notes to help you answer the questions.

17 Why does the woman visit her professor?

Ⓐ To find out her grade on the lab exam
Ⓑ To ask what will be expected of her on the lab exam
Ⓒ To talk about the missed exam
Ⓓ To inform the professor of changes in her schedule

18 What can be inferred about the professor?

Ⓐ He is very upset with the student.
Ⓑ He is not used to students missing exams.
Ⓒ He does not want to allow the student any way to make up the missed exam.
Ⓓ He does not believe the student's story about her father being a geologist.

19 Why will the woman stop by the professor's office on Friday afternoon?

Ⓐ To find out whether the professor has come up with an alternative way to assess part of her course performance
Ⓑ To discover what her grade will be for the lab component of the course
Ⓒ To give the professor her suggestion for how she should make up the missed exam
Ⓓ To take the make-up exam the professor is going to give her

20 *Listen again to part of the conversation.*
Then answer the question.
Why does the professor say this?

Ⓐ To show his concern for the student's recent health condition
Ⓑ To ascertain exactly when the student was ill
Ⓒ To imply that he is at least slightly skeptical of the student's story
Ⓓ To suggest that the student's grade will not be affected if she has a doctor's note

21 *Listen again to part of the conversation.*
Then answer the question.
What does the professor imply that he might do?

Ⓐ Accept a doctor's note from the student
Ⓑ Break the university rules since the student is an exceptional student
Ⓒ Set up a lab exam for the student
Ⓓ Make some sort of concession for the student

MP3 179~185

Now get ready to answer the questions.
You may use your notes to help you answer the questions.

22 What is one common misconception that people have of eohippus, or the "dawn horse"?

Ⓐ People think it was about the size of a medium-sized dog.
Ⓑ It is believed to have been the size of a fox.
Ⓒ It ate grass, like horses of today.
Ⓓ It had small teeth.

23 What characteristics could be used to describe the feet of eohippus? *Choose 2 answers.*

Ⓐ Dog-like claws
Ⓑ Padded
Ⓒ Multiple toes
Ⓓ Narrow

24 Which evolutionary change made orohippus more suited to living on a grassy plain?

Ⓐ Longer hind legs
Ⓑ A slimmer body
Ⓒ Flatter teeth
Ⓓ Increased speed

25 Which species of early horse was the first to have proper hooves?

Ⓐ Eohippus
Ⓑ Orohippus
Ⓒ Mesohippus
Ⓓ Merychippus

26 When did the modern horse first appear on Earth?

Ⓐ About 2 to 4 million years ago
Ⓑ About 10 million years ago
Ⓒ About 20 million years ago
Ⓓ About 60 million years ago

27 What is true of the horses found on the North American continent today?

Ⓐ They outcompeted the native horses, which led to the extinction of the latter.
Ⓑ Their direct ancestors actually came from Europe about 500 years ago.
Ⓒ They are in danger of becoming extinct.
Ⓓ They are the direct descendants of the native horses from 60 million years ago.

実戦模試 2　会話 1　解答・解説

Conversation　Questions 1–5

正解一覧

1. Ⓑ　2. Ⓐ　3. Ⓒ　4. Ⓑ　5. Ⓒ

スクリプト

MP3 154

Listen to a conversation between a university official and a student.

Official ① : How can I help you?

Student ① : Well, I'm not sure but I think you're the person I'm supposed to see. I'm having a problem with the admissions office.

Official ② : I see. What kind of problem?

Student ② : Well, it has something to do with my transcripts from college.

Official ③ : Transcripts from college?

Student ③ : Yes, see I have two years worth of credit from Arizona University. I just want to enroll in the computer science program here at your university. I didn't think it would be such a big deal. I sent my transcripts to your office but there seems to be some sort of problem and I don't understand what it is, if there's some kind of big deal or something.

Official ④ : Well, maybe it's not a big deal at all. Tell me your student number and I'll look you up on the computer. We'll find out what's going on.

Student ④ : OK, sure. My number is 090-1492. That all you need?

Official ⑤ : Yep, that's all I need. Oh, I see. Just a moment. You know, I really am the person you were supposed to see. I have your file in the other office. Just wait a moment and I'll be right back.

Student ⑤ : Believe me, I'll stay rooted to this chair.

Official ⑥ : Thank you for waiting. OK, well here's the problem. You sent us your transcripts all right, but that's the problem—you sent them. We need to receive the transcripts directly from your university, in an official university envelope. You sent us your transcripts in an ordinary envelope, from your home, is that right?

Student ⑥ : Yeah, well, I just asked the university to send the transcripts to me and then I put them in an envelope and sent them to you. That's wrong?

Official ⑦ : Yes, indeed, that's wrong. Q2 Key➡ We only accept transcripts sent to us directly from the university or college that the student has attended. Q3 Key➡ That way we are assured that the transcripts are authentic.

Student ⑦ : Q4 Key➡ I can't believe you're serious.

Official ⑧ : Well, I understand your feelings but we really do need to care about issues that involve authenticity of transcripts. It's not at all a trivial issue. Q1 Key➡ Students have been known to alter transcripts. I'm not saying that you would do that, but there is a lot of fraud that occurs. It's not a trivial matter at all.

Student ⑧ : Q4 🎧 OK, OK. I guess you're right. I apologize. I'll contact my university again and have them send you the transcripts.

Official ⑨ : Q5 🎧 Q5 Key➡ Thank you. I'll make a note to expedite your registration as soon as we have the transcripts.

訳

大学職員と学生の会話を聞きなさい。

職員①：どうしましたか。

学生①：ええと、確かではないですが、私が会うべき人はあなただと思います。入学許可の手続きで問題を抱えています。

職員②：そうですか。どのような問題ですか。

学生②：ええと、それは大学からの私の成績表に関係しています。

職員③：大学からの成績表？

学生③：はい、いいですか、私はアリゾナ大学の2年間分の単位があります。私はここ、こちらの大学でコンピューターサイエンス課程に入学したいだけです。こんな大騒ぎになるとは思いませんでした。私はそちらの事務所に成績表を送りましたが、何か問題があるみたいで、もし重大事か何かがあるとしても、それが何なのかわかりません。

職員④：ええと、おそらく、まったく重大事ではないでしょう。学生番号を教えてください、パソコンであなたを探します。何が起きているか調べましょう。

学生④：はい、お願いします。私の番号は090-1492です。それだけでいいのです？

職員⑤：ええ、それだけで十分です。あ、わかりました。そうそう、あなたが会いに来るべきだった人は本当に私ですね。もう1つのオフィスにあなたの書類があります。ちょっと待っていてください、すぐに戻ってきますから。

学生⑤：本当に、このいすにじっと座っていますよ。

職員⑥：お待たせしました。はい、ええと、これが問題です。あなたはきちんと成績表をこちらに送りました。でも、それが問題なのです―あなたが送ったことが。私達は先方の大学から、大学の正式な封筒に入った成績表を直接受け取る必要があります。あなたは自宅からこちらに、普通の封筒に入れて成績表を送ったでしょう、そうですよね。

学生⑥：はい、ええと、私は大学に私に成績表を送るように頼んで、それから封筒に入れて、そちらに送りました。それが間違っている？

職員⑦：はい、そうです。それが間違いです。私達は学生が在籍した大学から直接送られた成績表しか受けつけません。そうすることで、私達は成績表が本物であると確認できます。

学生⑦：あなたが本気だとは信じられないです。

職員⑧：ええと、あなたの気持ちはわかりますが、私達は本当に成績表の真偽に関する問題に注意する必要があります。それはまったく些細な問題ではありません。学生が成績表を改ざんすることは知られています。あなたがそうするだろうとは言っていませんが、不正行為がたくさん発生しています。それはとるに足りないことではまったくないのです。

学生⑧：Q4 はい、はい。あなたが正しいと思います。お詫びします。もう一度大学に連絡して、そちらに成績表を送ってもらいます。

職員⑨：Q5 ありがとう。成績表を受け取ったらすぐ、迅速にあなたを登録するようメモしておきますね。

設問の訳・正解・解説

1 正解 Ⓑ　MP3 155

どのような問題が原因となって大学が成績表に関する方針を立てることになったのか。

Ⓐ あまりに多くの成績表がコンピューターサイエンス学部に直接送られた。
Ⓑ 学生が成績表の一部を変えた。
Ⓒ 以前の方針は学生と大学職員にとって問題がありすぎた。
Ⓓ 大学は些細な問題を避けたかった。

解説 詳細理解問題。職員は⑧で「学生が成績表を改ざんすることは知られています。あなたがそうするだろうとは言っていませんが、不正行為がたくさん発生しています。それはとるに足りないことではまったくないのです」と述べている。

2 正解 Ⓐ　MP3 156

学生の成績表の主な問題は何か。

Ⓐ 大学の封筒に入った、大学から直接送られた成績表だけが認められる。
Ⓑ 学生の成績表は確かに本物ではない。
Ⓒ 学生の成績表は間違った事務所に郵送された。

Ⓓ 成績表はコンピューター上ではなく、別の事務所にあった。

解説　詳細理解問題。職員は⑦で「学生が在籍した大学から直接送られた成績表しか受けつけない」と述べているが、学生は自宅から成績表を送ったので、成績表が正式に受理されなかったことが問題だとわかる。

3 正解 Ⓒ　MP3 157

なぜ大学には成績表に関するこの特定の方針があるのか。

Ⓐ 学生が自分自身の成績表を送って時間を無駄にしないように
Ⓑ 大学が学生に知られずにコメントを伝えることができるように
Ⓒ 大学が成績表を真正であると確認できるように
Ⓓ つまらない履歴書が受け入れられるように

解説　詳細理解問題。職員は⑦で「そうすることで、私達は成績表が本物であると確認できます」と述べている。職員が⑧で「不正行為がたくさん発生している」と述べていることも参考になる。

4 正解 Ⓑ　MP3 158

会話の一部をもう一度聞きなさい。それから質問に答えなさい。(「スクリプト／訳」の下線部を参照)
なぜ学生は次のことを言うのか。

Ⓐ 謝らなければ、登録ができなくなると心配している。
Ⓑ その方針の重要性に関する憶測が間違っていたと認識している。
Ⓒ 皮肉を言っていて、職員が謝るべきだと示唆している。
Ⓓ それが本当に些細なことだと思っている。

解説　態度・意図問題。学生は自宅から成績表を送り、それが間違いだったと判明すると、⑦で職員に「あなたが本気だとは信じられない」と述べている。それに対し、職員はその問題は重要なことだと学生に諭したので、学生は間違いを認め、職員に謝罪しているという話の流れを把握して正解 Ⓑ を導く。

5 正解 Ⓒ　MP3 159

会話の一部をもう一度聞きなさい。それから質問に答えなさい。(「スクリプト／訳」の下線部を参照)
なぜ職員は次のことを言うのか。

Ⓐ 職員は登録上の問題についてメモをとると学生に知らせたい。
Ⓑ 職員は登録を迅速にするために、学生が送った成績表を使って彼が入学することを許可するだろう。
Ⓒ 職員は受け取ったらすぐに学生の正式な成績表を処理するだろう。
Ⓓ 職員は入学選考部のファイルにある学生の成績表に関する有効期限の問題を書き留めるだろう。

解説 態度･意図問題。職員の発言にある expedite は「迅速に処理をする」という意味。Ⓒ にある deal with…quickly とほぼ同意の語である。

実戦模試 2　会話 1 の語彙･表現

Student ②

□ **transcript**	〔名〕成績表

Student ③

□ **enroll**	〔動〕入学する

Official ⑥

□ **envelope**	〔名〕封筒

Official ⑦

□ **indeed**	〔副〕本当に
□ **assure**	〔動〕確信させる
□ **authentic**	〔形〕本物の

Official ⑧

□ **trivial**	〔形〕些細な、つまらない
□ **alter**	〔動〕変える
□ **fraud**	〔名〕不正

Student ⑧

□ **apologize**	〔動〕謝る

Official ⑨

□ **expedite**	〔動〕迅速に処理をする

実戦模試2　講義1　解答・解説

Lecture　Questions 6–11

正解一覧

6. Ⓒ　7. Ⓐ　8. [B]、[D]　9. Ⓓ　10. Ⓒ　11. Ⓐ

スクリプト

MP3 160

Listen to part of a lecture in a psychology class.

1 ① A person's sense of morality is one of those tricky things to try and, uh, to try and quantify. ② Philosophers even struggle with questions about its origin. ③ For example, is it innate or learned? ④ If it is innate, can it be destroyed? ⑤ If it is learned, how much influence does one's culture and the time period in which one is born have on the development of morality. ⑥ These types of questions about morality are constantly debated.

2 ① Today we're going to look at the position that argues for an innate sense of morality. ② One of the earliest proponents of an innate morality was, uh…was the Chinese philosopher Mencius, who lived from 372 to 289 BCE. ③ Q6 Key➡ According to Mencius, people have an innate sense of morality, but this morality needs to be cultivated through proper education. ④ If the education is flawed, the individual will abandon his innate morality and may even become immoral.

3 ① Now, this innate sense of morality was also picked up in the West by notable thinkers such as Frances Hutchison and Adam Smith, but there has always been, uh, great difficulty proving or disproving this theory. Q7 Key➡ ② It has been widely accepted that babies would be the perfect test subjects, but their…but their inability to speak has always been a stumbling block. ③ That was, however, until quite recently.

4 ① In 2010, a series of experiments were carried out that may actually prove the existence of an innate sense of morality in humans. ② In these experiments, five-month-old infants were presented with short visual demonstrations that involved the use of puppets. ③ These demonstrations, also known as "morality plays," did not include any sound or contain any human actors. Q8 Key➡ ④ In these morality plays, there was often one "good" puppet, one "neutral" puppet, and one "bad" puppet. ⑤ In one of these plays, for example, the neutral puppet rolled a ball to the good puppet, who rolled it back. ⑥ The neutral puppet then rolled the ball to the bad puppet, and this bad puppet ran away with the ball. Q9 Key➡ ⑦ After watching this performance,

第5章 実戦模試

the puppets were placed on a tray and presented to the babies, and the babies reached for the good puppet a vast majority of the time. ⑧ Other similar morality plays were presented to different babies using different puppets, but the results were always the same: the babies overwhelmingly chose the good puppet.

5 ① So, it became clear to the experimenters that babies were…they were able to identify good actions and bad actions, and they naturally preferred the good actions. ② That said, the experimenters were also curious about the babies' sense of justice. ③ In other words, how would babies react to puppets that rewarded or punished good or bad behavior exhibited by another puppet? ④ So another set of tests was designed to test their reactions. ⑤ In this next set of tests, the experimenters used eight-month-old babies who watched a two-stage morality play. ⑥ In the first stage, a neutral puppet was trying to open a box and was either helped by a good puppet or interfered with by a bad puppet. ⑦ In other words, the good puppet would help the neutral puppet open the box, and the bad puppet would make it more difficult for the neutral puppet to open the box. ⑧ After this first stage, a second-stage play would be shown. ⑨ For example, the new play might show the good puppet from the first stage being either rewarded or punished by a second puppet. ⑩ As you might expect, the babies preferred the second puppet who rewarded the first good puppet. ⑪ What was very interesting, however, was that when the babies watched a second-stage play in which the first-stage bad puppet was either rewarded or punished by a second puppet, they overwhelmingly selected the second puppet that punished the first bad puppet. **Q10 Key➡** ⑫ So, instead of always choosing good behavior, they preferred bad behavior when it was used as a form of punishment for previously bad behavior. ⑬ In other words, the babies showed…they showed a sense of justice.

6 **Q11 Key➡** ① Now, these experiments still need to be further analyzed, and other studies need to be done, but, so far, the results seem to support the idea that humans have an innate sense of morality…and even justice.

訳

心理学の授業における講義の一部を聞きなさい。

1 ①人間の道徳心は、試したり、えー、実験したり数量化するのが厄介なものの1つです。②哲学者でさえ、その根源を問いただすのに苦労しています。③例えば、それは生得的なのか、それとも学習されるのか。④もし生まれつきのものなら、損なわれることもあるのか。⑤もし学んで身につけるものなら、その人の生まれた文化や時代は、どの程度、道徳の発達に影響を与えるのか。⑥道徳についてのこうした類の問いは絶えず論じられています。

2 ①本日は、生得的道徳心に「賛成」の立場を見ていきましょう。②生得的道徳についての、最古の主唱者の1人は、えー…、中国の哲学者、孟子で、紀元前372年から289年に生きた人物です。③孟子によると、人は生まれつき道徳心を持っていますが、この道徳は適切な教育を通して養われなければならないのです。この教育が無効であると、個人はその生まれ持った道徳を放棄し「背徳的」にさえなるかもしれません。

3　①ところで、この生得的道徳心は、フランシス・ハッチソンやアダム・スミスといった著名な思想家により西洋でも取り上げられていましたが、えー、この理論を証明または反証明するのは常に困難でありました。②赤ん坊が、完璧な被験者になるであろうことは広く認められていましたが…、でも赤ん坊が言葉を話せないことが、いつも障害になっていました。③それはしかし、ごく最近までのことでした。

4　①2010年、人間の生得的道徳心の存在を実際に証明するかもしれない一連の実験が実施されました。②これらの実験では、5カ月の乳児に対し、人形の使用を取り入れた短い視覚的なデモンストレーションが示されました。③これらのデモンストレーションは「道徳劇」としても知られていますが、音声も入っておらず、人間の役者も一切いませんでした。④これらの道徳劇では、たいてい、1つの「善い」人形と、1つの「中立的な」人形、そして1つの「悪い」人形がいました。⑤この劇の1つでは、例えば、中立の人形が善い人形にボールを投げ、善い人形がボールを投げ返しました。⑥それから中立の人形が悪い人形にボールを投げたら、この悪い人形はボールを持って逃げました。⑦この演技を見た後、これらの人形は盆に載せられ、赤ん坊達に見せられました、するとたいていの場合、赤ん坊達は善い人形に手を伸ばしました。⑧ほかの似たような道徳劇が、異なる赤ん坊に対して異なる人形を使って上演されましたが、結果はいつも同じでした、つまり赤ん坊は圧倒的に善い人形を選んだのです。

5　①それで、実験者にとって明らかになったことは、赤ん坊は…、彼らは善い行いと悪い行いを識別でき、生まれながらにして善い行いを好んだ、ということでした。②そんなわけで、実験者は、赤ん坊の正義感についても関心を持ちました。③つまり、ほかの人形が見せた善いあるいは悪い行いに対して、褒美もしくは罰を与えた人形に、赤ん坊はどう反応するでしょうか。④そのため、彼らの反応を調べるために、別の一連のテストが設計されました。⑤今度の一連のテストでは、実験者は、8カ月の赤ん坊を使い、彼らは2つの段階からなる道徳劇を見ました。⑥1つ目の段階では、中立の人形が箱を開けようとしていると、善い人形に助けられるか、悪い人形に邪魔されました。⑦すなわち、善い人形は中立の人形が箱を開けるのを手伝い、悪い人形は中立の人形が箱を開けるのをより難しくしたのです。⑧この1つ目の段階の後、2つ目の段階の劇が上演されました。⑨例えば、その新たな劇では、1つ目の段階の善い人形が、2つ目の人形から褒美をもらうか、罰を受けるかするのを見せました。⑩皆さんの予想どおりかもしれませんが、赤ん坊は、1つ目の善い人形に褒美を与えた2つ目の人形のほうを好みました。⑪でも、特に興味深かったのは、2つ目の段階の劇で、1つ目の段階の「悪い」人形が2つ目の人形に褒美をもらうか罰を受けるかするのを見ると、赤ん坊達は、1つ目の悪い人形に罰を与えた2つ目の人形を圧倒的に選んだのです。⑫つまり、常に善い行動を選ぶ代わりに、赤ん坊達は、先行する悪い行動に対する罰という形で用いられたときには、悪い行動を好みました。⑬つまり、赤ん坊が示したのは…、赤ん坊達ははある種の正義感を示しました。

6 ①さて、これらの実験はまださらなる分析を要しますし、ほかの研究もする必要がありますが、これまでのところ、これらの結果は、人間は生まれながらの道徳心…そして正義感さえも持っているとの考えを支持しているようです。

設問の訳・正解・解説

6 正解 Ⓒ

MP3 161

教授によると、孟子は人の道徳心について何を信じていたか。

Ⓐ 生来の性質ではなく、むしろ適切な教育を通して習得されるものである。
Ⓑ 人は簡単にこの性質を放棄しうる。
Ⓒ 人の生まれつきの道徳心を発達させるには教育が必要である。
Ⓓ 学習によって道徳心を養うのは不可能だ。

解説 トピック問題。2 ③で「孟子によると、人は生まれつき道徳心を持っているが、この道徳は適切な教育を通して養われなければならない」と言っているので、正解はⒸ。

7 正解 Ⓐ

MP3 162

なぜ、赤ん坊は生まれつきの道徳心を研究するための完璧な被験者になると想定できるのか。

Ⓐ 適切な道徳的な振る舞いに対する文化的期待をまだ受けていない。
Ⓑ 話せないことは、社会の影響に汚されていないことを意味する。
Ⓒ 何も障害となるものがなかった。
Ⓓ 両親は彼らに道徳的な振る舞いの基本を教えることができただろう。

解説 推測問題。3 ②で、「道徳性は生得的かそうでないかを証明するには、赤ん坊は完璧な被験者になりうるが、話せないことが実験の障壁になっていた」と説明しているので、Ⓑ とⒸ は不適切。ここでは、何も教わっていない無垢の状態が被験者として理想的だと言いたいのでⒹ は不適切でⒶ が正解。

8 正解　[B]、[D]　MP3 163

実験中に乳児に見せた「道徳劇」の特徴のいくつかは何であったか。２つ選びなさい。

[A] 人間の役者がいた。
[B] 善い、悪い、中立の性質を表した役柄があった。
[C] 音声を活用した。
[D] 人形の使用を伴っていた。

解説　詳細理解問題。4 で道徳劇は音声なしで人間の役者を使わず、「たいてい善い、中立的、悪い人形が登場した」と説明されている。したがって正解は [B] と [D]。

9 正解　Ⓓ　MP3 164

赤ん坊は、好んだ人形をどのように示したか。

Ⓐ 道徳劇が上演されている間にそれを指さした。
Ⓑ それに向けてボールを転がした。
Ⓒ 選んだものを示すために、音と指さしを使った。
Ⓓ すべての人形を載せた盆を差し出されたとき、それに手を伸ばした。

解説　詳細理解問題。4 ⑦に「赤ん坊達に盆に載せた人形を見せると善い人形に手を伸ばした」とあるので正解は Ⓓ。

10 正解　Ⓒ　MP3 165

なぜ２つ目の一連の実験で、赤ん坊が正義感を持っていることを示しているように思われるのか。

Ⓐ 先に起こったことにかかわらず、赤ん坊は一貫して善い行動を選んだため
Ⓑ 赤ん坊は外見をもとに無作為に人形を選ぶため
Ⓒ 悪い行いが罰を与える形で使われるかぎりは、赤ん坊は悪いことをした人形を選んだ
Ⓓ 赤ん坊が悪い人形の代わりに中立の人形を選び始めたため

解説　詳細理解問題。5 ⑫に「赤ん坊は、先行する悪い振る舞いに対する罰として用いられるなら悪い行いを好んだ」とある。したがって正解は Ⓒ。

11 正解 Ⓐ

これらの実験の結果についての教授の意見は何か。

Ⓐ 少なくとも差し当たり、実験結果は、人間は生得的な道徳心を持ち、もしかしたら生まれつきの正義感も持っていることを示しているようだと考えている。

Ⓑ 実験結果は生まれながらの道徳心を証明しているが、生来的正義感を示しているかどうかはまだ不明であると信じている。

Ⓒ さらなる実験が行われるまで、結果について判断するつもりはない。

Ⓓ 実験結果は、疑いの余地なく生来的道徳心を示していると信じている。

解説 態度・意図問題。講義の最後 6 の「これらの結果は、人間は生まれながらの道徳心…そして正義感さえも持っているとの考えを支持しているよう」というまとめの発言とほぼ同内容の Ⓐ が正解。

実戦模試 2　講義 1 の語彙・表現

1

□ **morality** 〔名〕道徳

□ **tricky** 〔形〕扱いにくい

□ **quantify** 〔動〕量を計る

□ **philosopher** 〔名〕哲学者

□ **struggle with** 〔動〕～に苦戦する

□ **origin** 〔名〕起源、根源

□ **innate** 〔形〕生まれつきの、生得の

2

□ **argue for** 〔動〕～に賛成する

□ **proponent** 〔名〕支持者、提案者

□ **Mencius** 〔名〕孟子

□ **cultivate** 〔動〕養う

□ **proper** 〔形〕適切な

□ **flaw** 〔動〕損なう、台なしにする

□ **abandon** 〔動〕捨てる

□ **immoral** 〔形〕道徳に反する、不道徳な

3

□ **notable**	〔形〕有名な、注目すべき
□ **thinker**	〔名〕思想家
□ **disprove**	〔動〕反証する
□ **stumbling block**	〔名〕つまずきの石、障害

4

□ **carry out**	〔動〕実行する
□ **infant**	〔名〕（歩行前の）赤ん坊、乳児
□ **involve**	〔動〕伴う
□ **puppet**	〔名〕操り人形
□ **neutral**	〔形〕中立の
□ **overwhelmingly**	〔副〕圧倒的に

5

□ **identify**	〔動〕特定する、識別する
□ **naturally**	〔副〕生まれつき
□ **prefer**	〔動〕～をより好む
□ **curious**	〔形〕興味がある
□ **justice**	〔名〕正義
□ **react**	〔動〕反応する
□ **reward**	〔動〕褒美を与える
□ **punish**	〔動〕罰する
□ **exhibit**	〔動〕示す、見せる
□ **interfere**	〔動〕妨げる、邪魔をする
□ **instead of**	〔前〕～の代わりに

6

□ **analyze**	〔動〕分析する
□ **so far**	〔副〕今までのところ

実戦模試 2　ディスカッション 1 解答・解説

Discussion　Questions 12–16

正解一覧

12. Ⓐ　13. [A]、[B]　14. Ⓓ　16. Ⓒ

15.

	First	Second	Third	Fourth	Fifth
a. Coal			✓		
b. Corn-based ethanol					✓
c. Hydroelectric	✓				
d. Nuclear				✓	
e. Wind		✓			

スクリプト

MP3 167

Listen to part of a lecture in a policy studies class.

1 **Professor:** ① As a planet, we are eventually going to run out of conventional oil reserves. ② While experts disagree as to when this will actually occur, they all agree that it is…that it will eventually happen. ③ In fact, easily accessible oil reserves are definitely on the decline. ④ This has opened the door for energy companies to try to extract and process less efficient forms of oil, such as tar sands. ⑤ Now, is this a wise policy choice? ⑥ Can anyone tell me something you know about tar sands as a form of fuel?

2 **Student A:** ① I've heard that they produce a much larger carbon footprint than conventional oil does.

3 **Professor:** ① That's true. ② There are other problems—and a few benefits—as well, but how does this source of oil actually compare to conventional oil in terms of energy output? ③ How does it compare to solar? ④ These questions highlight one of the problems with comparing different sources of energy. ⑤ And without an accurate method of comparison, it is difficult to formulate effective policies. ⑥ Fortunately, an economic and energy efficiency value has been created that allows us to quantitatively compare diverse forms of energy. ⑦ Known as energy return on investment, or EROI, this metric gives us a numerical value for the amount of energy produced compared

to the amount of energy spent to obtain it. Q13. A, B Key ⑧ Unfortunately, EROI does not include environmental costs, nor does it include calculations related to fluctuations in energy availability associated with solar or wind energy sources. ⑨ Despite its limitations, it does…it does give us a way to compare different energy sources as a ratio of their energy output to energy input. Q14 Key ⑩ Now, according to the International Energy Agency, an EROI value of five or more is needed in order to make a particular form of energy a viable option for a modern society. ⑪ And, if the EROI value drops below five, the society ends up spending too much of its money on energy production. ⑫ So, does anyone want to guess what the EROI value of tar sands oil is?

4 **Student B:** ① It's got to be more than five, right? ② Otherwise there wouldn't be such a push to extract it.

5 **Professor:** ① Actually, the EROI value of tar sands-derived oil is precisely five. ② Meaning that it is right at the breaking point for benefiting a modern society. ③ But let's contrast this value with the EROI values of other, uh, other sources of energy. ④ Anyone want to guess the energy source with the highest EROI value?

6 **Student B:** ① I bet it's wind.

7 **Student A:** ① I'm going to go with nuclear.

8 **Professor:** Q15. c. Key ① Actually, the best EROI can be found with hydroelectric power. ② Its EROI is greater than 40. Q15. e. Key ③ Wind comes in at number two, with an EROI of 20. Q15. a. Key ④ Third is coal, at 18.

9 **Student A:** ① So, where's nuclear?

10 **Professor:** Q15. d. Key ① Nuclear is near the bottom of the list with an EROI of five, but it's not actually at the bottom of the list. ② Let me ask you guys a question. ③ What is the new biofuel source that has become quite popular in the US?

11 **Student A:** ① Ethanol.

12 **Professor:** ① Right. Ethanol from corn, actually. Q15. b. Key ② Ethanol from corn comes in at the bottom of our list, with an EROI of 1.4.

13 **Student A:** ① Whoa.

14 **Professor:** ① But, this does not mean that biofuels are a waste of time and effort—not at all. ② For example, biodiesel from soybeans has an EROI of 5.5, and ethanol from sugarcane has an EROI of nine. Q16 Key ③ Unfortunately, due to the climate, corn is easier to grow in the US than sugarcane is…but if the US is serious about biofuels, soybeans could definitely be grown nearly everywhere that corn is currently grown. ④ In terms of sugarcane, Brazil is becomeing one of the world leaders in sugercane-derived ethanol by taking advantage of its climate. ⑤ Of course we need to remember that all of these figures must be viewed from an even larger perspective. ⑥ I mean, coal has an EROI of 18, but coal mining—and burning—

has a huge environmental impact. ⑦ The key point to remember is that EROI can be used to compare different forms of energy production from an energy-in vs. energy-out perspective. Q12 Key➡ ⑧ This at least gives us one key tool for determining a region's…or a country's…future policies when it comes to energy planning.

訳

政策学の授業における講義の一部を聞きなさい。

1 **教授：**①惑星として、いずれは既存の油脈は尽きるでしょう。②これが実際にいつ起こりうるかについての専門家の意見は分かれていますが、最終的には起こるであろうという点では…、一致しています。③実は、容易にアクセスできる油脈は間違いなく減少しています。④このことは、エネルギー企業がタールサンドなどの効率のよくない形態の石油の抽出や処理を試みる道を開きました。⑤さあ、これは政策的に賢い選択ですか。⑥誰か燃料の形態としてのタールサンドについて知っていることを話せる人はいますか。

2 **学生A：**①従来の石油よりずっと大量のカーボンフットプリント（二酸化炭素排出量）を出すと聞いたことがあります。

3 **教授：**①それは事実です。②その他の問題—いくつかの利点—もありますが、エネルギーの出力に関して、実際にはこの石油資源を従来の石油とどのように比較するのでしょうか。③太陽エネルギーとはどう比べますか。④こうした問題は異なる種類のエネルギー源の比較に伴う問題の1つを浮き彫りにします。⑤そして正確な比較方法なくして、有効な政策を策定することは困難です。⑥幸い、経済性・エネルギー効率評価というものが作られ、多様な形態のエネルギーの量的な比較が可能となりました。⑦エネルギー投資効率すなわちEROI（Energy Return on Investment）として知られるこの指標で、生産されるエネルギーの量とそれの獲得のために要するエネルギーの量を比較した数値がわかります。⑧残念ながら、EROIは、環境コストも太陽・風力エネルギーに付随するエネルギー利用率の変動に関する計算も含んでいません。⑨その限界にもかかわらず、それは…、それはエネルギー出力（産出エネルギー）とエネルギー入力（投入エネルギー）の比率から様々なエネルギー源を比較する方法を提示します。⑩さて、国際エネルギー機関によれば、現代社会にとってある特定の形態のエネルギーを実際に使える選択肢とするためには、5かそれ以上のEROI評価が必要とされます。⑪それで、EROI評価が5未満に下がると、社会はエネルギー生産にお金をかけすぎる羽目になります。⑫では、誰かタールサンド石油のEROI評価を言い当てようという人はいますか。

4 **学生B：**①5以上でなければいけないですよね？　②でなければ、採掘しようというこれほどの圧力はないでしょう。

5 **教授：**①実際のところ、タールサンド由来の石油のEROI評価はちょうど5です。②つまり、現代社会に利益をもたらす、ちょうど限界点にあります。③しかし、

EROIの値を、えー、ほかのエネルギー源のEROI評価と対比してみましょう。④誰か最も高いEROI評価を持つエネルギー源を当てたい人はいますか。

6 **学生B:**①風力に違いないわ。

7 **学生A:**①ぼくは原子力を選びます。

8 **教授:**①実は、EROIで最も優れているのは水力発電です。②そのEROI評価は40を上回ります。③風力は第2位で、EROI評価は20。④第3位は石炭で18です。

9 **学生A:**①では、原子力発電はどのあたりですか。

10 **教授:**①原子力はEROIが5でリストの最下位に近いですが、本当に一番下ではありません。②皆さんに質問させてください。アメリカでかなり普及してきた新しいバイオ燃料は何でしょうか。

11 **学生A:**①エタノールです。

12 **教授:**①そのとおりです。実質的には、トウモロコシ由来のエタノールです。②ロコシ由来のエタノールはリストの最後でEROIは1.4です。

13 **学生A:**①あらら。

14 **教授:**①でも、これは、バイオ燃料が時間と努力の無駄であることを意味するわけではなく—全然そうではないです。②例えば、大豆由来のバイオディーゼルは5.5というEROIで、サトウキビ由来のエタノールはEROIが9です。③残念ながら、気候のせいでアメリカではトウモロコシはサトウキビよりも育てるのが容易ですが…、アメリカがバイオ燃料について真剣ならば、現在トウモロコシが育てられているほぼ至るところで、間違いなく大豆が育てられるでしょう。④サトウキビに関しては、ブラジルが気候を利用して、サトウキビ由来のエタノールで世界的リーダーの一員となっています。⑤当然ながら、こうしたあらゆる数値はさらに広い視野から見る必要があることを覚えておかなければいけません。⑥というのは、石炭は18というEROIを持ちますが、採炭や—そしてその燃焼—は環境への影響が膨大です。⑦覚えておくべき大事な点は、EROIは、様々なエネルギー生産の形態を、投入エネルギー対産出エネルギーという観点から比較するために使えるということです。⑧これは少なくとも、エネルギー計画に関して、地域…ないしは国…の将来の政策を決定する上での重要なツールの1つとなります。

設問の訳・正解・解説

12 正解 Ⓐ　　MP3 168

教授はEROIに関して何を示唆しているか。

Ⓐ 効果的な政策の策定に役立つ。
Ⓑ 完璧からは程遠い。
Ⓒ タールサンドの効率性を評価するために開発された。
Ⓓ それは近いうちに取って代わられるだろう。

解説 トピック問題。政策学としてこの問題に触れている理由はEROIの指標を利用して政策を策定することにある。教授の最後の発言もヒントになる。

13 正解 [A]、[B]　　MP3 169

EROIの限界は何か。2つ選びなさい。

[A] エネルギー源の環境影響は除外されている。
[B] ある種のエネルギー源の変動性が考慮に入れられていない。
[C] ある種の資源によって生産されるいくつかのエネルギーを度外視している。
[D] 多様な形態のエネルギーを比較することを困難にしている。

解説 詳細理解問題。3 ⑧で「EROIは、環境コストも太陽・風力エネルギーに付随するエネルギー利用率の変動に関する計算も含まない」と述べているので[A]、[B]が正解。

14 正解 Ⓓ　　MP3 170

EROIの評価5の重要性は何か。

Ⓐ 現在の世界市場に基づいて、エネルギーが利益を出せる評価である。
Ⓑ それを下回ると現代社会が特定のエネルギー源の使用を中止する値である。
Ⓒ 最も重要なバイオ燃料の1つ:大豆バイオディーゼルの評価である。
Ⓓ それを上回るとエネルギー源が経済的に利用可能となる値を表している。

解説 詳細理解問題。3 ⑩で「現代社会にとってある特定の形態のエネルギーを実際に使える選択肢とするためには、5かそれ以上のEROI評価が必要とされる」と述べていることから、正解はⒹ。

15 MP3 171

講義で提示された情報をもとに、それぞれのEROIの値に基づいて、以下のエネルギー源に順位をつけなさい（1位はEROI評価が最高で5位はEROI評価が最低とする）。
正しい欄にチェックマークをつけなさい。

正解

	1位	2位	3位	4位	5位
a. 石炭			✓		
b. トウモロコシ由来エタノール					✓
c. 水力	✓				
d. 原子力				✓	
e. 風力		✓			

解説　情報整理問題。8、10、12 の教授の発言を聞き取ってメモできていれば、それをもとにチェックを入れればよい。

16 正解 Ⓒ MP3 172

教授によると、なぜアメリカはサトウキビ由来のバイオ燃料を作らないのか。

Ⓐ それはトウモロコシ由来のエタノールほど効率的でない。
Ⓑ トウモロコシと大豆の農家はサトウキビを育てるのに必要な技法に詳しくない。
Ⓒ アメリカの気候は、サトウキビを育てるのにあまり向かない。
Ⓓ サトウキビは環境へのマイナス影響が大きすぎる。

解説　詳細理解問題。教授は 14 ③で「気候のせいでアメリカではトウモロコシはサトウキビよりも育てるのが容易」と述べていることから正解は Ⓒ。

第5章 実戦模試

実戦模試 2　ディスカッション 1 の語彙・表現

1

□ **controversial**	〔形〕議論を引き起こすような
□ **oil reserve**	〔名〕油脈
□ **as to**	〔前〕～に関して
□ **extract**	〔動〕抽出する

2

□ **carbon footprint**	〔名〕カーボンフットプリント（二酸化炭素排出量）
□ **conventional**	〔形〕従来の

3

□ **formulate**	〔動〕考案する、まとめる
□ **quantitatively**	〔副〕量的に
□ **diverse**	〔形〕多様な
□ **energy return on investment**	〔名〕エネルギー投資効率、エネルギー収支比
□ **metric**	〔名〕指標
□ **numerical value**	〔名〕数値
□ **fluctuation**	〔名〕変動
□ **viable**	〔形〕実行可能な

5

□ **-derived**	〔接尾辞〕～由来の
□ **breaking point**	〔名〕限界点

7

□ **nuclear**	〔名〕原子力

10

□ **biofuel**	〔名〕バイオ燃料

14

□ **take advantage of**	〔熟〕～を利用する

実戦模試 2　会話 2　解答・解説

Conversation　Questions 17–21

正解一覧

17. Ⓒ　18. Ⓑ　19. Ⓐ　20. Ⓒ　21. Ⓓ

スクリプト

MP3 173

Listen to a conversation between a student and a professor.

Student ①: Hi, Professor Krupps.

Professor ①: Hi, Josephine. What can I do for you?

Student ②: Q17 Key➡ Remember, I e-mailed you about the geology lab test that I missed, and you said I should drop by and talk to you sometime this week?

Professor ②: Oh, that's right. You know, missing a lab test, or any test for that matter, is not a small problem. I assume you had a good reason for missing the exam?

Student ③: Q20 🎧 Well, I certainly never intended to miss the exam, but I wasn't feeling well at all that morning. Actually, I was throwing up all over the place. I thought of coming, and I even got ready to leave the house, but then I would start throwing up again.

Professor ③: Q20 Key➡ Hmm. Did you see a doctor or go to the hospital? Do you have any kind of a doctor's note for me?

Student ④: Well, no, I don't. You see, I don't usually go to the doctor or the hospital if I can help it. I mean, why? Getting a flu or something is basically normal, and there isn't anything the doctor can do for you anyway. I only consider seeking medical attention if my sickness lasts for longer than what seems normal.

Professor ④: Q18 Key➡ Well, I don't know. Students don't usually miss exams.

Student ⑤: I was thinking; couldn't you just ignore the lab component and calculate my grade based on everything except the lab? I mean, I know everything related to the lab work anyway, and pretty much everything in the class too. You know, my father's a geologist, and I've been listening to him and following him around for most of my childhood. This Geology 100 class is a piece of cake for me.

Professor ⑤: Aaah, I have noticed that you are doing well in the class, but I think you have to be reasonable. I can't simply ignore requirements for the class. It wouldn't be fair for one thing, and how does anyone know for sure what you know or don't know? University is not just about what you know or don't know, it's about discipline, and learning to follow the rules.

Student ⑥ : Well, I would have thought that you would be a little more sympathetic toward my situation. Couldn't you let me make up the missed lab exam then?

Professor ⑥ : That would be impossible I'm afraid. It's unfortunate and all that you got ill, but seriously, what do you expect us here in the Geology Department to do? Do you expect somebody to proctor a lab exam especially for you?

Student ⑦ : Well, how about an alternative assignment or exam of some sort then?

Professor ⑦ : Q21 Hmm. Let me think about that. Maybe I can come up with something. I know we can't have you do the lab exam as everyone else did... but... let me think about it. I'm thinking about what you told me about the geology background in your family, and I'm thinking that Q21 Key maybe I can come up with something appropriate that would test your knowledge and abilities.

Student ⑧ : I really would appreciate that, Professor Krupps, if you could come up with some way for me to make up the missed lab exam.

Professor ⑧ : Okay... why don't we do this: Today is Tuesday. Q19 Key Can you stop back here, say, Friday after lunch? And hopefully by then I will have sorted out something.

Student ⑨ : Let's see, Friday after lunch... that should work. My last class finishes at 12:30 on Friday, so I can come by, no problem.

Professor ⑨ : Okay. I should be back in my office by about 1:40. I'll see you then.

Student ⑩ : All right, thank you professor Krupps. I'll see you on Friday.

訳

学生と教授の会話の一部を聞きなさい。

学生①：こんにちは、クラップス教授。

教授①：やあ、ジョセフィーン。どうしましたか。

学生②：私が欠席した地質学の実験試験についてメールをして、今週のいつかあなたを訪ねて話をするように私に言ったのを覚えていますか。

教授②：ああ、そうでしたね。君も知っていると思うけど、実験試験や、ついでに言えば、どんなテストも欠席することは小さな問題ではないよ。試験を受けなかった正当な理由があると思っているのだけど？

学生③：Q20 ええと、私は決して試験を受けないつもりではありませんでした。でも、その日の朝、ものすごく気分が悪かったのです。実際にそこらじゅうに吐いていました。来こうと思って家を出る準備までしたのですが、また吐きそうになってしまいました。

教授③：うーん。医者に見てもらうか、病院には行きましたか。医者の診断書か何かありますか。

学生④：ええと、いいえ、ありません。だって、自分で何とかできるなら医者や病院には普通は行きません。つまり、なぜ行くのでしょうか。インフルエンザや何らかの病気にかかるのは至って普通だし、どちらにせよ医者ができることは何もないし。病気が正常と思われるより長く続いた場合だけ、診察を受けることを考えます。

教授④：ええと、わからないな。学生は通常、試験を欠席しないよ。

学生⑤：考えていたのですが、実験の部分を無視して、私の成績を実験以外のすべてに基づいて私の成績を計算していただけませんか。というのは、いずれにせよ、私は実験に関することは全部知っているし、授業の内容もほとんど全部、知っています。私の父は地質学者で、子供の頃はずっと父の話を聞いて、父の後を追っていました。この地質学100講座は私にとっては朝飯前なんです。

教授⑤：ああ。君が授業でとてもよくできるのは気づいていたけれど、君は道理をわきまえないといけないよ。簡単に授業の必修課題を無視するなんてできないよ。1つにはそれは公平ではないだろうし、どうすれば君が知っていることと知らないことが人にわかるのかな。大学は何を知っているか知らないかだけでなく、規律、そして規則を守ることを学ぶところなんだよ。

学生⑥：私の状況にもう少し同情的だろうと思っていました。欠席した実験試験を再受験されてくれませんか。

教授⑥：残念だけど、それはできないな。君が病気になったのは気の毒だけど、まじめな話、地質学部の私達に何を期待しているのかな。誰かが君のために特別に試験監督をしてくれると思っているのかい。

学生⑦：ええと、では代わりになる課題や何らかの試験はどうでしょうか。

教授⑦：Q21 うーん。考えさせてくれるかな。もしかしたら何か思いつけるかもしれない。ほかのみんながやったように君に実験試験は受けさせられないのはわかっているが…、考えさせてほしい。君が話してくれた君の家族の地質学的背景について考えている、君の知識と能力を試す適切な何かをたぶん思いつけると思うよ。

学生⑧：欠席した実験試験を埋め合わせる何かの方法を考えていただけたら、本当に助かります、クラップス教授。

教授⑧：わかりました…、こうするのはどうだろう。今日は火曜日。そうだな、金曜日のランチの後にここにまた寄れるかい。それまでにできれば何とか解決しておくよ。

学生⑨：ええと、金曜日のランチの後…大丈夫だと思います。金曜日は12時30分に最後のクラスが終わるので立ち寄れます。問題ないです。

教授⑨：わかりました。私は1時40分頃にはオフィスに戻っているはずです。そのときに会いましょう。

学生⑩：わかりました。ありがとうございます、クラップス教授。金曜日にお会いします。

設問の訳・正解・解説

17 正解 Ⓒ　MP3 174

なぜ女性は教授に会いにいくのか。

Ⓐ 実験試験の成績を知るため
Ⓑ 実験試験で何を求められるのか尋ねるため
Ⓒ 欠席した試験について話し合うため
Ⓓ 教授に彼女の予定の変更を伝えるため

解説 トピック問題。女性は最初に実験試験を欠席したことで教授を訪ね、実験の分の成績を入れずに全体の成績を計算してほしいと教授に頼んでいる。再受験もできないかと教授に聞いたが却下され、最終的にほかの方法をとることになった経緯をまとめると、教授と会う目的は欠席した試験の補填である。

18 正解 Ⓑ　MP3 175

教授について何が言えるか。

Ⓐ 教授は、学生に対して非常にいらだっている。
Ⓑ 教授は、学生が試験を欠席するのに慣れていない。
Ⓒ 教授は、学生が欠席した試験の埋め合わせをするのをどんな方法でも認めたくない。
Ⓓ 教授は、父が地質学学者だという学生の話を信じていない。

解説 推測問題。教授は④で「学生は通常は試験を欠席しない」と言っている。教授は学生の申し出に対して冷静に返答しており、いらだった様子はないので Ⓐ は不適切。最後は埋め合わせをするほかの方法を考えると言っているので Ⓒ も不適切。教授は⑦で「君の家族の地質学的背景について考えている」と言っているので Ⓓ も不適切。

19 正解 Ⓐ　MP3 176

なぜ女性は金曜日の午後に教授のオフィスに立ち寄るのか。

Ⓐ 講座における彼女の成績の一部を評価する代わりの方法を教授が思いついたかどうか知るため
Ⓑ 講座における実験分の自分の成績を知るため
Ⓒ どのように欠席した試験を埋め合わせるべきかについて教授に提案するため
Ⓓ 教授が彼女に課す追試を受けるため

解説　詳細理解問題。女性は⑦で、「ほかの課題や試験で埋め合わせができないか」と教授に頼んでいる。それに対して教授は⑧で「金曜日までにはきっと何か思いつくから金曜日の午後にオフィスで会おう」と答えている。学生が自分から何をするべきか提案するわけではないので Ⓒ は不適切。教授は試験をすると言っていないので Ⓓ も不適切。

20 正解 Ⓒ　MP3 177

会話の一部をもう一度聞きなさい。それから質問に答えなさい。(「スクリプト／訳」の下線部を参照)
なぜ教授は次のことを言うのか。

Ⓐ 学生の最近の健康状態に対する懸念を表すため
Ⓑ 学生が正確にいつ病気だったのか確かめるため
Ⓒ 教授が少なくともわずかに学生の話に懐疑的であることを示唆するため
Ⓓ 学生が医師の診断書を持っていたら、成績に影響はないと言うため

解説　態度・意図問題。医師の診断書があるかを聞いた時点で、本当に病気で欠席したのかどうかを確認したいという教授の考えがわかる。

21 正解 Ⓓ　MP3 178

会話の一部をもう一度聞きなさい。それから質問に答えなさい。(「スクリプト／訳」の下線部を参照)
教授は何をするかもしれないと示唆しているか。

Ⓐ 学生から医師の診断書を受け取る
Ⓑ 学生が例外的に優秀な学生なので大学の規則を破る
Ⓒ 学生のために実験試験を準備する
Ⓓ 学生のために何らかの譲歩をする

解説　推測問題。④のやりとりで学生は診断書を持っていないとわかる。続く⑤で教授は「大学は何を知っているか知らないかだけでなく、規律、規則に従うことを学ぶところ」と言っており、Ⓑ はその内容と矛盾する。教授は⑦で「実験試験を受けさせることはできない」と言っているので Ⓒ も誤り。同じく⑦で maybe I can come up with something. と言っているので Ⓓ が正解。

実戦模試 2　会話 2 の語彙・表現

Student ②

□ **geology**	〔名〕地質学
□ **lab**	〔名〕実験、実習《laboratory の略》
□ **drop by**	〔動〕立ち寄る

Professor ②

□ **for that matter**	〔熟〕ついでに言えば
□ **assume**	〔動〕思う、前提とする

Student ③

□ **certainly**	〔副〕確かに
□ **intend to V**	〔熟〕V するつもりである
□ **throw up**	〔動〕嘔吐する、もどす

Professor ③

□ **doctor's note**	〔名〕医者の診断書

Student ④

□ **help**	〔動〕避ける
□ **flu**	〔名〕インフルエンザ《influenza の略》
□ **seek**	〔動〕求める
□ **medical attention**	〔名〕治療
□ **last**	〔動〕続く

Student ⑤

□ **component**	〔名〕部分
□ **calculate**	〔動〕計算する
□ **grade**	〔名〕成績
□ **based on**	〔熟〕～にもとづいて
□ **except**	〔前〕～以外
□ **pretty much**	〔熟〕ほとんど
□ **geologist**	〔名〕地質学者
□ **childhood**	〔名〕幼少期
□ **a piece of cake**	〔名〕簡単にできること

Professor ⑤

□ **reasonable**	〔形〕合理的な、筋の通った
□ **ignore**	〔動〕無視する

□ **requirement**　〔名〕要件
□ **for one thing**　〔熟〕１つの理由として
□ **for sure**　〔副〕確実に
□ **discipline**　〔名〕規律

Student ⑥

□ **sympathetic**　〔形〕同情的な
□ **make up**　〔動〕埋め合わせる、補償する

Professor ⑥

□ **unfortunate**　〔形〕不幸な、同情を誘うような
□ **proctor**　〔名〕試験監督者

Student ⑦

□ **alternative**　〔形〕代わりの
□ **assignment**　〔名〕課題

Professor ⑦

□ **come up with**　〔熟〕～を思いつく
□ **appropriate**　〔形〕適した

Student ⑧

□ **appreciate**　〔動〕感謝する

Professor ⑧

□ **sort out**　〔動〕整える、まとめる

Student ⑨

□ **come by**　〔動〕立ち寄る

実戦模試 2　講義 2　解答・解説

Lecture　Questions 22–27

正解一覧

22. Ⓑ　　23. [B]、[C]　　24. Ⓒ　　25. Ⓓ　　26. Ⓐ　　27. Ⓑ

スクリプト

MP3 179

Listen to part of a lecture in an evolutionary biology class.

1 ① Today we're going to look at a few key steps in the evolution of the horse. ② About 60 million years ago, the first ancestor of the horse was found on Earth. ③ It was called eohippus…spelled E-O-H-I-P-P-U-S. ④ This name comes from the Greek "eos," meaning "dawn" and "hippus" meaning "horse." ⑤ So this "dawn horse" was very different from the horses of today. ⑥ To begin with, it did not live in the open plains…instead it lived in the very humid, jungle-like forests of the time. ⑦ It was also much smaller than today's horses, standing roughly 20 inches high—about the size of a medium-sized dog. Q22 Key➡ ⑧ Please note that you may come across information claiming that eohippus was the size of a fox, but that was an early error that has, unfortunately, been repeated numerous times over the years. ⑨ Rest assured that the eohippus was actually, uh, about twice the size of a fox. ⑩ Now, where was I? ⑪ Oh yes, unlike today's horses, which eat mainly grasses, the small teeth of the eohippus limited its diet to fruit and soft leaves…food sources that were found in the jungle-like forests. ⑫ Finally, another important difference could be seen in the feet of the eohippus. Q23. B, C Key➡ ⑬ The eohippus had padded feet that, uh…that looked more like dog's feet: feet with multiple toes and a pad. ⑭ They did not, however, have the claws found on dog's feet. ⑮ Instead of claws, they had tiny little structures that looked like hooves—structures that would eventually evolve into full-sized, proper hooves over the course of many millions of years.

2 ① Now, this little eohippus survived for millions of years, until eventually some of them migrated to areas of higher elevations with plains that contained much more grass. ② Over millions of years, a new species evolved, um, that was called orohippus…spelled O-R-O-H-I-P-P-U-S…which means "mountain horse." ③ The orohippus was only slightly different than its ancestor the eohippus, but these small changes were actually quite significant. ④ Even though they were roughly the same size, the orohippus had longer hind legs and a slimmer body. ⑤ These changes

indicate…they tell us that the orohippus was faster and could jump higher than the eohippus. ⑥ Additionally, there were some significant changes to the orohippus' teeth. Q24 Key ⑦ Many of their teeth had become flatter, and flatter teeth meant that they were able to, uh, to grind the tough grasses found in the plains.

3　① Roughly 10 million years passed, and a new species came into existence: ② the mesohippus...M-E-S-O-H-I-P-P-U-S…which means "middle horse." ③ As you might expect, the mesohippus was even more different than its ancestors. ④ First of all, it was larger, standing about 24 inches tall. ⑤ Its face was larger and longer, and its brain was larger. ⑥ It also had even more teeth that were flat and could be used for grinding.

4　① Another 10 to 20 million years passed, and merychippus…M-E-R-Y-C-H-I-P-P-U-S…appeared on the scene about 20 million years ago. ② Bigger, stronger, and faster than its predecessors, it was most likely much more intelligent. Q25 Key ③ It also was the, uh…it was the first of the modern horse's ancestors to have a proper hoof instead of a pad on the bottom of its foot.

5　Q26 Key ① Other intermediate species appeared and disappeared until the modern horse appeared around two to four million years ago. Q27 Key ② What is interesting to note is that all of these evolutionary changes occurred on the North American continent, but many of you may have heard that Spanish explorers are credited with bringing horses to North America from Spain in the early 16th century. ③ Interestingly enough, both of these facts are true. ④ The fossil record indicates that about 11,000 or 12,000 years ago, all of the horses on North America rapidly became extinct. ⑤ While it is not clear exactly why this, uh, why this occurred, it was most likely due to climate change…or overhunting by humans. ⑥ At any rate, today's horse is considerably different from its tiny, jungle-dwelling, fruit- and leaf-eating ancestors.

訳

進化生物学の講義の一部を聞きなさい。

1　①今日は馬の進化について、いくつかの重要な段階について見ていきましょう。②およそ6000万年前に地球上で馬の始祖が発見されました。③それはエオヒップス（アケボノウマ）と言われ…、E-O-H-I-P-P-U-Sと綴ります。④この名前はギリシャ語の「暁」を意味する「エオス」と「馬」を意味する「ヒップス」に由来しています。⑤それで、この「暁の馬」は今日の馬とは非常に違っていました。⑥そもそも、この馬は平原に生息していませんでした…、その代わりに当時のかなり高湿度のジャングルのような森に生息していました。⑦それは今日の馬よりずっと小さく、立ち上がったときの高さはおよそ20インチで—ほぼ中型犬くらいの大きさでした。⑧エオヒップスは狐の大きさだったと主張する情報に出くわすかもしれませんが、それは初期の間違いで、残念ながら何年もの間そう言われ続けてきたことに注意してください。⑨エオヒップスは実際には、えー、狐の約2倍の大きさだったと思って大丈夫です。⑩さて、どこまでいきましたっけ。⑪ああ、そうです、主に草を食べる今の馬とは違って､小さな歯を持つエオヒップスの食べ物は果物と柔らかい葉っぱに限られました…、ジャングルのような森で見つけられた食糧源ですね。⑫最後に、もう1つの重要な違いはエオヒップスの足に見られました。⑬エオヒップスはクッションの入ったような足を持っていました…、えー、犬の足のような見た目で、複数の足指と肉球のある足ですね。⑭しかしながら、犬の足にある爪はありませんでした。⑮爪の代わりに、蹄のように見えるたいへん小さな構造がありました—それは後に何百万年もの間に進化して普通サイズのちゃんとした蹄になりました。

2 ①さて、その一部がもっと多くの草のある高台の地域に移住するまで、この小さなエオヒップスは数百万年生き延びました。②数百万年の間に新しい種が進化しました、ええ、それはオロヒップスと呼ばれ…、O-R-O-H-I-P-P-U-Sと綴りますが…、「山の馬」という意味です。③オロヒップスはその祖先のエオヒップスとほんの少し違っただけでしたが、このわずかな変化がかなり重要でした。④それらはほぼ同じ大きさでしたが､オロヒップスは後ろ足が長く､胴体はスリムでした。⑤こうした変化は…、オロヒップスがエオヒップスより素早く動き、高く飛び跳ねられたことを示唆しています。⑥さらに、オロヒップスの歯に著しい変化がありました。⑦その歯の多くは平たくなり、より平たくなった歯は、えー、草原にある硬い葉をすりつぶせたことを意味していました。

3 ①おおよそ1000万年が経ち、新しい種が出現しました。②メソヒップス…M-E-S-O-H-I-P-P-U-S…は「中ぐらいの馬」を意味します。③皆さんの予想どおり、メソヒップスはさらにその祖先と違っていました。④まず、それはより大きく、立ったときの高さは24インチほどでした。⑤その顔は大きく、長くなり、脳もより大きくなりました。⑥さらにすりつぶすことに使われたであろう平らな歯が増えました。

4 ①1000万年から2000万年経って、メリキップス…M-E-R-Y-C-H-I-P-P-U-S…が約2000万年前に登場しました。②前者より、より大きく、強く、速くなり、ずっと賢くなった可能性も高いです。③それはまた、えー…、足の底面に肉球の代わりにちゃんとした蹄を持った現代の馬の最初の祖先でした。

5 ①現代の馬が登場したおよそ200～400万年前までに、その他の中間体種が現れては消えました。②注目すべき興味深いことは、これらあらゆる進化上の変化は北米大陸で起こったのですが、皆さんの多くは、16世紀の初めにスペインの探検家がスペインから北米大陸に馬を持ち込んだとされているのを聞いたことがあるかもしれません。③面白いことに両方とも本当です。④化石の記録が示すところによると、1万1000年ないしは1万2000年前に北米の馬すべてが急速に絶滅しました。⑤なぜこれが、ええ、なぜこうしたことが起こったのかは正確にははっきりしていませんが、おそらく気候変動…、あるいは人間による乱獲が原因だったのでしょう。⑥いずれにせよ、今日の馬は、小型でジャングルに住み、果物や葉を食べていた先祖とはかなり違っています。

設問の訳・正解・解説

22 正解 Ⓑ　MP3 180

エオヒップス、すなわち、「暁の馬」にまつわるありがちな誤解は何か。

Ⓐ ほぼ中型犬のサイズだったと思われている。
Ⓑ 狐のサイズだったと考えられている。
Ⓒ 今日の馬と同様、草を食べていた。
Ⓓ 歯が小さかった。

解説 詳細理解問題。1 ⑧で「エオヒップスは狐の大きさだったと主張する情報に出くわすかもしれませんが、それは初期の間違い」と述べていることから、Ⓑ が正解。

23 正解 [B]、[C]　MP3 181

エオヒップスの足を説明するために使えそうな特徴はどれか。２つ選びなさい。

[A] 犬のような爪
[B] 肉球がある
[C] 複数の足指
[D] 細い

解説 詳細理解問題。1 ⑬で「エオヒップスの足には複数の足指と肉球があった」と述べていることから、正解は [B] と [C]。

24 正解 Ⓒ　MP3 182

オロヒップスを草原での生活により適するようにさせた進化上の変化はどれか。

Ⓐ より長い後ろ足
Ⓑ スリムな胴体
Ⓒ 平らな歯
Ⓓ 動きのスピードの向上

解説 詳細理解問題。2 ⑦で「平たくなった歯は、草原にある硬い葉をすりつぶせることを意味した」と言っていることから正解は Ⓒ。

第5章 実戦模試

25 正解 Ⓓ　MP3 183

初期の馬のうち、きちんとした蹄を持った最初の種はどれか。

Ⓐ エオヒップス
Ⓑ オロヒップス
Ⓒ メソヒップス
Ⓓ メリキップス

解説　詳細理解問題。メリキップスについては 4 で説明している。その③で「足の底面に肉球の代わりにちゃんとした蹄を持った現代の馬の最初の祖先だった」と述べていることから正解は Ⓓ。

26 正解 Ⓐ　MP3 184

地球上に最初に現代の馬が現れたのはいつか。

Ⓐ 約 200 ～ 400 万年前。
Ⓑ 約 1000 万年前
Ⓒ 約 2000 万年前
Ⓓ 約 6000 万年前

解説　詳細理解問題。5 ①に「現代の馬が登場したおよそ 200 ～ 400 万年前までに、その他の中間体種が現れては消えていきました」とある。さらりと述べられているこの箇所を聞き逃さないことが肝心。

27 正解 Ⓑ　MP3 185

今日の北米大陸で見られる馬に当てはまることは何か。

Ⓐ それらは土着の馬を凌いで、土着の馬の絶滅を招いた。
Ⓑ その直接の祖先は約 500 年前にヨーロッパから来た。
Ⓒ それらは絶滅の危機にある。
Ⓓ それらは 6000 万年前の土着の馬の直系の子孫である。

解説　詳細理解問題。5 ②～④を聞き取り「1 万 1000 年ないしは 1 万 2000 年前に北米の馬すべてが絶滅したこと」と「スペインの探検家が 16 世紀の初めに北米大陸に馬を持ち込んだこと」から判断する。選択肢の Ⓑ の「約 500 年前」は 5 ②の「16 世紀」の言い換えに相当する。講義内容と一致するのは Ⓑ のみ。

実戦模試２　講義２の語彙・表現

1

□ **evolution**	〔名〕進化
□ **ancestor**	〔名〕先祖
□ **eohippus**	〔名〕エオヒップス、アケボノウマ
□ **note**	〔動〕留意する
□ **come across**	〔動〕遭遇する
□ **rest assured**	〔動〕（確実であると）思う、安心する
□ **pad**	〔名〕肉球
□ **claw**	〔名〕爪
□ **hoof**	〔名〕蹄《複数形：hooves》

2

□ **migrate**	〔動〕移住する
□ **significant**	〔形〕重大な
□ **roughly**	〔副〕ほぼ、大体
□ **hind legs**	〔名〕後ろ足
□ **indicate**	〔動〕示す
□ **tough**	〔形〕硬い

4

□ **predecessor**	〔名〕前任者、先行したもの
□ **most likely**	〔副〕ほぼ確実に

5

□ **intermediate species**	〔名〕中間体種
□ **credited with**	〔熟〕～だと信じられている
□ **extinct**	〔形〕絶滅した
□ **at any rate**	〔熟〕いずれにせよ
□ **considerably**	〔副〕かなり
□ **-dwelling**	〔接尾辞〕～に生息する

実戦模試 3 会話 1

MP3 186~191

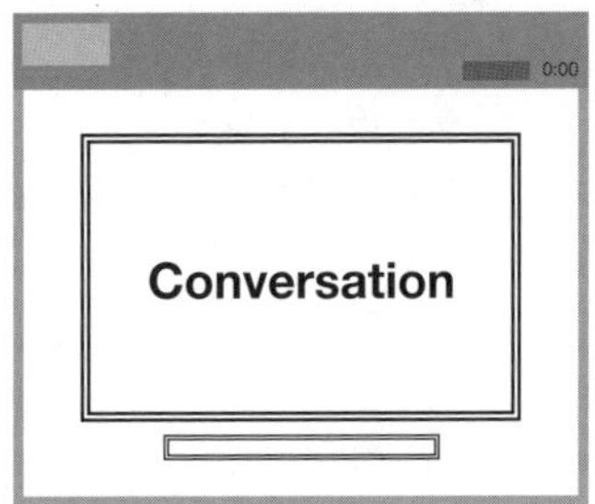

Now get ready to answer the questions.
You may use your notes to help you answer the questions.

1 Why will getting a bachelor of arts degree be more difficult for the student to get?
Choose 2 answers.

[A] Because he is naturally inclined towards studying science
[B] Because he received an associate of science degree at community college
[C] Because he will need to take two years of a foreign language
[D] Because he did not complete his degree requirements at community college

2 Why does the student want to study Chinese instead of Spanish?

Ⓐ He heard that it is really popular at his new university.
Ⓑ He found Spanish to be too difficult in high school.
Ⓒ He believes that it will help him get a job after he finishes school.
Ⓓ He wants to be able to communicate with the Chinese students on campus.

3 What is the problem with his graduation requirements for the sociology degree he hopes to earn?

Ⓐ He does not have enough time to complete all of the required coursework.
Ⓑ The courses he needs to take are not offered at his new university.
Ⓒ It will be impossible to schedule the courses he needs because of class conflicts.
Ⓓ His theatre studies coursework does not really match up with the courses he will need to take as a sociology major.

4 What does the professor recommend that the student do?

Ⓐ She recommends that he try to earn a BA with Chinese as his foreign language, but if Chinese doesn't work out they will adjust this goal.
Ⓑ She tells him to take Spanish so that he is guaranteed to graduate on time.
Ⓒ She advises him to get a bachelor of science since it doesn't have any foreign language requirements.
Ⓓ She says that it would be best to take classes during summer sessions.

5 What is the student's backup plan if he is unable to handle the Chinese language classes?

Ⓐ He will test into the second semester Spanish class so that he can get his BA and graduate on time.
Ⓑ He will take classes during the summer so that he can finish all of the requirements in two years.
Ⓒ He will change his major to theatre studies so that he won't have to take as many classes.
Ⓓ He will switch to first semester Spanish class and graduate one semester late.

実戦模試 3 講義 1

MP3 192～198

Now get ready to answer the questions.
You may use your notes to help you answer the questions.

6 What does the professor imply about presidential debates?

Ⓐ Their number will continue to increase in the future.
Ⓑ They have not always maximized available technologies.
Ⓒ Debates broadcast on TV give us a chance to see the candidates' true personalities.
Ⓓ There are too few of them for the public to make an informed decision.

7 According to the professor, what was true of early presidential candidates?

Ⓐ They ran for president because of the will of the people.
Ⓑ They were honest and humble individuals.
Ⓒ They would actively promote their candidacy.
Ⓓ Their public show of modesty hid their true aspirations.

8 *Listen again to part of the lecture.*
Then answer the question.
What does the professor mean when she says this?

Ⓐ Harrison's personal campaigning may not have actually helped him win.
Ⓑ Harrison became president due to a combination of key factors.
Ⓒ Harrison was lucky to have become president.
Ⓓ Despite a division within the party, Harrison won the presidency.

9 What was true of the Lincoln-Douglass debates of 1858?

Ⓐ They helped to decide the election to the Illinois Senate.
Ⓑ Their impact was not fully felt until two years later.
Ⓒ They were held at the request of the Illinois State Legislature.
Ⓓ They did not attract much public attention.

10 What role did radio play in presidential debates in the 1920s?

Ⓐ It helped candidates to clearly express their desire to become president.
Ⓑ It was a key medium for Republican candidates.
Ⓒ None, because radio wasn't used in that way until at least 20 years later.
Ⓓ It helped Franklin Delano Roosevelt win the election through his use of "fireside chats."

11 How does the professor organize the information she presents in the lecture?

Ⓐ In the order in which the events occurred
Ⓑ According to political party
Ⓒ By order of importance
Ⓓ By starting with the present and then following chronological order

実戦模試 3　会話 2

MP3 199〜204

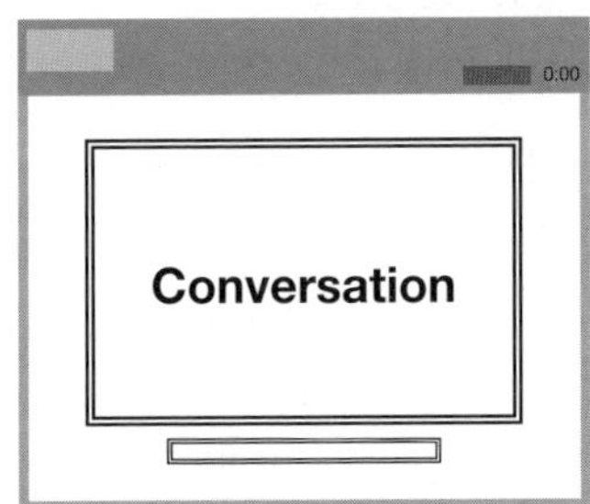

Now get ready to answer the questions.
You may use your notes to help you answer the questions.

12 Why does the student go to see the advisor?

Ⓐ To get help choosing a class
Ⓑ To get approval to take a certain class
Ⓒ To get advice on changing her major
Ⓓ To find out which English professors are the most popular

13 What problem does the student have?

Ⓐ She is not good at critical thinking.
Ⓑ She only enjoys reading for pleasure.
Ⓒ She has poor writing skills.
Ⓓ She has trouble choosing writing topics.

14 *Listen again to part of the conversation.*
Then answer the question.

Why does the advisor say this?

(A) The student needs the professor's approval to take a 200-level Lit course.
(B) Not all American Lit classes have the same requirements.
(C) Not all professors can be depended on to teach American Lit.
(D) The student's level of interest in the class will depend on the professor.

15 What does the advisor most likely think?

(A) That the student should change her major
(B) That the student is somewhat lazy
(C) That the student should avoid writing classes
(D) That the student should focus more on her business classes

16 What can be inferred about the student?

(A) She did poorly in her Shakespeare class.
(B) She prefers writing essays to writing fiction.
(C) She has never taken an American Literature class.
(D) She prefers reading non-fiction rather than fiction.

MP3 205~211

Now get ready to answer the questions.
You may use your notes to help you answer the questions.

17 According to the professor, what factor had a lasting impact on Wilhelm II's personality?

(A) His relationship to Queen Victoria of England
(B) His breech birth
(C) The time period in which he was born
(D) The death of his mother during childbirth

18 According to the professor, how could Wilhelm II be described in terms of his personality?
Choose 2 answers.

[A] Hardworking
[B] Impatient
[C] Even-tempered
[D] Clever

19 *Listen again to part of the lecture.*
Then answer the question.
What does the professor mean when he says this?

Ⓐ World War I was started solely because of the assassination of Archduke Franz Ferdinand.
Ⓑ This shooting allowed Wilhelm II to form alliances with several world leaders.
Ⓒ Wilhelm II and his allies had orchestrated the assassination of the Archduke.
Ⓓ Wilhelm II had been waiting for just such an occurrence to justify going to war.

20 What did Wilhelm II's support of workers' rights lead to?

Ⓐ The dismissal of his first chief advisor
Ⓑ The development of socialism
Ⓒ Great sympathy from the people for his position
Ⓓ His own retirement from politics

21 Why did Wilhelm II become involved in modernizing the education system of Germany?

Ⓐ He wanted approval from others, and promoting education was the only way to accomplish this goal.
Ⓑ His elitist tendencies led him to support this type of social system.
Ⓒ He believed that a good education system was needed in order for Germany to become a world leader in science and medicine.
Ⓓ He hoped to limit the pace at which education reform was occurring.

22 What is the professor's opinion of Wilhelm II?

Ⓐ He is actually worse than his reputation.
Ⓑ His contributions to German society outweigh his involvement in World War I.
Ⓒ He was not as completely horrible as he is widely believed to be, but he was still instrumental in bringing about World War I.
Ⓓ His reputation is unfairly based on only his difficult personality.

実戦模試 3　ディスカッション 1

MP3 212~218

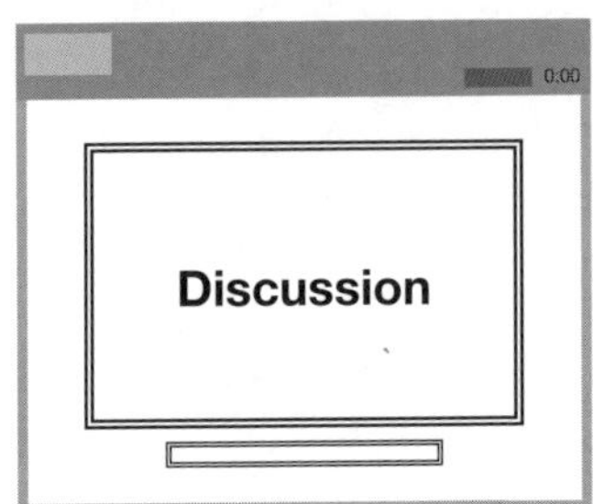

Now get ready to answer the questions.
You may use your notes to help you answer the questions.

23 What is the lecture mainly about?

Ⓐ Wool manufacture and the agricultural revolution
Ⓑ The invention of mass production
Ⓒ The causes of an industrial movement
Ⓓ An overview of a historical phenomenon

24 *Listen again to part of the lecture.*
Then answer the question.
Why does the professor say this?

Ⓐ To indicate that this is the most important lecture
Ⓑ To emphasize that the students should always listen
Ⓒ To point out that students can choose whether to attend
Ⓓ To suggest the students are not paying attention now

25 According to the professor, which of the following factors caused the cotton industry to arise near Manchester?

Ⓐ It was located close to an international port.
Ⓑ Many inventors happened to live nearby.
Ⓒ The area was supplied with several large rivers.
Ⓓ The shipbuilding industry had developed there.

26 What does the professor imply about mercantilism?

Ⓐ The system was unfair for many countries.
Ⓑ It tended to protect the weakest nations.
Ⓒ The British invented it for the cotton trade.
Ⓓ Free trade developed from this system.

27 According to the professor, what happened to the cotton after it was picked?

Ⓐ It was sent straight to England.
Ⓑ It was processed on the plantations.
Ⓒ It underwent a refining process.
Ⓓ It was hand-woven into clothing.

28 The professor suggests areas that the students should focus on. For each suggestion below, place a check mark in the "yes" column or "no" column.

	Yes	No
a. The agricultural revolution		
b. The growth of cotton production		
c. Selling to the Asian market		
d. The role of the United States		
e. Women's independence		

実戦模試 3　会話 1　解答・解説

Conversation　Questions 1–5

正解一覧

1. [B]、[C]　 2. Ⓒ　 3. Ⓓ　 4. Ⓐ　 5. Ⓐ

スクリプト

MP3 186

Listen to a conversation between a student and a professor.

Student ① : Excuse me. Are you Professor Davis?

Professor ① : Yes, I am. You must be Kevin Richards. We're meeting, uh, today to…to get you set up for the coming fall semester, am I right?

Student ② : That's correct.

Professor ② : According to my records, you're transferring from Eastern State Community College, and you graduated from there quite recently, right?

Student ③ : Yes. I finished up this spring with an Associate of Science degree in Theatre Studies. But here at Northeast University I would like to major in sociology.

Professor ③ : Do you know whether or not you want to get a bachelor of science or a bachelor of arts while you're here?

Student ④ : I'd actually like to get a bachelor of arts. I know that it will require more work because my community college degree is in science, but I think it'll be a better choice for me if I decide to go on to a master's or a doctorate. Right now, I'm pretty sure I'd like to eventually pursue at least a master's degree.

Professor ④ : Q1. C Key ➡ It's true that it'll require more work. For instance, you'll need to have two years of a foreign language at the college level in order to get your BA. Refresh my memory—did you take any foreign languages at Eastern State?

Student ⑤ : No, unfortunately, I didn't. I did take Spanish in high school, but I'd actually be interested in studying Chinese here at Northeast…even though I don't have any experience with the language. Q2 Key ➡ I just think that it'll improve my marketability once I do finish my life as a student and enter the workforce…or academia for that matter.

Professor ⑤ : All right. You're lucky that Chinese is so popular here at Northeast. We've got, uh, quite a few students majoring in it, so it shouldn't be too difficult to find your classes for each of your semesters here. Q1. B Key ➡ Looking at your transcript here, it appears that you're going to, uh…you're going to have to fill in quite a few gaps in terms of your sociology classes. Although your general education requirements look to be in order, Q3 Key ➡ unfortunately most of your theatre studies classes aren't really going to satisfy many of your graduation requirements in sociology.

Student ⑥ : That's what I was afraid of. I really can't afford to spend an extra semester here…so if I can avoid it that would be great.

Professor ⑥ : Tell you what. Let's set up your schedule with the bachelor of arts in mind…to make sure that it would at least work in your two-year time frame. If it does, we'll go ahead and set up a concrete schedule for the coming fall semester. Q4 Key ➡ And if it turns out that Chinese isn't your cup of tea, we can always try to get you a different foreign language…or we can shift your degree goal to a bachelor of science instead. I'll warn you though that if you, if you end up, uh, changing languages from Chinese after your first semester here, it'll definitely put you behind, which would mean that you might end up having to take a class or two during the summer session.

Student ⑦ : Yeah, I understand. I'm really interested in the BA, but I need to work during the summer to help pay for school. If worse comes to worst, and I really can't handle the Chinese courses, will it be possible for me to use some of my high school Spanish language experience to start off with second semester Spanish?

Professor ⑦ : Yes. Q5 Key ➡ As long as you could pass the placement test, you would be able to start Spanish in the second semester, which would, of course, allow you to avoid taking classes during the summer. So how about we see if a two-year schedule with a BA in mind would work out?

Student ⑧ : Sounds good.

訳

学生と教授の会話を聞きなさい。

学生①：失礼します。デイビス教授でいらっしゃいますか。

教授①：ええ、そうです。あなたは、ケビン・リチャーズですね。今日会う目的は、えー…、あなたに次の秋学期の準備をしてもらうことですよね？

学生②：そのとおりです。

教授②：私の手元の記録によると、あなたは、イースタンステートコミュニティカレッジからの編入で、ごく最近そこを卒業したのですね。

学生③：はい。この春に演劇研究で理学準学士号を修了しました。でも、ここノースイースト大学では社会学を専攻したいのです。

教授③：ここにいる間、理学士号もしくは文学士号のどちらを取得したいのかわかりますか。

学生④：実は、文学士号を取得したいのです。それには、コミュニティカレッジでの私の学位が理系なので、もっと勉強が必要になるのはわかっています。でも、修士課程や博士課程に進もうとする場合には、私にとってよりよい選択だと考えています。今のところ、最終的に少なくとも修士号を目指したいというのは間違いないです。

教授④：もっと勉強が必要になるのは本当ですよ。例えば、文学士号の取得には、大学レベルの外国語を2年間履修しなくてはなりません。再確認ですが—イースタンステートでは何か外国語を履修しましたか。

学生⑤：いいえ、残念ながら履修しませんでした。高校でスペイン語を履修しましたが、実は、ここノースイーストで中国語を学ぶことに興味があって…、とはいえ、この言語の経験は何もないのですが。ただ、学生生活を終えて、労働市場…、またはついでに言えば学問の世界に入ったときに、自分の市場価値が高まるだろうと思ったので。

教授⑤：わかりました。ノースイーストでは中国語はとても人気があるので、あなたはついていますよ。かなりたくさんの学生が専攻しているので、えっと、ここでは学期ごとに自分のクラスを探すのが大変すぎることはないはずです。成績証明書を見ると、あなたは、えー…、あなたは、社会学の科目については、かなりの不足分を埋め合わせないといけませんね。一般教養の必修科目は妥当なようですが、残念ながらあなたの演劇科目の大半は社会学の卒業要件の多くを満たさないでしょう。

学生⑥：それを恐れていました。ここでさらにもう一学期余計に過ごす余裕なんて実際ないですし…、それを避けられればよいのですが。

教授⑥：では、こうしましょう。文学士号を念頭に置いてスケジュールを組んで…、それが必ず、少なくとも2年間の時間枠内に収まるようにしましょう。そうしたら、さらに進んで、次の秋学期の具体的なスケジュールを決めましょう。そして、中国語は好みでないということになったら、違う外国語を履修してもらおうとすることはいつでもできますし…、もしくは目標の学位を代わりに理学士号に変更してもいいでしょう。でも、注意していただきたいのですが、もし、えー、ここでの1学期の後で結局中国語からほかの外国語に変更したら、それによって間違いなく遅れをとってしまいます、つまり1つか2つの夏期クラスを取らなければならなくなるかもしれませんよ。

学生⑦：ええ、わかります。文学士号にとても関心があるのですが、学費の足しにするために夏の間は働かなくてはならないんです。最悪の場合、実際に中国語コースが手に負えなくなったら、高校でのスペイン語の経験をいくらか生かして、2学期のスペイン語から始めることはできますか。

教授⑦：ええ。クラス分けテストに合格しさえすれば、2学期からスペイン語を始めることはできるでしょう、そうすると、もちろん、夏の間に授業をることを避けられますね。では、文学士を念頭に置いた2年間のスケジュールがうまくいくか様子を見ることにしてはどうですか。

学生⑧：そうですね。

設問の訳・正解・解説

1 正解　[B]、[C]　MP3 187

文学士号を取得することが、学生にとってより難しくなるのはなぜか。2つ選びなさい。

[A] 科学の学習に自然に心が傾いているため
[B] コミュニティカレッジで理学準学士号を取得したため
[C] 外国語を2年間履修しなくてはならなくなるため
[D] コミュニティカレッジで学位取得に必要な科目を修了していなかったため

解説　詳細理解問題。教授は④で「もっと勉強が必要になる、文学士号の取得には、大学レベルの外国語を2年間履修しなくてはならない」と言っていることから、正解は[C]。また、⑤では「社会学の科目については、不足分を埋め合わせないといけない」と言っている。つまり、学生が③でコミュニティカレッジで理学準学士を習得したと言っていることを踏まえ、社会学で文学士号を習得するには新たな科目を履修しなければならないと指摘している。この流れを把握して正解[B]を導く。

2 正解　Ⓒ　MP3 188

なぜ学生はスペイン語の代わりに中国語を学びたいのか。

Ⓐ 彼にとって新しい大学ではとても人気があると聞いた。
Ⓑ 高校でスペイン語は難しすぎると感じた。
Ⓒ 卒業後、仕事を得るのに役立つと思っている。
Ⓓ キャンパスで中国人学生と交流できるようになりたい。

解説　詳細理解問題。学生は⑤で「自分の市場価値が高まると思う」と言っていることから正解はⒸ。

3 正解　Ⓓ　MP3 189

彼が取得したいと希望している社会学の学位の卒業要件に関する問題は何か。

Ⓐ すべての必修科目を修了するための十分な時間がない。
Ⓑ 取らなければならないコースが彼の新しい大学で提供されていない。
Ⓒ 授業がぶつかり合うため、必要なコースの日程を組むことが不可能となる。

Ⓓ 彼の演劇科目は、社会学専攻として取らなければならないコースとあまり合っていない。

解説 詳細理解問題。学生がコミュニティカレッジで演劇研究で準学士号を取っていることを踏まえ、教授は⑤で「あなたの演劇科目の大半は社会学の卒業要件の多くを満たさない」と指摘していることから正解は Ⓓ。Ⓑ、Ⓒ に該当する内容は会話には出てこない。学生と教授は２年間で学位を取得しようと履修計画を話し合っていることから、Ⓐ も適切ではない。

4 正解 Ⓐ

MP3 190

教授は学生にどうするようにすすめているか。

Ⓐ 中国語を外国語として文学士号の取得を試みるようすすめているが、もし中国語がうまくいかない場合は、この目標を調整するだろう。
Ⓑ 予定通りに必ず卒業できるように、スペイン語を履修するように言っている。
Ⓒ 外国語の必修科目がないため、理学士号を取得するように助言している。
Ⓓ 夏期クラスで授業を取るのが一番よいだろうと言っている。

解説 詳細理解問題。教授は⑥で、「中国語が好みでなければ違う外国語を履修してもらっても、目標の学位を理学士号に変更してもいい」と伝えていることから、正解は Ⓐ。Ⓑ、Ⓒ、Ⓓ はいずれも本文中の内容と異なる。

5 正解 Ⓐ

MP3 191

中国語の授業が手に負えない場合、学生の代替案は何か。

Ⓐ 文学士号を取得して予定どおり卒業できるように、2学期のスペイン語クラスに入るためのテストを受ける。
Ⓑ 2年間ですべての必修科目を修了できるように、夏の間に授業を取る。
Ⓒ それほど多くの授業を取らなくて済むように、専攻を演劇研究に変更する。
Ⓓ 1学期のスペイン語クラスに変更して1学期遅れて卒業する。

解説 推測問題。学生の⑦の「中国語コースが手に負えなくなったら、高校でのスペイン語の経験を生かして、２学期のスペイン語から始めることはできますか」という学生の意向を聞いて、教授は⑦で「クラス分けテストに合格すれば２学期からスペイン語を始めることはできる、文学士を念頭に置いた２年間のスケジュールがうまくいくか様子を見よう」と答えている。したがって、Ⓑ、Ⓒ、Ⓓ はいずれも当てはまらず、スペイン語のクラス分けテストを受けると予想できるので正解は Ⓐ。

実戦模試３　会話１の語彙・表現

Professor ①

□ **set up**	〔動〕準備する、計画する

Professor ②

□ **transfer**	〔動〕転校する、編入する
□ **graduate**	〔動〕卒業する

Student ③

□ **associate of science degree**	〔名〕理学準学士号
□ **theatre**	〔名〕演劇
□ **major in**	〔動〕～を専攻する
□ **sociology**	〔名〕社会学

Professor ③

□ **bachelor of science**	〔名〕理学士号
□ **bachelor of arts**	〔名〕文学士号

Student ④

□ **require**	〔動〕必要とする
□ **master's degree**	〔名〕修士号
□ **doctorate**	〔名〕博士号
□ **pretty**	〔副〕かなり、相当
□ **eventually**	〔副〕最終的に
□ **pursue**	〔動〕追求する
□ **at least**	〔副〕少なくとも

Professor ④

□ **for instance**	〔熟〕例えば
□ **refresh one's memory**	〔熟〕記憶をよみがえらせる

Student ⑤

□ **improve**	〔動〕向上させる
□ **marketability**	〔名〕市場性
□ **workforce**	〔名〕労働人口、労働力
□ **academia**	〔名〕学術界

Professor ⑤

□ **transcript**	〔名〕成績証明書

□ **it appears that**	〔熟〕～のようだ
□ **fill in gaps**	〔熟〕差を埋める
□ **quite a few**	〔熟〕かなり多くの
□ **general education**	〔名〕一般教養
□ **be in order**	〔熟〕適切だ、妥当だ
□ **satisfy**	〔動〕（条件などを）満たす

Student ⑥

□ **afford**	〔動〕余裕がある

Professor ⑥

□ **tell you what**	〔熟〕こうしてはどうか
□ **in mind**	〔熟〕念頭に置いて
□ **make sure that**	〔熟〕必ず～になるようにする
□ **it turns out that**	〔熟〕～ということが判明する
□ **one's cup of tea**	〔名〕～の好み
□ **warn**	〔動〕警告する
□ **end up V-ing**	〔熟〕結局Ｖすることになる
□ **put ~ behind**	〔熟〕～を遅らせる

Student ⑦

□ **if worse comes to worse**	〔熟〕最悪の場合、万一の場合
□ **start off with**	〔熟〕～から始める

Professor ⑦

□ **placement**	〔名〕クラス分け

実戦模試3　講義1　解答・解説

Lecture　Questions 6–11

正解一覧

6. Ⓑ　7. Ⓓ　8. Ⓐ　9. Ⓑ　10. Ⓒ　11. Ⓓ

スクリプト

MP3 192

Listen to part of a lecture in a political science class.

1 ① Many of you would undoubtedly agree that debates are a major part of modern politics. ② Well before an actual presidential election, we will have the opportunity to see multiple debates among presidential hopefuls trying to, uh…trying merely to win their own party's nomination…so that they can then represent their party as its presidential candidate. ③ Of course, once each party chooses its candidate, there are typically three and at least one vice presidential debate—all of which are televised. ④ In addition, many of the earlier major party debates are televised as well. ⑤ This huge number of debates can be a bit overwhelming to the average citizen, but you may be surprised to know that this is all a…this is a quite recent phenomenon. Q6 Key ⑥ And, as we shall see, this debate "fever," if you will, has surprisingly lagged behind some key technological advances.

2 ① In its early years, candidates for president affected a type of false modesty. ② In other words, it was considered somewhat rude to, uh… to actively promote oneself for the position of president. ③ If a person were pushed to declare his desire to become president, candidates in the early 1800s would simply claim that they were…they were merely following the will of the people. Q7 Key ④ Of course, this was all an act—they very much wanted to become president, but it was important to appear to be honest and even somewhat humble…to appear to be someone whose interest was to serve at the will of the people. ⑤ But the truly honest work was done by the candidate's supporters who would, uh…they would hand out pamphlets and promote the candidate on his behalf.

3 Q8 ① The first presidential candidate to ever campaign for himself—and win— was the ninth president of the United States, William Henry Harrison. Q8 Key ② Whether his success was a result of his campaigning or a division within the rival party is unclear. ③ The first publicly celebrated and arousing debates were actually not presidential debates at all…but a series of seven debates for the senate

第5章 実戦模試

seat in Illinois between Stephen Douglass and Abraham Lincoln in 1858. Q9 Key ➡ ④ Although these debates had little effect on the outcome of the election—because the senate seats were chosen by state legislatures—the positions of these two candidates were made very clear to the public…and this did have a significant impact when they… when both of these candidates ran for president in 1860.

4 ① Things began to shift as it became accepted for candidates to take a more active approach to clearly expressing their desire to become president. ② But it wasn't until 1948 that the first radio broadcast debate took place between two Republican presidential candidate hopefuls. ③ And it took another eight years before two Democratic presidential candidates finally debated on the radio for the first time. ④ Now, it's important to note that the radio had, uh…it was found in most American homes by the 1920s, and President Franklin Delano Roosevelt had famously broadcast a series of "fireside chats" from 1933 to 1945. Q10 Key ➡ ⑤ So, it is surprising to see that candidates had not taken advantage of this medium prior to 1948—more than 20 years after it had been widely adopted by the public.

5 ① A similar thing could be said of television—it was not until 1960 that the first presidential debate, between Nixon and Kennedy, was broadcast on TV. ② And even after the receptive public response to this first televised debate, it was not until 1976 that they, uh… that regularly televised presidential debates were shown on TV. Q6 Key ➡ ③ Again, there was a considerable lag between the availability of the technology—TV—and its use in presidential debates.

訳

政治学の講義の一部を聞きなさい。

1 ①皆さんのほとんどは、疑いの余地なく、ディベートが現代政治の主要な一部であることに同意されるでしょう。②実際の大統領選のずっと前に、私達には、単に自身の党から指名を勝ち取ろうとしている…、大統領候補者達の多くの討論を見る機会があります、えー…、その後、大統領候補として党の代表となるためですね。③もちろん、一度各党が党の候補者を選出したら、通常は 3 回の大統領候補討論会、そして少なくとも 1 回の副大統領討論会があります—それらはすべてテレビ放送されます。④さらに、初期の主要な党の討論会の多くもテレビ放送されます。⑤こうした膨大な数の討論は一般市民にはいささか度を超しているかもしれませんが、これはすべて…かなり最近の現象なのです。⑥そして、これから見ていくように、この討論「熱」は、言うなれば、重要な技術の進歩から驚くほど後れをとってきました。

2 ①初期には、大統領候補者はある種のうわべだけの慎み深さを装っていました。②言い換えれば、大統領という役職に自らを積極的に売り込むことは、えー…、少々下品な活動と考えられていました。③大統領になりたいという願望を公表するように押しつけられたら、1800年代初期の候補者達は、自分は…、ただ単に人民の意志に従っているのだとやすやすと主張したことでしょう。④もちろん、これはまったくの演技でした—彼らは非常に大統領になりたかったけれど、正直かつ謙虚に見えること…、関心事は民意に仕えることであるという人物に見えることが重要だったのです。⑤しかし、本当に正直な活動は、候補の支持者達によってなされました、えー…、彼らは候補者の代わりにパンフレットを配ったり、候補の宣伝をしたりしたものでした。

3　Q8 ①かつて自分自身のためにキャンペーンをし—そして勝利した—最初の大統領候補は、第9代アメリカ合衆国大統領ウィリアム・ヘンリー・ハリソンでした。②彼の成功はその運動の結果だったのか、あるいはライバル党の党内分裂の結果だったのかは、はっきりしません。③初めて公によく知られ、関心を引いた討論会は、実は大統領候補討論会ではまったくなく…、そうではなく、イリノイ州の上院の議席を巡るスティーブン・ダグラスとアブラハム・リンカーンによる1858年の7回にわたる討論会でした。④これらの討論会は選挙の結果にはほとんど影響しなかったのですが—というのも上院の議席は州議会で選出されるので—この2人の候補者の立場は人民に非常に明確に示されました…そしてそのことは、この両候補者が1860年の大統領選に出馬したときに…、著しい影響を与えました。

4　①候補者が大統領になりたいという願望を明確に表すためのより積極的なやり方が受け入れられるようになるにしたがって、事態は変わり始めました。②しかし、1948年に共和党の大統領候補者2人による討論会が初めてラジオで放送されるまでは、そうではありませんでした。③そして、ついに民主党の大統領候補者2人が初めてラジオで討論するまでには、さらに8年を要しました。④さて、留意すべき重要なことは、ラジオは、えー…、1920年代にはほとんどのアメリカの家庭で見られるものとなっていました、そして1933年から1945年までフランクリン・デラノ・ルーズベルト大統領は、よく知られているように『炉辺談話』というシリーズ番組を放送していたのです。⑤ですから、1948年より前に候補者達がこの媒体を利用しなかったとは驚くべきことです—1948年はそれが大衆に広く受け入れられるようになってから20年以上も後だったのですから。

5　①テレビについても似たようなことが言えます—1960年になって初めてニクソンとケネディの大統領候補討論会がテレビで放映されました。②初めてテレビで放映されたこのテレビ討論会に対する国民の受容的な反応の後ですら、1976年までは…、大統領候補討論会を定期的にテレビで放映するには至らなかったのです。③またしても、技術の普及度—テレビ—と、大統領候補討論会でのその利用との間には、かなりの隔たりがありました。

設問の訳・正解・解説

6 正解 Ⓑ　MP3 193

教授は大統領候補討論会について何を示唆しているか。

Ⓐ 討論会の数は今後、増加し続けるだろう。
Ⓑ 必ずしも利用可能なテクノロジーを最大限に生かしてこなかった。
Ⓒ テレビで放映される討論会は、人々に候補者の本当の人柄を見る機会を与える。
Ⓓ 一般の人々が十分に情報を得た上で決断をするには、それらはあまりにも少ない。

解説　態度・意図問題。1 ⑥と講義の終わり 5 ③で、技術の進歩と大統領候補討論会との隔たりについて語っている。したがって Ⓑ が正解。

7 正解 Ⓓ　MP3 194

教授によると、初期の大統領候補者に当てはまることは何か。

Ⓐ 人民の意志により大統領選に出馬した。
Ⓑ 候補者は正直で謙虚だった。
Ⓒ 立候補したことを積極的に宣伝した。
Ⓓ 公には謙虚さを示して本当の野心を隠した。

解説　詳細理解問題。2 ①で「初期には大統領候補者はある種のうわべだけの謙虚さを装っていた、積極的に自分を売り込むことは失礼だと見なされていた」と説明されているので、Ⓑ と Ⓒは誤り。Ⓐ は候補者の大義名分であるが、2 ④に「それは演技（見せかけ）だった」とあるので誤り。2 ④の内容をまとめた Ⓓ が正解。

8 正解 Ⓐ　MP3 195

講義の一部をもう一度聞きなさい。それから質問に答えなさい。（「スクリプト／訳」の下線部を参照）

教授が次のように言うとき何を意味していますか。

Ⓐ ハリソンのキャンペーンは、本当は彼の勝利の助けになっていなかったのかもしれない。
Ⓑ ハリソンは鍵となる要因が組み合わせられたおかげで大統領となった。
Ⓒ ハリソンは運よく大統領になれた。
Ⓓ 党内の分裂にもかかわらず、大統領の地位を勝ち取った。

解説　態度・意図問題。該当箇所の 3 ②で「彼の成功はその運動の結果だったのか、あるいはライバル党の党内分裂の結果だったのかは、はっきりしません」と述べている。勝因ははっきりしていないので正解は Ⓐ。分裂したのはハリソンの党ではなく、対立党なので Ⓓ は間違い。Ⓑ と Ⓒ については語られていない。

9 正解　Ⓑ　　MP3 196

1858 年のリンカーン対ダグラス討論会に当てはまるのは何か。

Ⓐ イリノイ州上院の選挙の決め手として役立った。
Ⓑ その影響力は 2 年後まで十分に感じられなかった。
Ⓒ イリノイ州議会の要求により行われた。
Ⓓ あまり世間の注目を集めなかった。

解説　詳細理解問題。3 ④で、「1858 年の上院の議席を巡る討論は、上院の議席は州議会が選ぶため、その選挙にほとんど影響がなかったが、2 年後の 1860 年の大統領選に顕著な影響があった」と説明されていることから正解は Ⓑ。Ⓐ は④で「イリノイ州上院選には影響がなかった」と言っているので該当しない。Ⓒ については言及されていない。Ⓓ は③で「公によく知られた」と言っているので間違いだと判断できる。

10 正解　Ⓒ　　MP3 197

1920 年代の大統領候補討論会においてラジオはどんな役割を果たしたか。

Ⓐ 候補者が大統領になりたいという願望をはっきりと表現するのに役立った。
Ⓑ 共和党候補にとっての主要な媒体だった。
Ⓒ ラジオは少なくとも 20 年後までそのように使われなかったので、何の役割も果たさなかった。
Ⓓ『炉辺談話』という番組の利用を通じて、フランクリン・デラノ・ルーズベルト大統領が選挙に勝つのに役立った。

解説　詳細理解問題。4 ④で「ラジオは 1920 年代には一般家庭に普及していた」と述べている一方、⑤で「その 20 年以上も後までこの媒体の利点は活用されなかった」と説明しているので正解は Ⓒ。

11 正解 Ⓓ　　　　MP3 198

教授は講義でどのように情報を整理しているか。

Ⓐ 出来事が起こった順番
Ⓑ 政党別
Ⓒ 重要な順
Ⓓ 現状を述べてから年代順

解説　構成把握問題。1 で現況、2 と 3 で 1800 年代の状況、4 と 5 で 1920 年代から 1970 年代の状況を述べている。したがって、正解は Ⓓ。

実戦模試 3　講義 1 の語彙・表現

1

□ **hopeful**	〔名〕有望な人
□ **merely**	〔副〕単に～だけ＝ only
□ **presidential debate**	〔名〕大統領候補討論会
□ **if you will**	〔熟〕言うなれば
□ **lag behind**	〔熟〕後れをとる、距離が開く

2

□ **false modesty**	〔名〕見せかけの謙虚さ、控えめ
□ **promote oneself**	〔熟〕自分を売り込む

3

□ **celebrated**	〔形〕著名な
□ **arousing**	〔形〕刺激的な
□ **senate seat**	〔名〕上院の議席
□ **state legislatures**	〔名〕州議会

4

□ **prior to**	〔前〕～より前に＝ before

5

□ **receptive**	〔形〕受容力のある

実戦模試 3　会話 2　解答・解説

Conversation　Questions 12–16

正解一覧

12. Ⓐ　13. Ⓒ　14. Ⓑ　15. Ⓑ　16. Ⓒ

スクリプト

MP3 199

Listen to a conversation between a student and an academic advisor.

Student ①: Q12 Key➡ I already took English Composition 101 and another class, Introduction to Shakespeare. I need one more English elective for my program. I'm already taking 12 credits, four of those being a business class for my business major. I think I'd prefer some kind of easy but interesting English elective if possible.

Advisor ①: What about English Composition 102? It's taught by only one professor, so all the students pretty much follow the same syllabus and do the same homework. Professor Randall will require you to submit some short essays of less than two pages each. The papers are due every other week or so. The final paper is about ten pages, but you can write about any subject you want.

Student ②: Q13 Key➡ Gee, I didn't do so well in English 101, so I might find composition difficult. My writing is not the best, apparently. Any other suggestions?

Advisor ②: How about English 210? From what I hear, it's not like writing arguments or coming up with stories. It's developing writing skills for business and such.

Student ③: How about a non-writing class? Personally, I prefer reading over writing.

Advisor ③: You can take a 200-level American Literature class if you want. Q14🎧 Q14 Key➡ It still depends on the professor. But most American Lit classes simply require reading and class discussions, with two papers, a mid-term and a final. At this level, the novels are generally quick reads, but of course that depends on your level of interest in reading.

Student ④: Q16 Key➡ What are the questions in most American Lit classes like? I mean, are they mainly, like, critical thinking, or just questions based on the reading? And what about the papers I have to submit?

Advisor ④ : Most of them are critical thinking. Usually, the first paper will be on a topic assigned by the instructor. It's usually about four or five choices, and you have to choose one to write your paper on. For the second paper, you generally formulate your own topic or thesis and write about it. Generally, you have the option to choose which novel you want to write on.

Student ⑤ : Hmm... I think I'll probably take the American Lit class. I'm really not a good writer, so I'm trying not to take a writing class for my last English elective.

Advisor ⑤ : Q15 Key➡ Personally, I think you're going about things the wrong way when you choose classes depending on your strengths and weaknesses. You are here to learn, grow, and improve yourself, not to avoid as many challenges as possible. I would advise against brushing off the English 210 class. I think taking this class would do you good. You did say you're a business major, right?

Student ⑥ : That's right. Well, I'll give it a bit of thought.

訳

学生とアカデミックアドバイザーの会話を聞きなさい。

学生①：私はすでに英作文 101 とシェイクスピア入門というもう 1 つの科目を取りました。学習計画のためにもう 1 つ英語の選択科目が必要です。私はすでに 12 単位を取っています。そのうち 4 単位はビジネス専攻のためのビジネスの科目です。もし可能なら、簡単だけど面白い何かしらの英語の選択科目がいいです。

アドバイザー①：英語作文 102 はどうですか。教えている教授は 1 人だけなので、すべての学生がだいたい同じ講義要項に従って、同じ宿題をします。ランダル教授はそれぞれ 2 ページ以下のいくつかのエッセイを提出するようにあなたに求めるでしょう。そのエッセイはほぼ隔週に締め切りです。最終エッセイは約 10 ページですが、あなたの望むどんなテーマについても書くことができます。

学生②：うーん、私は英語 101 ではあまりよくできませんでしたので、作文の授業は難しいかもしれません。どうやら書くことは私の得意とするところではないようです。ほかにお勧めはありますか。

アドバイザー②：英語 210 はどうですか。聞くところによれば、その科目は意見を書いたり、物語を考え出したりするようなものではないです。ビジネスなどのために書く能力を伸ばすためのものです。

学生③：作文ではない講座はどうでしょうか。個人的に私は書くより読むほうが好きです。

アドバイザー③：もし取りたいなら、200 レベルのアメリカ文学の科目を取ることができますよ。Q14 🎧 それも教授次第です。でもほとんどのアメリカ文学の科目は、2 つのエッセイ、中間試験、最終試験があり、読むことと授業での討論だけを必要とします。このレベルでは、小説は通常早く読める本です。でも、もちろんそれはあなたの読書への興味の度合い次第です。

学生④：ほとんどのアメリカ文学の授業の課題はどのようなものですか。つまり、それらは主に批判的思考ですか、それとも課題読書に基づいた質問だけですか。そして私が提出しなければいけないエッセイについてはどうでしょうか。

アドバイザー④：ほとんどは批判的思考です。通常、最初のエッセイは、講師によって課題に出されたテーマについてです。約4つから5つの選択肢が通常あり、エッセイを書くために1つ選ばなくてはいけません。2番目のエッセイでは、一般的に自分自身のテーマまたは論旨を考えて、それについて書きます。通常、あなたがどの小説について書きたいかを選ぶ選択権があります。

学生⑤：うーん。たぶんアメリカ文学の科目を取ると思います。私は本当にあまりよい書き手ではないです。だから最後の英語の選択科目にライティングの授業を取らないようにします。

アドバイザー⑤：個人的に言えば、自分の強みと弱みに応じて科目を選ぶと、間違った方法で物事に取り組んでしまうと思います。できるだけ挑戦を避けるためではなく、あなたは学び、成長し、自分自身を向上させるためにここにいます。私は英語210の科目を払いのけないように忠告します。この科目を取ることはあなたの役に立つと思います。あなたはビジネス専攻だと言いましたよね。

学生⑥：そのとおりです。ええと、少し考えてみます。

設問の訳・正解・解説

12 正解 Ⓐ　　MP3 200

なぜ学生はアドバイザーに会いにいくのか。

Ⓐ 科目を選ぶ助けを得るため
Ⓑ 特定の科目を取る承認を得るため
Ⓒ 彼女の専攻を変えることについての助言を得るため
Ⓓ どの英語の教授が最も人気であるかを知るため

解説　トピック問題。学生は最初にもう1つ英語の選択科目が必要だと言っている。アドバイザーは英語作文102や英語210など、いくつかの科目を学生に提案していることから、学生はアドバイザーに科目を選ぶ相談をしているとわかる。

13 正解 Ⓒ　MP3 201

学生はどんな問題を抱えているか。

Ⓐ 彼女は批判的思考が得意ではない。
Ⓑ 彼女は娯楽のための読書だけを楽しむ。
Ⓒ 彼女のライティング能力は劣っている。
Ⓓ 彼女は書くテーマを選ぶのに困っている。

解説　詳細理解問題。学生は②の発言で「どうやら書くことは私の得意とするところではないようです」と述べている。ほかにも⑤の発言で「私は本当にあまりよい書き手ではないです。だから最後の英語の選択科目にライティングの授業を取らないようにします」と述べていることから、学生は自分のライティングが下手だと思っていることがわかる。

14 正解 Ⓑ　MP3 202

会話の一部をもう一度聞きなさい。それから質問に答えなさい。(「スクリプト／訳」の下線部を参照)
なぜアドバイザーは次のことを言うのか。

Ⓐ 学生は200レベルの文学の科目を取るためにその教授の承認が必要である。
Ⓑ すべてのアメリカ文学の科目の課題が同じわけではない。
Ⓒ すべての教授がアメリカ文学を教えるのに頼りにできるとは限らない。
Ⓓ 授業での学生の興味の程度は教授によるだろう。

解説　推測問題。学生がライティングではない科目はないかと尋ねたところ、アドバイザーは200レベルのアメリカ文学の科目を提案した。アドバイザーは、それでも教授によっては授業の内容や課題が違うという意味で「それも教授次第です」と述べたと推測できる。

15 正解 Ⓑ　MP3 203

どのようにアドバイザーは最も考えていそうか。

Ⓐ 学生は専攻を変えるべきである。
Ⓑ 学生はいくらか怠けている。
Ⓒ 学生はライティングの授業を避けるべきである。
Ⓓ 学生は自分自身のビジネスの授業にもっと集中すべきである。

解説 推測問題。学生がライティングの科目を避けたいと述べたところ、アドバイザーは⑤の発言で「できるだけ挑戦を避けるためではなく、あなたは学び、成長し、自分自身を向上させるためにここにいます」と述べている。アドバイザーは学生に怠けずに自分を成長させてほしいと思っていることを示唆している。

16 正解 Ⓒ　MP3 204

学生に関して何が推測できるか。

Ⓐ 彼女はシェイクスピアの授業でよくできなかった。
Ⓑ 彼女はフィクションを書くよりもエッセイを書くほうを好む。
Ⓒ 彼女は一度もアメリカ文学の授業を取ったことがない。
Ⓓ 彼女はフィクションよりもノンフィクションを読むほうを好む。

解説 推測問題。学生は④の発言で「ほとんどのアメリカ文学の授業の質問はどのようなものですか」と聞いていることから、今までアメリカ文学の科目を取ったことがないとわかる。

実戦模試3　会話2の語彙・表現

Student ①

□ **elective**	〔名〕選択科目
□ **credit**	〔名〕単位

Advisor ①

□ **syllabus**	〔名〕講義要項、シラバス
□ **submit**	〔動〕提出する
□ **due**	〔形〕（課題などが）提出期日である
□ **every other week**	〔熟〕隔週に
□ **subject**	〔名〕テーマ

Student ②

□ **apparently**	〔副〕どうやら
□ **suggestion**	〔名〕提案

Advisor ②

□ **come up with**	〔熟〕～を思いつく

Advisor ③

□ **literature**	〔名〕文学《略称は lit》
□ **depend on**	〔動〕～次第で決まる、～によって決まる

Advisor ④

□ **assign**	〔動〕課す
□ **instructor**	〔名〕講師
□ **generally**	〔副〕一般的に
□ **formulate**	〔動〕考案する
□ **thesis**	〔名〕論旨
□ **option**	〔名〕選択権

Advisor ⑤

□ **go about**	〔動〕～に取り組む
□ **strength**	〔名〕強み、長所
□ **improve**	〔動〕向上させる
□ **challenge**	〔名〕難題
□ **as ~ as possible**	〔熟〕できるだけ～
□ **advise against**	〔動〕～を避けるように忠告する
□ **do ~ good**	〔熟〕～のためになる
□ **brush off**	〔動〕払いのける、無視する

Student ⑥

□ **give ~ a thought**	〔熟〕～について一考する

実戦模試3　講義2　解答・解説

Lecture　Questions 17–22

正解一覧

17. Ⓑ　18. [B]、[D]　19. Ⓓ　20. Ⓐ　21. Ⓒ　22. Ⓒ

スクリプト

MP3 205

Listen to part of a lecture in a history class.

1 ① I've looked over many of the research papers that you turned in last week that dealt with the factors behind the outbreak of World War I…and I've noticed so far that all of you have included the actions of Kaiser Wilhelm II as one of the key factors. ② Naturally, you have all discussed many of his problematic and aggressive diplomatic choices…and even some of his character flaws. ③ And I agree wholeheartedly that his misuse of power and his, uh…his bad political choices were critical elements in the buildup to war. ④ But I thought that today it would be beneficial for us to look at a more complete picture of the man who was both the last Emperor of Germany and the last King of Prussia.

2 ① Wilhelm II was born in 1859, the first son of Prince Frederick William of Prussia and Princess Victoria. ② Since Princess Victoria was the eldest daughter of Queen Victoria of England, this meant that Wilhelm II was Queen Victoria's grandson. ③ Unfortunately, he was born breech, meaning that he entered the world feet first. ④ He suffered considerable damage to his left shoulder during his birth, and this injury left him with a severely weakened left arm that remained six inches shorter than his right arm throughout adulthood. Q17 Key➡ ⑤ This type of physical disfigurement undoubtedly had a significant effect on his personality. ⑥ As a young boy, he showed certain aspects of his personality that would be seen throughout his life: Q18. B Key➡ he was clever, but his intelligence was eclipsed by his quick temper. ⑦ Unfortunately, for Wilhelm II, and for those affected by him, his short temper was a permanent part of his personality. Q18. D Key➡ ⑧ Additionally, he was described as extremely impatient, and it was said that he showed a great dislike of hard work. ⑨ As he entered his late teens, he rejected his parents' support of British-style democracy…and he leaned more towards autocratic rule. ⑩ So, by the time he became Emperor of Germany in 1888, at the age of 29, his character traits…and his personal beliefs…motivated him to try and create a German Empire that would rival that of the British

Empire. Q19 🎧 ⑪ His desire to build upon the German Empire, coupled with his tendency to make racist, insensitive, and aggressive remarks in public made many world leaders uneasy…and caused some of these leaders to question Wilhelm II's sanity. Q19 Key➡ ⑫ Eventually, the shooting of the Archduke Franz Ferdinand of Austria gave Wilhelm II, along with the leaders of some of his allied countries, the excuse needed to start World War I.

3 ① Now, as I mentioned earlier, it is natural for historians, and students of history, to focus on his negative character traits…but you may be surprised to learn that Wilhelm II was also somewhat of a sympathetic figure that actually did some good for the people. ② For example, he was a big supporter of workers' rights. Q20 Key➡ ③ In fact, a disagreement he had with his first chief advisor, Chancellor Otto Van Bismarck, over the subject of socialism and workers' rights helped lead to Bismarck's eventual dismissal and subsequent retirement from politics. ④ In addition to wanting to support workers' rights…and uh, other social welfare issues…Wilhelm II was also very involved in the promotion of public education and the arts and sciences. ⑤ In fact, he was a strong supporter of the attempt to modernize…to modernize the education system, which, to that point, was very elitist…and had not kept up with the pace of scientific progress. Q21 Key➡ ⑥ Wilhelm II wanted to put Germany at the forefront of science and medicine, and he felt that education was a key ingredient in accomplishing this goal. ⑦ Additionally, since he strongly wanted…desired…the approval of others, being loved by the people helped to satisfy this need.

4 Q22 Key➡ ① Wilhelm II was certainly a flawed individual…and this normally would not have been that big a deal with your average person. ② Unfortunately, for the rest of the world, the power he held, coupled with his aggressive and unbalanced personality, helped to plunge the, uh…the world into a nightmarish global conflict that cost millions of lives.

訳

歴史の講義の一部を聞きなさい。

1 ①私は皆さんが先週提出してくれた第1次世界大戦勃発の背景要因を扱ったたくさんのリサーチペーパーに目を通しました…、そこでこれまでのところで気づいたのは、皆さんがいずれもドイツ皇帝ヴィルヘルム2世の行動を重要な要因の1つに含めていたことでした。②当然ながら、皆さん誰もが、彼の問題ある攻撃的な外交上の選択の多くを論じていました…、それに彼のいくつかの性質的欠陥をもですね。③そして、彼の権力の悪用と、えー…、彼の政治的な選択のまずさが、戦争に向けての重大な要素であったことには私もまったくもって同意します。④でも、今日は、最後のドイツ皇帝であり、最後のプロイセン王でもあった彼のより全体的な人物像を見ることが私達のためになると考えました。

2　①ヴィルヘルム2世は1859年にプロイセンのフレデリック・ウィリアム王子とヴィクトリア王女の長男として生まれました。②王女ヴィクトリアはイギリスのヴィクトリア女王の長女だったので、ヴィルヘルム2世はヴィクトリア女王の孫でした。③不運にも彼は逆子で生まれました、これが意味するのは、世界に最初、足から入ったということですね。④彼は出生時に左肩にかなりの損傷を受け、この損傷はひどく弱った左腕を残し、成人してからもずっと左腕は右腕よりも6インチ短いままでした。⑤このタイプの肉体的変形は間違いなく彼の人格に重大な影響を及ぼしました。⑥少年時代に、彼は生涯を通して見られることとなる、個性のある側面をのぞかせました:賢かったのですが、その知性は短気な性格によって覆い隠されてしまっていたのです。⑦ヴィルヘルム2世にとって、また彼に影響される人々にとって運の悪いことに、彼の短気は、永久的に彼の性格の一部でありました。⑧加えて、彼は極度に辛抱強さを欠いていたと記されており、勤勉には激しい嫌悪を示したと言われていました。⑨十代の後半になると、彼は両親が支持する英国式の民主政治を拒否し…、より独裁支配に傾倒していきました。⑩そうして1888年に29歳でドイツ皇帝となるまでに、彼の性格的特徴…、それに個人的な信条により…、彼は大英帝国に匹敵するドイツ帝国を作り上げることに駆り立てられました。Q19 ⑪ドイツ帝国を立ち上げるという彼の欲望は、公に人種差別的で無神経かつ攻撃的な発言をする傾向と相まって、多くの世界の指導者を不安にし…、そのうちの一部の者にはヴィルヘルム2世の正気を疑わせました。⑫最終的に、オーストリアのフランツ・フェルディナンド大公への銃撃が、ヴィルヘルム2世ならびに彼の同盟国の一部の指導者達に、第1次世界大戦を始めるために必要だった口実を与えたのでした。

3　①さて、先ほど言ったように、歴史家や歴史を学ぶ学生が彼のネガティブな性格的特徴に注目してしまうのは当然ではありますが…、ヴィルヘルム2世は、多少は思いやりのある、人民のために実際にいくらかはよいことをした人物でもあったことを知ったら、皆さんは驚くかもしれませんね。②例えば、彼は労働者の権利の大いなる支持者でした。③それどころか、社会主義者の問題や労働者の権利を巡る第一首席顧問、オットー・フォン・ビスマルク首相との意見の相違は、ビスマルクの最終的な免職とその後の政界からの引退につながりました。④労働者の権利や…その他の社会福祉問題を支持したがったことに加えて…、ヴィルヘルム2世は公教育や芸術科学の振興にも大いに関与しました。⑤つまり、彼は教育制度の近代化…、近代化しようとする試みの強力な支持者だったのです、教育制度はそれまでとてもエリート主義的で…、そして科学の進歩に追いついていなかったのです。⑥ヴィルヘルム2世はドイツを科学と医療の最前線に置きたいと思っており、教育はこの目標を達成する上で鍵となる要素だと感じていました。⑦加えて、彼が非常に強く求め…、望んでいたのは他者からの承認だったので、人民から愛されることがこの要望を満足させるのに役立ちました。

4　①ヴィルヘルム2世は確かに欠陥のある人物でしたが…、通常はこうしたことは一般人であれば、大した問題ではありません。②世界のほかの国々にとっては不幸なことに、彼が持っていた権力は攻撃的かつ不安定な人格と合わさり、数百万もの命が犠牲となった、世界を悪夢のような国際規模の紛争に突入させることを助長したのでした。

設問の訳・正解・解説

17 正解 Ⓑ　　MP3 206

教授によると、どの要因がヴィルヘルム２世の性格に永続的な影響を与えたか。

Ⓐ 英国のヴィクトリア女王との関係
Ⓑ 逆子で生まれた彼の出生
Ⓒ 彼が生まれた時代
Ⓓ 分娩時の母の死

解説 詳細理解問題。2 ③で「逆子で生まれてきた」こと、④でそれによる損傷、⑤でその肉体的変形が「人格に影響した」こと、⑥で「生涯を通じて」利口ではあったが短気だったことなどが述べられている流れから Ⓑ が正解。

18 正解 [B]、[D]　　MP3 207

教授によると、ヴィルヘルム２世の性格はどのように描写できるか。２つ選びなさい。

[A] 勤勉
[B] 短気
[C] 冷静
[D] 賢い

解説 詳細理解問題。2 ⑥に「賢いが短気だった」こと、⑧に「我慢が足りず勤勉を嫌った」とあるので [B]、[D] が正解。

19 正解 Ⓓ　　MP3 208

講義の一部をもう一度聞きなさい。それから質問に答えなさい。（「スクリプト／訳」の下線部を参照）

教授は次のように言うとき、何を意味しているか。

Ⓐ フランツ・フェルディナンド大公の暗殺が唯一の理由で、第1次世界大戦が始められた。
Ⓑ この銃撃により、ヴィルヘルム2世は、数人の世界的指導者と同盟を組むことができた。
Ⓒ ヴィルヘルム2世と同盟諸国は大公の暗殺を共謀した。
Ⓓ ヴィルヘルム2世は、戦争への突入を正当化するために、まさしくこうした事件の発生を待っていた。

解説 態度・意図問題。暗殺の時点で同盟はすでに存在していたのでⒷは間違い。2 ⑫で「オーストリアのフランツ・フェルディナンド大公への銃撃は、ヴィルヘルム2世ならびに彼の同盟国の一部の指導者達に、第1次世界大戦を始めるために必要だった口実を与えた」と言っているので、これを言い換えたⒹが正解。

20 正解 Ⓐ　　MP3 209

ヴィルヘルム2世による労働者の権利の支持は何につながったか。

Ⓐ 第一首席顧問の免職
Ⓑ 社会主義の発展
Ⓒ 彼の立場に対する人民からの絶大な共感
Ⓓ 彼自身の政界からの引退

解説 詳細理解問題。3 ③に「労働者の権利を巡る首席顧問との見解の相違はその顧問の免職につながった」とあるから正解はⒶ。

21 正解 Ⓒ　　MP3 210

なぜヴィルヘルム2世はドイツの教育の近代化に打ち込んだのか。

Ⓐ 他人からの承認を求めており、教育を振興することはその目的を達成するための唯一の方法だった。
Ⓑ エリート主義的傾向が、この種の社会システムを支持するに至った。
Ⓒ ドイツが科学と医学において世界的な先導者となるためには、優れた教育制度が必要であると確信していた。
Ⓓ 教育改革の速度を制限することを望んだ。

解説 詳細理解問題。教育推進の理由は 3 ⑥で述べられており、その内容と一致するのはⒸ。Ⓐも教育を推進した理由として⑦で述べられているが、Additionally「さらに」と言っているから追加的なものであり、主たる理由はあくまでもドイツの科学と医学の促進であると判断できる。

22 正解 Ⓒ　　MP3 211

ヴィルヘルム２世についての教授の意見はどれか。

Ⓐ 彼は実は評判より悪かった。

Ⓑ ドイツ社会への彼の貢献は、彼の第１次世界大戦への関与を上回る。

Ⓒ 広く考えられているほど完全にひどくはなかったが、第１次世界大戦の勃発においてはやはり先導的であった。

Ⓓ 彼の評判は、その気難しい性格にのみ基づいており、公平でない。

解説 態度・意図問題。講義の最後のまとめである 4 を聞き取れれば解答できる。4 ①で「ヴィルヘルム２世は欠陥のある人物だったがこれは一般人であれば問題ない」と述べ、続いて②で「彼が持っていた権力は、攻撃的かつ不安定な人格と相まって世界を国際紛争に突入させた」と結論づけていることから正解は Ⓒ。

実戦模試３　講義２の語彙・表現

1

□ look over	〔動〕～に一通り目を通す
□ outbreak	〔名〕突発、勃発
□ aggressive	〔形〕攻撃的な
□ diplomatic	〔形〕外交的な
□ flaw	〔名〕欠点、欠陥
□ wholeheartedly	〔副〕心底から
□ critical	〔形〕決定的な、重大な
□ buildup to	〔熟〕～に向けた発展、増強、積み重ね
□ beneficial	〔形〕有益な

2

□ breech	〔名〕逆子
□ physical	〔形〕身体的な
□ disfigurement	〔名〕欠点
□ aspect	〔名〕側面
□ eclipse	〔動〕影を投げかける、覆い隠す
□ quick temper	〔名〕短気
□ impatient	〔形〕せっかちな
□ autocratic rule	〔名〕専制支配

□ **character trait**	〔名〕性格特性
□ **rival**	〔動〕～に匹敵する
□ **coupled with**	〔熟〕～と相まって、結合して
□ **tendency**	〔名〕傾向
□ **racist**	〔形〕人種差別的な
□ **insensitive**	〔形〕無神経な
□ **remark**	〔名〕発言
□ **in public**	〔副〕公に
□ **uneasy**	〔形〕不安な
□ **sanity**	〔名〕正気
□ **archduke**	〔名〕大公
□ **excuse**	〔名〕口実

3

□ **mention**	〔動〕言及する
□ **sympathetic**	〔形〕同情的な
□ **figure**	〔名〕人物
□ **chief advisor**	〔名〕首席顧問
□ **dismissal**	〔名〕免職、解雇
□ **subsequent**	〔形〕それに続く
□ **social welfare**	〔名〕社会福祉
□ **key ingredient**	〔名〕大きな要素、重要な決め手
□ **approval**	〔名〕承認

4

□ **plunge**	〔動〕突き進む、飛び込む
□ **nightmarish**	〔形〕悪夢のような
□ **global conflict**	〔名〕世界的な紛争

実戦模試 3　ディスカッション 1 解答・解説

Discussion Questions 23–28

正解一覧

23. Ⓓ　24. Ⓑ　25. Ⓐ　26. Ⓐ　27. Ⓒ

28.

	Yes	No
a. The agricultural revolution		✓
b. The growth of cotton production		✓
c. Selling to the Asian market	✓	
d. The role of the United States	✓	
e. Women's independence		✓

スクリプト

MP3 212

Listen to part of a lecture in a history class.

1 **Professor:** Q23 Key➡ ① Today I'm going to talk about the textile trade during the industrial revolution. ② So where should I begin? ③ With the explosive growth in cotton production during the eighteenth century? ④ This is often seen as the starting point of the industrial revolution, and we could begin our story there—it's certainly dramatic—but I'd like to go back a little bit further, to the agricultural revolution. ⑤ Arguably, without this revolution, the next one would not have happened. ⑥ Land enclosures created large sheep-farming areas. ⑦ This boosted wool production and led to improvements in agricultural machinery. ⑧ Food production rose quickly, which helped increase the population, and people soon became available for factory work. ⑨ After that came the turn of cotton production, which grew from insignificance to a position of major importance in a single generation. ⑩ Finally, the developments in the cotton industry led to the innovations in technology, trade, and transport that kick-started the industrial revolution. ⑪ Uh, can I have less talking at the back? ⑫ It's important that you pay attention today as I will be asking you to write an essay on this topic. Q24 🎧 Q24 Key➡ ⑬ And that doesn't mean you don't have to pay attention in the other lectures! ⑭ Now let's move on to the immediate causes of growth in the cotton industry. ⑮ The first was geography. ⑯ The cotton industry was concentrated just north of Manchester, in England. ⑰ It's a hilly region fed by small,

fast-flowing rivers that kept the water wheels turning to supply power. Q25 Key ⑱ The area was also close to the major port of Liverpool, which enabled the cotton to be shipped easily. ⑲ Now, can anyone suggest any other causes for this growth in cotton production?

2 **Student A:** ① How about inventions like the Spinning Jenny? ② Weren't they key?

3 **Professor:** ① Yes, they were. ② From this point on, inventions came thick and fast. ③ Why did this happen? ④ Well, in the early days of cotton production, bottlenecks caused major problems. Q27 Key ⑤ The raw cotton needed to be spun and woven. ⑥ Spinning took a long time while weaving was much faster—a weaver could use up a person's entire weekly spinning output in one day. ⑦ There was thus an incentive to speed this process up through mechanization. ⑧ The inventions included the Flying Shuttle in 1733, the Spinning Jenny in 1763—which you just mentioned, John—and the Power Loom in 1785. ⑨ Okay, so much for the background and causes. ⑩ Now we need to talk about markets for the goods. ⑪ Does anyone know where the principal markets were?

4 **Student B:** ① Were they in Paris or Berlin or somewhere in Europe? ② These cities were growing quickly, too.

5 **Professor:** ① Good try, but the chief markets lay further afield.

6 **Student A:** ① Would it be India and China, the two most populous markets in the world? ② By the time of the industrial revolution, India was a prime destination for British exports.

7 **Professor:** Q28 c. Key ① That's right. ② The mercantilism angle is interesting. ③ Oh, I see some of you look puzzled! ④ Yes, 'mercantilism' is a tricky concept. ⑤ Basically, it's a system in which a country sells goods to the regions under its control. ⑥ It's a form of protectionism—the opposite of free trade. ⑦ In Britain's case, Q26 Key many of the nations under the British Empire had little choice but to buy British cotton. ⑧ Okay, if you research these factors a little further you should have all the material you need for an essay, but one more area needs to be explored. ⑨ We need to talk about where the cotton came from in the first place. ⑩ The answer is the plantations in the American Deep South. ⑪ These were run on slavery, so mechanization in this area was slow to develop. ⑫ However, textile factories quickly sprang up in New England to refine the cotton, and much of the financing came from the banking industry in the North.

8 **Student B:** ① Excuse me professor, can we include the role of women in our essays, too? ② I read that many of the factory workers were women, and they received wages for their labor. ③ This gave them an independence they hadn't had before. ④ Many developed libertarian ideas, such as women having the right to vote.

9 **Professor:** ① That's certainly an interesting point, but we'll be covering that topic in the next few weeks, so Q28 e. Key➡ I'd like you to leave it for now. ② The essay I want you to write is a general one on the textile trade during this period. Q28 b., d. Key➡ ③ My advice is to briefly mention the causes of the growth in wool and cotton production before concentrating on the link with America and the expansion of trade to the rest of the world.

訳

歴史学の授業における講義の一部を聞きなさい。

1 **教授：**①今日は産業革命中の繊維貿易について話します。②それでは、どこから始めましょうか。③ 18 世紀中の綿生産の爆発的な成長から？　④これはよく産業革命の出発点と見なされていますね、そこから話を始められそうですね—それは確かに劇的だった—ですが、もう少し前に戻って、農業革命について説明したいと思います。⑤ほぼ間違いなく、この革命がなければ、次の革命は起きなかったことでしょう。⑥土地の囲い込みは、広大な牧羊地を生み出しました。⑦これにより羊毛の生産量が増加し、農業機械の改善も導かれました。⑧食糧生産が急速に増加し、それが人口増を後押しし、まもなく人々は工場労働に出るようになりました。⑨その後、綿生産は転機を迎え、一世代で取るに足りない規模から非常に重要な位置を占めるまでに成長しました。⑩最終的には、綿産業の発展は、産業革命に弾みをつけた技術や貿易、輸送における革新につながりました。⑪あの、後ろのほう、おしゃべりを控えてもらえますかね。⑫皆さんにはこのトピックについてエッセイを書いてもらうので、今日は注意深く聞いておくことは大事ですよ。Q24🎧 ⑬といっても、ほかの講義中にきちんと聞かなくていいということではありませんからね！⑭では、綿産業の発展の直接的原因に移りましょう。⑮まず、地理的な条件がありました。⑯綿産業は、イングランドのマンチェスターのすぐ北に集中していました。⑰そこは小さく流れの速い川に恵まれた丘陵地で、それらの川が電力を供給する水車を回し続けていました。⑱この地域は主要港のリバプールにも近く、これにより容易に綿を輸送できました。⑲さて、誰かこの綿生産の成長のほかの原因を提示できますか。

2 **学生 A：**①ジェニー紡績機のような発明はどうですか？　②それらは重要ではありませんでしたか。

3 **教授：**①はい、そうですね。②この時点から、矢継ぎ早に発明がなされました。③なぜそういうことが起こったのでしょうか。④ええと、綿生産の初期には、生産のボトルネック（障害）が大きな問題となっていました。⑤原綿は、糸に紡ぎ、布に織る必要がありました。⑥紡績には長い時間がかかる一方で、機織りはずっと早くできました—1 人がまるまる 1 週間かけて紡ぎ出した糸を 1 人の織り手が 1 日で使い切ってしまうことがありえたのです。⑦つまり、機械化によってこの工程を迅速化させたいという動機があったわけです。⑧それらの発明には、1733 年の飛び杼、1763 年のジェニー紡績機—これはあなたが挙げてくれましたね、ジョン—それに1785年の動力織機などがありました。⑨さて、背景知識と原因についてはこれくらいにしておきましょう。⑩今度は、物品の市場について話さなければなりません。主な市場がどこにあったか誰か知っていますか。

4 **学生B**：①パリかベルリンまたはヨーロッパのどこかだったのですか。②これらの都市も急速に成長していました。

5 **教授**：①惜しいですね、しかし、主要市場はさらに遠くにありました。

6 **学生A**：①世界で最も人口の多い2つの市場であるインドと中国でしょうか？②産業革命期までには、インドはイギリスの輸出品の主要な送り先となっていました。

7 **教授**：①そのとおりです。②重商主義の観点は興味深いですよ。③ああ、中には困惑しているような人もいますね！　④はい、「重商主義」はややこしい概念です。⑤基本的に、これは、ある国が支配下におく地域に品物を販売するシステムです。⑥保護主義の一形態—自由貿易の反対ですね。⑦イギリスの場合、大英帝国の支配下にあった多くの国は、イギリスの綿を買う以外の選択肢がほとんどありませんでした。⑧いいですね、これらの要因をもう少し調べるとエッセイに必要な資料はすべて揃うでしょうが、探究しておくべき分野がもう1つあります。⑨そもそも、その綿がどこから来たのかについて話さなければいけません。⑩答えは、アメリカ深南部にあったプランテーションです。⑪これらは奴隷制によって運営されていたため、この地域における機械化の発展は遅れていました。⑫しかし、ニューイングランドに綿を精製する繊維工場が急速に登場し、融資の多くは北部の銀行界からきていました。

8 **学生B**：①すみません、教授、エッセイに女性の役割も含めてよいでしょうか。②工場労働者の多くが女性であり、労働の賃金を受け取っていたと読んだことがあります。③これによって女性達は、それ以前にはなかった自立性を与えられました。④女性の投票権獲得など、自由主義的な考えを多くの人が持つようになりました。

9 **教授**：①それは確かに興味深い点ですが、今後数週間のうちにその話題を取り上げていくので、今はそれについては触れないでおいてほしいですね。②書いてほしいエッセイは、この時期の繊維貿易に関する一般的なものです。③私のアドバイスは、アメリカとほかの世界に向けた貿易の拡大の関係に集中する前に、羊毛と綿生産の成長要因について短く述べ、それからアメリカとの関連、それに世界のその他の地域への貿易の拡大に集中することです。

設問の訳・正解・解説

23 正解 (D) MP3 213

主に何についての講義か。

(A) 羊毛製造と農業革命
(B) 大量生産の発明
(C) 工業化の動きの原因
(D) 歴史上の事象の概要

解説 トピック問題。(A) と (C) は議論の主題に関連する背景知識であること、(B) には言及がないこと、1 ①で「産業革命中の繊維貿易について話します」と述べていることから (D) が正解。

24 正解 (B) MP3 214

講義の一部をもう一度聞きなさい。それから質問に答えなさい。(「スクリプト／訳」の下線部を参照)
なぜ教授はこう言うのか。

(A) これが最も重要な講義であることを示すため
(B) 学生は常に傾聴すべきだと強調するため
(C) 学生が出席するかどうかを選択できることを指摘するため
(D) 学生達が今集中していないことを示すため

解説 態度・意図問題。"… that doesn't mean you don't have to pay attention in the other lectures!" は二重否定になっており聞き取りに注意が必要だが、言い換えると "… that means you have to pay attention in the other lectures!" となることから (B) が正解。

25 正解 (A) MP3 215

教授によると、次のどの要因により綿産業がマンチェスターの近くで生まれたのか。

(A) 国際港の近くに位置していた。
(B) 多くの発明家がたまたま近くに住んでいた。
(C) その地域には大きな川がいくつかあった。
(D) 造船産業がそこで発展していた。

解説　詳細理解問題。1 ⑱に「この地域は主要港のリバプールにも近く」とあるので Ⓐ が正解。Ⓒ は⑰の「小さく流れの速い川」と逆なので不適。

26 正解 Ⓐ　MP3 216

教授は重商主義について何を示唆しているか。

Ⓐ そのシステムは多くの国にとって不公平だった。
Ⓑ それは最も弱い国を守る傾向があった。
Ⓒ 英国人は綿貿易のためにそれを作り上げた。
Ⓓ 自由貿易はこのシステムから発展した。

解説　態度・意図問題。7 ⑤に「重商主義は支配下の国に物品を販売するシステム」、⑦に「大英帝国の支配下にある多くの国はイギリスの綿を買うしかほぼ選択肢がなかった」とあるため Ⓐ が正解だとわかる。

27 正解 Ⓒ　MP3 217

教授によると、収穫された後、綿はどうなったか。

Ⓐ イングランドに直接送られた。
Ⓑ プランテーションで加工された。
Ⓒ 精製工程を経た。
Ⓓ 手織りして衣類にされた。

解説　詳細理解問題。3 ⑤に「原綿は、糸に紡ぎ、布に織る必要があった」と述べられている。ここの紡ぎと織りの工程を refining process に言い換えた Ⓒ が正解。

28 正解　MP3 218

教授は、学生が集中すべき分野を提案している。以下の各提案について、「はい」の列または「いいえ」の列にチェックマークをつけなさい。

正解

	はい	いいえ
a. 農業革命		✓
b. 綿生産の成長		✓
c. アジア市場への販売	✓	
d. 米国の役割	✓	
e. 女性の自立		✓

第5章 実戦模試

解説 情報整理問題。農業革命については、1 ④～⑧で産業革命が起こる以前の背景として説明されているだけなので a. は No。9 ③で綿生産の成長については短く述べるように言っているので b. は No。6 ①で学生が主な市場としてインドと中国を挙げ、7 ①で教授が「そのとおり」と認めていることから c. は Yes。9 ③にアメリカの役割には集中すべき点だとあるので d. は Yes。女性の自立については 8 で学生 B がエッセイに書いてもよいか尋ねているが、教授は 9 ①でいうそのことについて書かないように指示しているため e. は No。

実戦模試 3　ディスカッション 1 の語彙・表現

1

□ **textile**	〔名〕織物、繊維
□ **industrial revolution**	〔名〕産業革命
□ **explosive**	〔形〕爆発的な
□ **further**	〔副〕さらに
□ **arguably**	〔副〕おそらく（間違いなく）
□ **enclosure**	〔名〕囲い込み
□ **boost**	〔動〕増大させる
□ **lead to**	〔動〕～を引き起こす
□ **insignificance**	〔名〕取るに足らないこと
□ **kick-start**	〔動〕始動を促進する
□ **immediate**	〔形〕直接の
□ **geography**	〔名〕地理、地形
□ **close**	〔形〕近い、近接する
□ **enable O to V**	〔熟〕O が V することを可能にする
□ **ship**	〔動〕輸送する
□ **suggest**	〔動〕示唆する

2

□ **invention**	〔名〕発明

3

□ **bottleneck**	〔名〕（生産などの）障害
□ **raw**	〔形〕未加工の、原料のままの
□ **spin**	〔動〕紡ぐ《活用：spin, spun, spun》
□ **weave**	〔動〕織る《活用：weave, wove, woven》

□ **entire**	〔形〕全体の
□ **output**	〔名〕生産量
□ **thus**	〔副〕したがって
□ **incentive**	〔名〕動機、動因
□ **principal**	〔形〕主要な

6

□ **populous**	〔形〕人口の多い
□ **prime**	〔形〕主要な

7

□ **mercantilism**	〔名〕重商主義
□ **puzzled**	〔形〕困惑した
□ **material**	〔名〕資料
□ **explore**	〔動〕探求する、調査する
□ **run**	〔動〕経営する
□ **slavery**	〔名〕奴隷制
□ **spring up**	〔動〕生じる
□ **refine**	〔動〕精製する

8

□ **libertarian**	〔形〕自由主義の、自由意志論を主張する
□ **right**	〔名〕権利
□ **vote**	〔動〕投票する

9

□ **briefly**	〔副〕手短に
□ **expansion**	〔名〕拡大
□ **rest**	〔名〕残り

実戦模試 4　会話 1

MP3 219~224

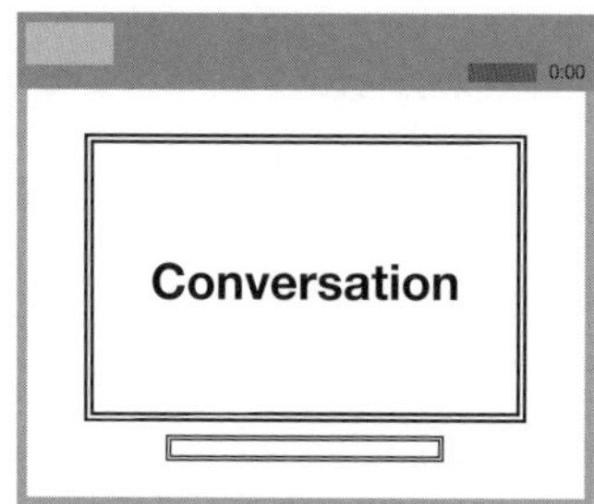

Now get ready to answer the questions.
You may use your notes to help you answer the questions.

1 According to the conversation, what is the difference between speed and velocity?

Ⓐ Velocity has direction, while speed does not.
Ⓑ Speed has direction, while velocity does not.
Ⓒ Velocity has magnitude, while speed does not.
Ⓓ Speed has magnitude, while velocity does not.

2 Why do some students have difficulty differentiating between velocity and speed?

Ⓐ They seem similar, but they are actually completely different.
Ⓑ They are both scalar quantities.
Ⓒ They have different meanings in physics, but basically the same meaning in a person's daily life.
Ⓓ They are both unfamiliar concepts for most people.

3 Why does the tutor mention a served tennis ball and a freight train?

Ⓐ To illustrate how momentum is not only based on an object's velocity
Ⓑ To show how mass remains constant when calculating momentum
Ⓒ To show that tennis balls can travel faster than larger objects such as freight trains
Ⓓ To identify both objects are potentially lethal

4 What is a closed system?

Ⓐ It is defined by the momentum conservation law.
Ⓑ It is a system that contains large amounts of energy that is incapable of escaping.
Ⓒ It describes a system that keeps input from entering and output from leaving.
Ⓓ It is a type of system that does not change at all over time.

5 Based on the conversation, what happens to momentum if you double the mass and double the velocity?

Ⓐ It stays the same.
Ⓑ It doubles in value.
Ⓒ It triples in value.
Ⓓ It becomes four times as large.

実戦模試 4　講義 1

MP3 225～231

Now get ready to answer the questions.
You may use your notes to help you answer the questions.

6 What is the lecture mainly about?

Ⓐ The ways in which online marketing can be extremely beneficial to entrepreneurs
Ⓑ Marketing-based success stories made possible by the Internet
Ⓒ The principles of crowdfunding
Ⓓ The range of the Internet's capabilities

7 According to the professor, why did the creator of the Million Dollar Homepage sell pixels in blocks of 100?

Ⓐ Because pixels are normally organized in groups of 100 on computer screens
Ⓑ Because he could make money faster than he could by selling individual pixels
Ⓒ Because he felt that $100 was a fair minimum price for advertisers to pay
Ⓓ Because it is too difficult to see individual pixels

8 What is one reason that people invest in crowdfunding projects?

Ⓐ They want to make a guaranteed profit.
Ⓑ They believe it is easier to invest in than the stock market.
Ⓒ They would like to receive a product.
Ⓓ They hope to be able to advertise their own goods and services.

9 *Listen again to part of the lecture.*
Then answer the question.
Why does the professor say this?

Ⓐ To emphasize that older people are consistently aware of the Internet's power
Ⓑ To show that it is easy to take the potential of the Internet for granted
Ⓒ To highlight a need to stay conscious of the possible dangers of the Internet
Ⓓ To remind us that the Internet is part of everyone's daily lives

10 Why did the professor mention a "subscription-based video exercise series"?

Ⓐ As an example of a product that would maximize the potential of the Internet
Ⓑ To show how easy it is to make a product that you could sell online
Ⓒ To highlight another success story
Ⓓ To give an example of a product that would not have been possible to market before the Internet

11 According to the professor, what type of entrepreneur would benefit most from using online marketing techniques?

Ⓐ Anyone who can set up a homepage
Ⓑ An entrepreneur with a unique idea
Ⓒ A person who has many online friends
Ⓓ Someone who is offering a digital product

MP3 232～237

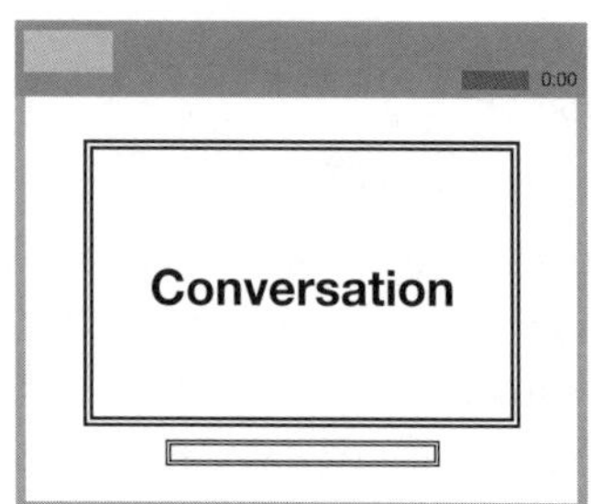

Now get ready to answer the questions.
You may use your notes to help you answer the questions.

12 *Listen again to part of the conversation.*
Then answer the question.
What does the professor mean when he says this?

Ⓐ After 30 minutes he will have to leave his office for an official meeting.
Ⓑ There is a limit to how much he can listen to.
Ⓒ He is very busy, but he can take a few minutes to talk to the student.
Ⓓ His office hours run for about 30 more minutes.

13 What type of internship is the student interested in applying for?

Ⓐ One that requires her to set up monitoring equipment in lakes that supply the city's water
Ⓑ An internship that is related to the city's water budget
Ⓒ One that involves analyzing water found in apartments and businesses in the city
Ⓓ A position that would require her to monitor groundwater

14 What steps has the student taken so far in terms of applying for this internship?

Ⓐ She coordinated her application with a student applying for another internship position.
Ⓑ She found that there were actually two positions from the result of an online search.
Ⓒ She communicated with the coordinator of the USGS project.
Ⓓ After filling out the application form, she spoke to her advisor about completing the process.

15 Why can't she directly contact alumni with work experience at the USGS?

Ⓐ To limit the number of contacts
Ⓑ Because she doesn't know what to say
Ⓒ Because no alumni from the college have ever worked there
Ⓓ Because she will be able to get more than enough information from Professor Williams

16 What will the professor include in the student's letter of recommendation?

Ⓐ Well-written portions from some of the student's research papers
Ⓑ A positive summary of the student's fieldwork in the professor's Aquatic Biology class
Ⓒ A significant amount of academic-related data
Ⓓ Excerpts from her team's final class project

実戦模試 4 講義 2

MP3 238~244

Now get ready to answer the questions.
You may use your notes to help you answer the questions.

17 What does the professor mainly discuss?

Ⓐ Conflicts caused by resource shortages
Ⓑ The vulnerability of resource-rich countries
Ⓒ The world's water shortage
Ⓓ The role of water in political conflicts

18 According to the professor, what caused the migration of Arab nomads to the south of Darfur?
Choose 2 answers.

[A] Desertification
[B] Ethnic divide
[C] Civil war
[D] Drought

19 Indicate whether the professor discussed the following water-related incidents in the lecture.

Put a check mark in the correct box.

	Yes	No
a. Israel reacted to Jordan's intentions regarding the Jordan Valley.		
b. Israel had to change its plans for receiving water.		
c. Competition for water from a major river led to conflict in China.		
d. Malaysia considered stopping Singapore's water supply.		
e. Egypt joined in the conflict between Turkey and Iraq.		

20 What does the professor suggest regarding conflicts involving water?

Ⓐ They are essentially a modern phenomenon.
Ⓑ They are becoming more serious.
Ⓒ Environmentalists are often to blame for the conflicts.
Ⓓ Analysts and environmentalists try to cover them up.

21 Which of the following would best describe the professor's opinion about resource shortages?

Ⓐ Nations need to cooperate to solve the problems.
Ⓑ Countries that withhold water should be punished.
Ⓒ He despairs of finding a solution at this time.
Ⓓ They are the responsibility of the nation with the resource.

22 How does the professor organize the points he makes about water-related conflicts?

Ⓐ In chronological order of occurrence
Ⓑ By order of severity from minor to major
Ⓒ According to the category of conflict
Ⓓ By geographical location moving west to east

実戦模試 4 ディスカッション 1

MP3 245~251

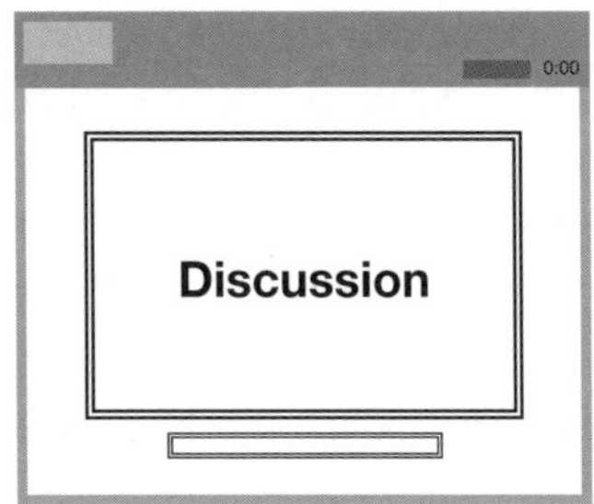

Now get ready to answer the questions.
You may use your notes to help you answer the questions.

23 What is the lecture mainly about?

Ⓐ Solutions to environmental problems
Ⓑ Details of a geographical process
Ⓒ The roles of humans in agriculture
Ⓓ Ways to reduce overpopulation

24 What does the Professor imply about mankind's effect on the Earth's environment?

Ⓐ We are contributing to environmental problems.
Ⓑ We have looked at ways to stop global warming.
Ⓒ We need to create jobs to save the environment.
Ⓓ We should be kinder to the Earth's ecosystems.

25 Which of the following are included in the Professor's definition for the causes of desertification?
Choose 2 answers.

[A] Bad agricultural practices
[B] Increased levels of rainfall
[C] Risk of sandstorms
[D] The felling of trees

26 Why does the Professor mention population growth?

Ⓐ To highlight the need for deforestation
Ⓑ To show why vegetation is important
Ⓒ To explain humankind's role in a process
Ⓓ To give an example of climate change

27 According to the Professor, why is the depletion of vegetation a problem?

Ⓐ Vegetation encourages the overgrazing of the soil.
Ⓑ Many construction materials are made from vegetation.
Ⓒ Vegetation is beneficial for agriculture.
Ⓓ A lack of vegetation accelerates soil degradation.

28 What does the Professor ask the students to do at the end of the lecture?

Ⓐ Discuss ways to reverse and stop desertification
Ⓑ Present ideas to promote desertification
Ⓒ Write notes on how to prevent desertification
Ⓓ Individually think about ideas to counter desertification

実戦模試 4　会話 1　解答・解説

Conversation　Questions 1–5

正解一覧

1. Ⓐ　2. Ⓒ　3. Ⓐ　4. Ⓒ　5. Ⓓ

スクリプト

MP3 219

Listen to a conversation between a student and a physics tutor, who works for the Student Learning Center on campus.

Tutor ①: So what would you like to work on today? Is there anything in your class that has been giving you, uh, difficulty since we last met?

Student ①: Yeah. I've been having a bit of difficulty understanding the concept of momentum.

Tutor ②: Momentum? All right. We can definitely work on that. First off, why don't you tell me what you already know…or what you remember about momentum.

Student ②: Well, I don't remember that much. But I do know that momentum is basically mass times speed…or something like that.

Tutor ③: Close. It's actually mass times velocity…not speed.

Student ③: What's the difference?

Tutor ④: There's a small, but very important difference. Speed is what's known as a scalar quantity, while velocity is as a vector quantity. Q1 Key➡ Simply put, a scalar quantity has magnitude but no direction, while a vector quantity has magnitude and direction. So, in physics, velocity has direction, but speed does not.

Student ④: Oh, I remember now. Some of the students—me included—were confused by the difference between speed and velocity when it was first introduced in class. Q2 Key➡ I think the problem is that, uh, in most…in most people's daily lives, speed and velocity have the same meaning, but in physics they have different meanings.

Tutor ⑤: Yes. That type of confusion is common with people who are new to physics.

Student ⑤ :I get it now. So momentum is mass times velocity…and since velocity has direction…then momentum must have direction too, right?

Tutor ⑥: That's correct. It's important to remember that the direction of the momentum is the same as the direction of the velocity. Q3 Key ➡ Momentum is sometimes referred to as "mass in motion" because we need to consider not only how fast something is moving—and in what direction—but also how massive it is. For example, there is a big difference between getting hit with a served tennis ball and a freight train…if they both have the same velocity. I mean, the tennis ball is going to hurt, but the freight train would be deadly.

Student ⑥ : So is momentum what is being described in Newton's First Law of Motion?

Tutor ⑦ : Not quite. Newton's First Law states roughly that a body in motion tends to stay in motion, while a body at rest tends to stay at rest. This law is often referred to as the "Law of Inertia." Inertia and momentum are similar, but they're not the same. There is, however, an important law of physics associated with momentum. It is known as the law of momentum conservation.

Student ⑦ : Oh, doesn't that have something to do with momentum not being lost inside a system?

Tutor ⑧ : Yes, the law of momentum conservation states that for a collision between two objects in a closed system, the total momentum of the, uh, of the two objects is the same both before and after the collision.

Student ⑧ : What is a closed system again?

Tutor ⑨ : Q4 Key ➡ A closed system is a system that does not receive input from another system and does not transfer output to another system. Oh, and in many cases, the input and output refer to some form of energy.

Student ⑨ : That makes sense.

Tutor ⑩ : Let me ask you a question. What would happen to the momentum if I double the mass of the object, but I keep the velocity the same?

Student ⑩ : Uh, let me see. Q5 Key ➡ Since momentum equals mass times velocity…if I double mass and keep velocity the same…I must double momentum as well. Is that right?

Tutor ⑪ : Exactly. Since momentum is directly proportional to the object's mass and directly proportional to the object's velocity, any change to mass and velocity will produce a proportional change to momentum. So, if you triple the velocity, you triple the momentum…and if you reduce the mass by half, you will cut the momentum in half as well.

Student ⑪ : OK. This all makes a lot more sense to me now.

訳

学生とキャンパス内にある学習センターで働く物理学のチューターの会話を聞きなさい。

チューター①：それでは、今日は何を勉強したいですか。前回会ったとき以来、授業で難しかったことはありますか。

学生①：ええ。運動量の概念を理解するのがちょっと難しかったです。

チューター②：運動量？　わかりました。それにしっかり取り組みましょう。最初に、運動量についてすでに知っていること…、もしくは覚えていることを教えてくれませんか。

学生②：ええと、あまり覚えていませんが。運動量は基本的に質量とスピードの積…、とかそんなものです。

チューター③：惜しいですね。質量と速度（velocity）の積…、スピード（speed）ではありません。

学生③：違いは何ですか。

チューター④：些細ですが、とても重要な違いです。スピードはスカラー量として知られていますが、速度はベクトル量として知られています。簡単に言うと、スカラー量には大きさはあるが進行方向性（向き）がない一方、ベクトル量には大きさと方向性があります。そういうわけで、物理学では速度には向きがあるけれども、スピードには方向性がないのです。

学生④：ああ、今思い出しました。学生の何人かは—自分も含めて—授業で初めて紹介されたとき、速度とスピードの違いに混乱しました。僕は、たいていの…、たいていの人の日常生活ではスピードと速度は同じことを意味しているけれど、物理学では異なる意味を持つことが問題なのだと思います。

チューター⑤：そうですね。この手の混同は物理学が初めての人にはよくあることです。

学生⑤：今わかりました。それでは運動量は質量と速度の積で…、速度に向きがあるので…それで運動量にも方向性があるのですね、正しいですか。

チューター⑥：正しいです。運動量の向きは速度の向きと同じであると覚えておくことは重要です。運動量は時に「運動中の質量」と呼ばれます、というのは、どれくらいの速さで動いているか—そしてどの方向に—を考えるだけではなく、それがどれくらいの大きさかも考える必要があります。例えば、サーブされたテニスボールに当たるのと貨物列車に当たるのでは大きな違いがあります…、仮にどちらも同じ速度であってもです。つまり、そのテニスボールは痛いでしょうが、貨物列車は命取りになるでしょう。

学生⑥：では、運動量は、ニュートンの運動の第1法則で説明されていることなのですか。

チューター⑦：そうではありません。ニュートンの運動の第1法則は、運動中の物体は運動し続ける性質がある一方、停止している物体は停止した続ける傾向があると大まかに述べています。この法則は「慣性の法則」と呼ばれています。慣性と運動量は似ていますが、同じではありません。しかしながら、運動量に関連する、ある重要な物理法則があります。それが運動量保存の法則として知られているものです。

学生⑦：それは、ある1つの系の中では運動量は失われないことに関係があるのではないですか。

チューター⑧：はい、運動量保存の法則は、えー、閉鎖系において2つの物体が衝突しても、その2つの物体の運動量の総量は衝突の前後でも同じであると述べています。

学生⑧：閉鎖系って何でしたっけ？

チューター⑨：閉鎖系とは、ほかの系から入力を受けず、また、出力をほかの系へ移すこともしない系です。ああ、そしてたいていの場合、入力と出力は何らかの形態のエネルギーを指します。

学生⑨：それでわかります。

チューター⑩：1つ質問させてください。物体の質量を2倍にするが速度は同じに保つとしたら、運動量はどうなりますか。

学生⑩：ああ、ちょっと考えさせてください。運動量は質量と速度の積に等しい…、質量は2倍にして速度は同じままにしておくなら…、運動量は倍にならなくてはいけないですよね。合っていますか。

チューター⑪：そのとおり。運動量は物体の質量に正比例し、物体の速度にも正比例するから、質量や速度のいかなる変化も、それに比例した運動量の変化をもたらします。そういうわけで、速度を3倍にするなら運動量も3倍…、質量を半分に減らせば、運動量も半分になる、ということです。

学生⑪：わかりました。これでずっと納得がいきました。

設問の訳・正解・解説

1 正解 Ⓐ　　MP3 220

会話によれば、スピードと速度の違いは何か。

Ⓐ 速度には方向性があるがスピードにはない。
Ⓑ スピードには方向性があるが速度にはない。
Ⓒ 速度には大きさがあるがスピードにはない。
Ⓓ スピードには大きさがあるが速度にはない。

第5章 実戦模試

解説　詳細理解問題。チューターは④で「スピードはスカラー量、速度はベクトル量として知られ、スカラー量には大きさはあるが進行方向性（向き）がないが、ベクトル量には大きさと方向性がある」と明言している。スピードと速度の違いに関するこの発言を聞き取れれば、Ⓐが正解とわかる。

2 正解　Ⓒ　MP3 221

なぜ学生の中には速度とスピードの違いを区別するのに苦労する者がいるのか。

Ⓐ それらは似通っているが、実際にはかなりの違いがある。
Ⓑ それらは両方ともスカラー量である。
Ⓒ それらは物理学では違った意味を持つが、日常的な人の生活では基本的に同じ意味を持つ。
Ⓓ ほとんどの人にとってはどちらも馴染みのない概念である。

解説　詳細理解問題。速度とスピードについてチューターから④で「違いは小さい」という説明を受け、学生は「日常生活ではスピードと速度は同じことを意味しているが、物理学では異なる意味を持つことが問題だ」と言っているので正解はⒸ。

3 正解　Ⓐ　MP3 222

なぜチューターはサーブされたテニスボールと貨物列車について述べたのか。

Ⓐ 運動量が物体の速度のみに基づくのではないことを例示するため
Ⓑ 運動量を計算するとき、どのように質量が一定かを示すため
Ⓒ テニスボールが貨物列車のような大きい物体よりも早く移動できることを示すため
Ⓓ 両方の物体が潜在的に致命的であることを明らかにするため

解説　構成把握問題。チューターは⑥で「速さと方向に加えて大きさかを考える必要があり、同じ速度であってもテニスボールのサーブに当たるか、貨物列車に当たるかにより、後者は命取りになりかねない」と述べている。この内容に合うⒶが正解。

4 正解 Ⓒ　MP3 223

閉鎖系とは何か。

Ⓐ 運動量保存の法則によって定義されるもの。
Ⓑ 漏れることのない大量のエネルギーを内包している系。
Ⓒ それは入力が入ったり、出力が出ていったりすることを阻止する系を説明している。
Ⓓ 時間とともにまったく変化しないある種の系である。

解説 詳細理解問題。チューターは⑨で閉鎖系とは「ほかの系からの入力がなく、外部へ出力もしない系」と明言しているので Ⓒ が正解。選択肢 Ⓒ の keep A from B は、stop A from B と同じ意味の熟語で、入出力が阻止されることを表している。

5 正解 Ⓓ　MP3 224

会話に基づくと、質量を2倍に、速度を2倍にしたら運動量はどうなるか。

Ⓐ それは同じままである。
Ⓑ その値は2倍になる。
Ⓒ その値は3倍になる。
Ⓓ それは4倍の大きさになる。

解説 推測問題。学生が⑩で「運動量は質量と速度の積と等しくなる」と言っているから、これに基づいて2倍の質量を2倍の速度で掛け合わせれば4倍だから正解は Ⓓ。

実戦模試4　会話1の語彙・表現

Student ①

- ☐ **momentum**　〔名〕運動量

Student ②

- ☐ **mass**　〔名〕質量
- ☐ **times**　〔前〕～を掛けられた、～倍された

Tutor ③

- ☐ **velocity**　〔名〕速度

Tutor ④

□ **magnitude**	〔名〕大きさ
□ **physics**	〔名〕物理学

Student ④

□ **confused**	〔形〕混乱する

Tutor ⑥

□ **refer to A as B**	〔熟〕AをBとみなす、呼ぶ
□ **massive**	〔形〕巨大な
□ **freight train**	〔名〕貨物列車

Student ⑦

□ **law**	〔名〕法則

Tutor ⑦

□ **roughly**	〔副〕大体、大まかに
□ **in motion**	〔熟〕動いている
□ **at rest**	〔熟〕静止している
□ **law of Inertia**	〔名〕慣性の法則
□ **law of momentum conservation**	〔名〕運動量保存の法則

Tutor ⑧

□ **collision**	〔名〕衝突
□ **closed system**	〔名〕閉鎖系
□ **object**	〔名〕物体

Tutor ⑨

□ **input**	〔名〕入力
□ **transfer**	〔動〕移す

Student ⑨

□ **make sense**	〔熟〕頷ける、筋が通っている、意味がとれる

Tutor ⑪

□ **proportional**	〔形〕比例した

実戦模試4　講義1　解答・解説

Lecture　Questions 6–11

正解一覧

6. Ⓑ　7. Ⓓ　8. Ⓒ　9. Ⓑ　10. Ⓐ　11. Ⓓ

スクリプト

MP3 225

Listen to part of a lecture in a marketing class.

1 ① I'd like to start today's class by telling you two very short stories. ② The first story is about a Canadian man's quest to acquire a house by starting with a single, red paperclip. ③ In July 2005, a young Canadian man made an online offer to, uh, to trade a red paperclip for something more valuable. ④ He promised to meet the other individual in person to make the exchange, regardless of where that person lived. ⑤ To make a long story short, after just under one year and 14 successful trades, he ended up with his very own house…despite starting with only a single, red paperclip. ⑥ How did he do it? ⑦ The answer: the Internet, a bit of luck, and a compelling "product."

2 ① Let's look at another story. In late August of 2005, a young man from England…he wanted to raise money to, um…to attend business school, so he came up with the idea of the Million Dollar Homepage. ② As some of you may know, computer screens are made up of very small individual units…and these units are known as pixels. ③ Well, since there are more than one million of these pixels on a single screen, this young man offered to sell individual pixels for one dollar a piece. Q7 Key➡ ④ Now since a single pixel is almost too small to be seen with the naked eye, he sold these pixels in blocks of 100. ⑤ So, a block of pixels would cost $100. ⑥ People or companies who bought these blocks of 100 pixels would be able to advertise their products, services, or websites on his homepage. ⑦ In just over three months, he was able to sell all of these pixels, and he made his million dollars. ⑧ How did he do it? ⑨ Again, with the help of the Internet, a bit of luck, and a compelling "product."

3 ① Both of these examples highlight the incredible marketing power of the Internet. ② If a small-scale entrepreneur is able to, uh…to take a unique idea or product and find a way to appeal to the huge pool of customers that exist online, he or she can achieve a level of success that would have been impossible before the Internet existed. ③ The last story, the one about the Million Dollar Homepage, is one of the

first examples of a marketing technique known as crowdfunding. ④ In crowdfunding, individuals present products…or projects…to the public. Q8 Key ➡ ⑤ If the public is interested, they invest in the project in exchange for a product or a piece of the profit. ⑥ To date, millions of dollars have been raised…have been raised for projects ranging from movies to tech products to music tours. ⑦ Besides the opportunity to be connected to millions of potential customers, crowdfunding allows you to generate products with much less financial risk than before.

4 Q9 🎧, Q9 Key ➡ ① Since most of you grew up with the Internet, I think it can be easy to sometimes forget how powerful it really is. ② I mean…the ability to send messages, pictures, sound files, and videos to people in an instant—or to post these things online—can be an incredibly powerful tool from a marketing standpoint. Q10 Key ➡ ③ Think about it…you can now reach potential clients from around the world without a huge advertising budget, and, if your product is digital, such as a subscription-based video exercise series, there is no cost for distributing your product. Q11 Key ➡ ④ We are living in a golden age for entrepreneurs…especially for entrepreneurs who market digital or virtual products.

訳

マーケティングの講義の一部を聞きなさい。

1 ①2つの短い話で本日の授業を始めたいと思います。②最初の話は、あるカナダ人男性が1個の赤いペーパークリップで家を獲得しようとしたことについてです。③2005年の7月、ある若いカナダ人の男性が、えー、赤いペーパークリップともっと価値のある何かを取引することをネット上で提案しました。④彼は、その交換のためには、相手がどこに住んでいようが、それぞれの人物に直接会うと約束しました。⑤話を要約すると、1年も経たないうちに14件の取引が成立し、彼は自分の家を所有するに至ったのでした…、たった1つの赤いペーパークリップで始めたにもかかわらずです。⑥どうやったのでしょうか。⑦答えはインターネット、ちょっとした運、そしてどうしても注目してしまう「製品」です。

2 ①もう1つの話を見てみましょう。②2005年の8月末、英国出身のある若者が…、お金を集めたいと思っていました、えー…、ビジネススクールに行くために、それで、「ザ･100万ドルホームページ」というアイディアを思いついたのです。②みなさんの中に知っている人もいるでしょうが、コンピュータースクリーンは、とても小さな個別単位で構成されていて…、その単位はピクセルとして知られています。③で、1つのスクリーンにはこれらのピクセルが100万以上あるので、この若者は個々のピクセルを1個あたり1ドルで売ると申し出ました。④さて、1つのピクセルは、裸眼で見るにはちょっと小さすぎますから、彼はこれらのピクセルを100個のブロックで売りました。⑤つまり、ピクセル1ブロックは、価格100ドルとなるわけです。⑥100ピクセルのブロックを買った人々や企業は、自分達の製品、サービスまたはウェブサイトを彼のホームページで宣伝できることになります。⑦たった3カ月後には、彼は全部のピクセルを売り、100万ドルを稼ぎました。⑧どうやったのでしょうか。⑨またしても、インターネット、少しの運、惹きつけられずにはいられない「製品」の助けによってでした。

3　①これらの例はいずれも、インターネットの驚くべきマーケティング力を際立たせています。②もし、小規模の起業家が…、ユニークなアイディアか製品を取り上げ、オンライン上に存在する膨大な顧客群にアピールする方法を見出せれば、その人はインターネットが存在する以前は不可能だったはずのレベルの成功を収められます。③最後の話、「ザ・100万ドルホームページ」についての話は、クラウドファンディングとして知られているマーケティング手法の最も初期の例の1つです。④クラウドファンディングでは、個人が製品や…、あるいは事業計画を…、公に発表します。⑤一般の人々が興味を持ったら、彼らは製品か利益の一部と引き換えにその事業に投資します。⑥これまでに、何百万ドルものお金が…映画からテクノロジー製品、音楽ツアーにわたる事業のために集められています。⑦何百万もの潜在顧客とつながる機会のほか、ファンディングにより、以前よりもずっと少ない金銭的リスクで製品を生み出すことができます。

4　Q9 ①皆さんの大半はインターネットとともに育ってきたので、それがどんなに強力であるかを簡単に忘れてしまうときもあると思います。②私が言おうとしているのは…、メッセージ、画像、音声ファイルやビデオを即座に人に送れる—あるいはそうしたものをオンライン投稿できる—機能は、マーケティングの観点からは信じられないくらい強力なツールだということです。③考えてみてください…、今では莫大な広告予算をかけずに世界中の潜在顧客に到達でき、定額課金制のビデオエクササイズシリーズのように製品がデジタルであれば、製品を流通させるコストは何もかかりません。④私達は起業家にとっての黄金時代に生きているのです。デジタルやバーチャルな製品を市場に出す起業家にとっては特にそうです。

設問の訳・正解・解説

6 正解 Ⓑ　MP3 226

主に何についての講義か。

Ⓐ 起業家にとって非常に恩恵のあるオンラインマーケティングの方法
Ⓑ インターネットによって可能となったマーケティングベースのサクセスストーリー
Ⓒ クラウドファンディングの原理
Ⓓ インターネットの能力の範囲

解説　トピック問題。1、2 で2つのサクセスストーリーの鍵はインターネットであると述べられ、3、4 ではインターネットのマーケティング力が述べられているので Ⓑ が正解。

7 正解 Ⓓ　MP3 227

教授によると「ザ･100万ドルホームページ」の制作者はなぜピクセルを100個のブロックで売ったのか。

Ⓐ ピクセルは通常、コンピュータースクリーン上に100個のグループとして整理されているから。
Ⓑ 1つずつピクセルを売るより早くお金が稼げるだろうから。
Ⓒ 支払いをする広告者にとって、100ドルは妥当な最低額だと思ったから。
Ⓓ 個々のピクセルは小さすぎて見えないから。

解説　詳細理解問題。2 ④で「1つのピクセルは裸眼で見るには小さすぎるから100個のブロックで売った」と述べられているのでⒹが正解。

8 正解 Ⓒ　MP3 228

クラウドファンディングの事業に人々が投資する理由の1つは何か。

Ⓐ 彼らは利益を保障したい。
Ⓑ 彼らはそれが株式市場より投資するのが容易だと思っている。
Ⓒ 彼らは製品を受け取りたい。
Ⓓ 彼らは自分でモノやサービスの宣伝ができることを期待している。

解説　詳細理解問題。3 ⑤でクラウドファンディングについて「一般の人々が興味を持ったら、彼らは製品か利益の一部と引き換えにその事業に投資します」と説明しているので Ⓒ が正解。

9 正解 Ⓑ　MP3 229

議論の一部をもう一度聞きなさい。それから質問に答えなさい。(「スクリプト／訳」の下線部を参照)

なぜ、教授はこのように発言したのか。

Ⓐ 年配の人々はインターネットの威力を常に意識していることを強調するため
Ⓑ インターネットの可能性を当たり前のものであると容易に思ってしまうことを示すため
Ⓒ インターネットの起こりうる危険に常に意識的である必要を強調するため
Ⓓ インターネットがあらゆる人の生活の一部であることを思い起こさせるため

解説 態度・意図問題。④ ①の「皆さんの大半はインターネットとともに育ってきたので、それがどんなに強力であるかを簡単に忘れてしまうときもあると思います」の言い換えとなっている Ⓑ が正解。

10 正解 Ⓐ　MP3 230

なぜ、教授は定額課金制のビデオエクササイズシリーズに言及したのか。

Ⓐ インターネットの可能性を最大限に活用する製品の一例として
Ⓑ オンラインで売れる製品を作ることがいかに簡単であるかを見せるため
Ⓒ 別のサクセスストーリーを強調するため
Ⓓ インターネット以前には市場に出せなかったであろう製品の一例を挙げるため

解説 構成把握問題。この講義のトピックはインターネットを活用したマーケティングである。教授は ④ ③で「今では莫大な広告予算をかけずに世界中の潜在顧客に到達でき、定額課金制のビデオエクササイズシリーズのように製品がデジタルであれば、製品を流通させるコストは何もかかりません」と述べているから Ⓐ が正解。

11 正解 Ⓓ　MP3 231

教授によると、オンラインマーケティング手法を使って最も利益を得られるのは、どんなタイプの起業家か。

Ⓐ ホームページを立ち上げられる人なら誰でも
Ⓑ ユニークなアイディアを持つ起業家
Ⓒ オンライン上に多くの友達がいる人
Ⓓ デジタル製品を提供している人

解説 詳細理解問題。④ ④で、現代は「デジタルやバーチャルな製品を市場に出す起業家には特に黄金時代である」と述べている。したがって正解は Ⓓ。

実戦模試 4　講義 1 の語彙・表現

1

□ **quest**	〔名〕探求
□ **acquire**	〔動〕獲得する
□ **trade**	〔動〕交換する
□ **regardless of**	〔前〕～に関係なく
□ **compelling**	〔形〕惹きつける、人の心をつかんで離さない

2

□ **raise**	〔動〕（金を）集める
□ **come up with**	〔熟〕～を思いつく
□ **be made up of**	〔熟〕～で構成される
□ **advertise**	〔動〕宣伝する

3

□ **highlight**	〔動〕際立たせる、浮き彫りにする
□ **incredible**	〔形〕驚くべき
□ **entrepreneur**	〔名〕起業家
□ **the public**	〔名〕一般の人々
□ **invest**	〔動〕投資する
□ **in exchange for**	〔熟〕～と引き換えに
□ **to date**	〔熟〕今まで
□ **range from A to B**	〔熟〕（範囲が）A から B に及ぶ
□ **potential customer**	〔名〕見込み客
□ **generate**	〔動〕生み出す

4

□ **in an instant**	〔熟〕一瞬で、即座に
□ **budget**	〔名〕予算
□ **subscription-based**	〔形〕定額課金制の
□ **distribute**	〔動〕流通させる

実戦模試4　会話2　解答・解説

Conversation　Questions 12–16

正解一覧

12. Ⓓ　13. Ⓐ　14. Ⓒ　15. Ⓐ　16. Ⓑ

スクリプト

MP3 232

Listen to a conversation between a student and a professor.

Student ①: Q12 Hi Professor Jenkins. Do you have some time to talk?

Professor ①: Absolutely, Gina. You caught me right in the middle of my official office hours, so I'm all ears…for at least the next 30 minutes or so.

Student ②: Great. I am planning on doing an internship this summer, and I was hoping that you'd be able to, uh, to give me some advice…and possibly write me a letter of recommendation.

Professor ②: Sure. I'd be glad to. What type of position are you applying for?

Student ③: Well, since I'm an environmental studies major, I was hoping to get a summer internship at the United States Geological Survey.

Professor ③: The USGS? Very nice. What specific type of internship are you aiming for?

Student ④: I'm hoping to do some work with monitoring municipal water supply sources. But I don't mean that I would be analyzing tap water in the city…that's not anything that would appeal to me anyways. Instead, Q13 Key ➡ I want to work on setting up water monitoring stations in the lakes that um, that supply the city's water. Plus, I'm hoping to work on improving the data collection and analysis so that city water management can access the data at a quicker pace…and also organize and sort the data much more effectively.

Professor ④: Wow. That sounds like an amazing—and very involved—project. What have you done so far to help set yourself up to get this internship?

Student ⑤: Well, naturally, Q14 Key ➡ I contacted the coordinator of this project and asked her for more details about the program. It turns out that there are actually two internship positions…but getting one of these internships will be quite competitive.

Professor ⑤: Have you thought about talking to Professor Williams in the Physics

Department? He used to work for the USGS, so he might be able to give you some insight into the application process. Come to think of it, he also might still have some contacts there. So who knows?

Student ⑥ : Really? I had no idea that he had worked there. I will definitely get in touch with him as soon as I can.

Professor ⑥ : You might also want to see if any of our alumni have worked at or are currently working for the USGS. If you go to the Job Placement Office, they should be able to get you in touch with such people. They keep a database just for this purpose. You have to go through them though— **Q15 Key** ➡ to prevent any one alumni from being approached by too many students, they limit the number of interactions.

Student ⑦ : That sounds like a great idea. I was thinking that I would have to do this all on my own…but I would feel a lot better if I had a chance to talk with someone who had worked there.

Professor ⑦ : Now, about that letter of recommendation. What type of information would you like me to include?

Student ⑧ : Well, here's a copy of the directions for the application packet. It says here…that the letters of recommendation should highlight the applicant's work ethic, communication skills, general strengths, and personality traits. So, I was thinking that since I was a student in your aquatic ecology class, you could talk about your impressions of my ability to handle myself in the field…and maybe discuss how you thought I worked as part of a team during our final class project.

Professor ⑧ : Yeah. **Q16 Key** ➡ I think I have um, a clear enough memory of your time in the field to give an accurate and positive report for the letter. I'll also look back at some of your research papers…if I need any academic-related data. I should have more than enough information to include in the letter. When do you need it by?

Student ⑨ : Well, it says that you will need to send it directly to the email address that is included in the application package by the 25th of this month.

Professor ⑨ : Let's see…that gives me just over two weeks. That's very doable. I'll try to finish it by the end of the week—just in case I need to ask you any questions about it.

Student ⑩ : Thank you so much Professor Jenkins. You've been a real help.

Professor ⑩ : No problem. Good luck with the rest of your application.

訳

学生と教授の会話を聞きなさい。

学生①：Q12 こんにちは、ジェンキンズ教授。お話しするお時間はありますか。

教授①：もちろんですよ、ジーナさん。正式な応接時間の最中に私をつかまえたのですからお聞きしますよ。少なくとも今から30分くらいは。

学生②：よかったです。今年の夏にインターンシップをしようと計画していますが、何かアドバイスをいただけないかと思っています…、そしてできれば、推薦状を書いていただけないかと。

教授②：承知しましたよ。喜んで。どのような役職に申し込んでいるのですか。

学生③：ええと、私は環境学専攻なので米国地質調査所（United States Geological Survey: USGS）で夏のインターンシップを取りたいと思っています。

教授③：USGSですか。とてもよいと思います。具体的にはどんなタイプのインターンシップを狙っていますか。

学生④：私が希望しているのは都市水道水の供給源を監視する何らかの仕事です。でも、市内で蛇口から出る水を分析することを意味しているのではなく…それは私の興味を引くことではまったくないんです、とにかく。それよりも、都市に水を供給している湖に水質監視ステーションを設置する仕事をしたいと思っています。それに、データ収集と解析の向上することに取り組んで、市の水道水管理部がより迅速にデータにアクセスにしたり…、もっと効率的にデータを整理、仕分けできるようにしたいです。

教授④：おお。それは素晴らしい—非常に込み入った—プロジェクトですね。このインターンシップを取るにあたりこれまで何をしてきましたか。

学生⑤：ええと、当然ながら、このプロジェクトのコーディネーターに連絡を取って、プログラムの詳細を聞きました。実は2つのインターンシップ枠があるのですが…、そのうちの1つを取るのもかなりの競争であるとわかりました。

教授⑤：物理学部のウィリアムズ教授と話をすることは考えましたか。彼は以前USGSで働いていました。申請手順に関していい知恵をもたらしてくれるかもしれませんよ。考えてみたら、まだそこにつながりがあるかもしれないしね。ひょっとしたら。

学生⑥：本当に？　彼がそこで働いていたなんて全然知りませんでした。できるだけ早く、必ず連絡を取ります。

教授⑥：USGSで働いたことのある、もしくは現在働いている卒業生がいるかどうかも調べてみたいかもしれないですね。進路相談所に行けば、彼らはあなたが卒業生と連絡を取れるようにしてくれるはずです。彼らはこの目的のためにデータベースを保持しています。1人の卒業生があまりにも多くの学生にコンタクトを取られることを防ぐために、彼らは相互にやりとりする回数を制限しています。

学生⑦：とてもいいアイディアだと思います。私は全部自分でしなければならないと

第5章

実戦模試

思っていましたから…、でもそこで働いたことのあるどなたかと話せる機会を持てたら、ずっと気が楽になると思います。

教授⑦：ところで、推薦状についてですが。どういった種類の情報を含めてほしいですか。

学生⑧：ええと、ここに志願方法一式の指示書が一部あります。それにはここに…、推薦状は志願者の労働意欲、コミュニケーション能力、いわゆる長所、人格的特徴を強調するべきであると書いてあります。それで、私は先生の水生生態系のクラスの学生でしたから、私の野外での対処能力の印象について述べていただけるかと考えていまして…、それにもしかして授業の最終プロジェクトの間にチームの一員として私がどう取り組んだとお考えになったかも。

教授⑧：そうですね。私は、ええ、あなたのフィールドでの過ごし方のはっきりした記憶が、推薦状に正確で好意的な報告を書けるほど十分にありますよ。学術関連のデータが必要なら、あなたの研究論文も見直してみましょう。推薦状に必要な情報は十分にあるはずですね。いつまでに必要ですか。

学生⑨：ええと、今月の25日までに志願書類にあるEメールアドレスに直接送らなければならないと書いてあります。

教授⑨：なるほど…、ちょうど2週間以上ありますね。十分、できますよ。今週末までに終わらせようと思います—何か質問をする必要があるかもしれませんからね。.

学生⑩：ジェンキンズ教授、本当にありがとうございます。本当に助かりました。

教授⑩：お安い御用です。志願書類の残りの部分、頑張ってくださいね。

設問の訳・正解・解説

12 正解 Ⓓ MP3 233

会話の一部をもう一度聞きなさい。それから質問に答えなさい。(「スクリプト／訳」の下線部を参照)

教授がこう言うとき何を意味しているか。

Ⓐ 30分後には、公式の会議のためオフィスを離れなければならない。
Ⓑ どれだけ話を聞けるかについての制限がある。
Ⓒ とても忙しいが、数分を割いて学生と話すことができる。
Ⓓ 彼の応接時間は約30分強続く。

解説 推測問題。教授は①で in the middle of my official office hours（応接時間の最中に）と言っているので、応接時間が30分以上あることがうかがえる。

13 正解 Ⓐ　MP3 234

学生はどんなタイプのインターンシップに志願することに興味を示しているか。

Ⓐ 市に水を供給する湖に水質監視設備を設置することが求められる仕事
Ⓑ 水道予算に関連するインターンシップ
Ⓒ 市内の集合住宅や事業所にある水道水を分析することに関わる仕事
Ⓓ 地下水を監視することを要求される仕事

解説 詳細理解問題。学生は④で、湖に設置されている水質監視局で「都市に水を供給している湖に水質監視ステーションを設置する仕事をしたい」と言っている。したがって Ⓐ が正解。

14 正解 Ⓒ　MP3 235

学生はこのインターンシップに申し込むためにこれまでどのような手続きを取ってきたか。

Ⓐ 自分の志願を別のインターシップ枠を希望しているほかの学生と調整した。
Ⓑ オンライン検索の結果、実際には2つの枠があると知った。
Ⓒ USGS のプロジェクトのコーディネーターと話をした。
Ⓓ 志願書に記入した後、手続きの完了の仕方についてアドバイザーと話をした。

解説 詳細理解問題。学生は⑤で「プロジェクトのコーディネーターに連絡を取った」と言っていることから Ⓒ が正解。

15 正解 Ⓐ　MP3 236

なぜ彼女は USGS での就労経験のある卒業生に直接連絡できないのか。

Ⓐ 連絡の数を制限するため。
Ⓑ 何を言っていいかわからないから。
Ⓒ 大学の卒業生でそこで働いたことのある者がいないから。
Ⓓ ウィリアムズ教授から十二分の情報をもらえるから。

解説 詳細理解問題。教授は⑥で「1 人の卒業生があまりにも多くの学生にコンタクトを取られることを防ぐために、彼らは相互にやりとりする回数を制限しています」と述べている。したがって正解は Ⓐ。

16 正解 Ⓑ

MP3 237

教授は学生の推薦状に何を含めるか。

Ⓐ 学生の研究論文のよく書けている部分
Ⓑ 教授の水生生物学の授業における学生の現地調査についての好意的な概要
Ⓒ かなりの量の学術的データ
Ⓓ 彼女のチームの最終授業プロジェクトからの抜粋

解説 推測問題。学生が⑧で水生生物学の授業での実地調査時の対応能力に対する印象を述べてほしいと頼み、教授はフィールドワークにおける肯定的な報告を推薦状に入れると答えている。したがって正解は Ⓑ。

実戦模試 4　会話 2 の語彙・表現

Professor ①

□ **be all ears**	〔熟〕聞いていますよ、さあ話してください

Student ②

□ **letter of recommendation**	〔名〕推薦状

Professor ②

□ **apply for**	〔動〕～に応募する

Student ③

□ **the United States Geological Survey**	〔名〕米国地質調査所

Professor ③

□ **aim for**	〔動〕～を目指す

Student ④

□ **municipal water**	〔名〕都市用水、都市水道水
□ **supply source**	〔名〕供給源
□ **analyze**	〔動〕分析する
□ **tap water**	〔名〕水道水
□ **water monitoring station**	〔名〕水質管理局
□ **organize**	〔動〕整理する
□ **sort**	〔動〕仕分けする

□ **effectively**	〔副〕効果的に
Professor ④	
□ **involved**	〔形〕複雑な
□ **set oneself up to V**	〔熟〕Vするように仕向ける
Student ⑤	
□ **it turns out that**	〔熟〕～だと判明する
□ **competitive**	〔形〕競争が激しい
Professor ⑤	
□ **insight**	〔名〕洞察、見識
□ **come to think of it**	〔熟〕そういえば、考え直してみると
Student ⑥	
□ **get in touch with**	〔熟〕～と連絡を取る
Professor ⑥	
□ **alumnus**	〔名〕卒業生（複数形は alumni）
□ **job placement office**	〔名〕進路相談室
□ **prevent**	〔動〕防止する
□ **interaction**	〔名〕やりとり
Student ⑦	
□ **on one's own**	〔熟〕自分で
Student ⑧	
□ **work ethic**	〔名〕労働意欲、労働倫理
□ **personal trait**	〔名〕性格的な特徴、人柄
□ **aquatic ecology**	〔名〕水生生態系
□ **handle oneself**	〔動〕うまく対処する
Professor ⑨	
□ **in case**	〔接〕～な場合に備えて

実戦模試 4　講義 2　解答・解説

Lecture　Questions 17–22

正解一覧

17. Ⓓ　18. [A]、[D]　20. Ⓑ　21. Ⓐ　22. Ⓒ
19.

	Yes	No
a. Israel reacted to Jordan's intentions regarding the Jordan Valley.	✓	
b. Israel had to change its plans for receiving water.	✓	
c. Competition for water from a major river led to conflict in China.		✓
d. Malaysia considered stopping Singapore's water supply.	✓	
e. Egypt joined in the conflict between Turkey and Iraq.		✓

スクリプト

MP3 238

Listen to part of a lecture in a political science class.

1 ① Natural resources have always been linked to conflicts, both directly and indirectly. ② The connection between conflict and the extraction of a given resource is not always clear-cut, but there is no doubt that resource-rich countries do appear to be more vulnerable to conflict than those without resources. ③ This is very clear in most resource-dependent, economically poor countries in Africa, Latin America, and Asia. ④ Resource extraction is linked to conflict, either large or small, either internally or with neighboring countries.

2 ① Oil and natural gas are the world's most valuable traded resources and probably the most likely to ignite conflicts. ② Another clear example is water, which is a renewable resource, but growing consumption is putting increasing pressure on the world's freshwater supply. Q20 Key➡ ③ Local conflicts over water have existed for a long time, but today water shortages and disputes over transnational waterways are escalating international conflicts.

3 ① In the Middle East, the clearest example of violence over water resources is probably the simmering conflict between African farmers and Arab nomads in the Darfur region of Sudan. Q18 Key➡ ② There are a couple of reasons the Arab nomads came to the south of the Darfur region. ③ Those reasons are drought and desertification in the northern parts of the Darfur region. ④ As the nomads moved south they came into contact with African farmers. ⑤ Disputes emerged over land and

water resources. ⑥ What seems to be a conflict caused by ethnic divide in fact has its roots in water resource distribution.

4 ① Some analysts and environmentalists say that in history, there is no single conflict that has been caused by access to water resources, but I believe that this is not true. ② A closer look at some conflicts tells us that natural resources, especially water, were the main reason or one of the reasons for the conflict in question. ③ Of course, for various reasons, such as maintaining the image of the country or maybe to guarantee the support of the international community, no one admits to starting the conflicts to control the natural resources, whether they be water, oil, or minerals.

5 ① Throughout history, there are several cases of conflicts that illustrate the severe consequences that can arise from threats to water resources. Q22 Key ➡ ② These conflicts can arise in two ways: ③ First, there can be a genuine water scarcity, a real lack of water supply in the region, which, by the way, is not a result of any restriction of or control over water resources. ④ The second is water being used as a political tool, for extortion, or to threaten neighboring states, even when water is abundant.

6 ① A good example of the second instance is the case of Israel, Jordan, Syria, and Lebanon. Q19. a. Key ➡ ② In 1951, Jordan made public its plans to irrigate the Jordan Valley by tapping the Yarmouk River; ③ Israel responded by commencing drainage of the Huleh swamps located in the demilitarized zone between Israel and Syria; ④ border skirmishes ensued between Israel and Syria. Q19. b. Key ➡ ⑤ In 1953, Israel began construction of its National Water Carrier to transfer water from the north of the Sea of Galilee out of the Jordan basin to the Negev desert for irrigation. ⑥ Syrian military actions along the border and international disapproval led Israel to choose a different intake location.

7 ① An example of internal conflict is China in 2000, when civil unrest erupted over the use and allocation of water from Baiyandian Lake, the largest natural lake in northern China. ② A good example of water being used as a political tool is the case of Singapore and Malaysia in 1997. Q19. d. Key ➡ ③ Malaysia supplies about half of Singapore's water and in 1997 threatened to cut off that supply in retribution for Singapore's criticism of Malaysian policies. ④ In the Middle East, the clear examples are tensions between Egypt and Ethiopia, related to the Nile, and those between Turkey, Iraq, and Syria, who come into conflict over the waters of the Euphrates.

8 ① Historically, warring states and tribes misused water resources to threaten their enemies by poisoning wells or by controlling access to supplies that were not necessarily scarce. ② However, recent conflicts over water have been triggered by genuine shortages.

9 ① This is a worrying sign. ② As our natural environment does not recognize political borders, and as we are facing new environmental challenges, such as climate

change, Q21 Key➡ nations need to work more closely to achieve optimum utilization of available resources. ③ Leaders must facilitate understanding of environmental issues in their home countries so that environmental policies are effectively implemented. ④ It should not simply be a case of passing along instructions and slapping on penalties without first instilling a genuine understanding. ⑤ It is the state's responsibility to educate its citizens.

訳

政治学の講義の一部を聞きなさい。

1 ①天然資源は、直接的にも間接的にも、常に紛争と関係してきています。②紛争とある資源の採取の結びつきは、いつも明確なわけではありません。しかし資源の豊富な国は、資源を持たない国に比べて紛争に巻き込まれやすいことに、疑いはないのです。③これは、アフリカ、ラテンアメリカ、アジアの資源に依存する経済的に貧しい国々で明らかです。④資源の採取は、大規模または小規模の、国内あるいは近隣国との紛争に関係しています。

2 ①石油と天然ガスは、世界で最も価値ある取引資源で、おそらく紛争の火種に最もなりやすいでしょう。②もう1つの明らかな例は水で、これは再生可能な資源ではあるものの、消費量の増加が世界の淡水供給に対する圧力を増しています。③水をめぐっての地域紛争はずっと以前からありましたが、今日では、水不足と国境をまたぐ水路をめぐる論争が、国際紛争を激化させています。

3 ①中東での水資源をめぐる最も明確な暴力行為の例は、おそらくスーダンのダルフール地域でのアフリカ農民とアラブ遊牧民の間の爆発寸前の紛争でしょう。②アラブの遊牧民がダルフール地域南部に来た理由は2つあります。③ダルフール北部の干ばつと砂漠化です。④遊牧民は南へと移動し、アフリカ農民と接触しました。⑤土地と水資源をめぐる論争が持ち上がりました。⑥民族的分裂によって引き起こされた紛争のように見えるが、実際は、紛争の根は水資源の分配にあるのです。

4 ①アナリストや環境保護主義者の中には、水資源の入手権利が原因の紛争は歴史上1つもないと言う人もいますが、私はその考えは正しくないと思います。②いくつかの紛争を詳細に見てみれば、天然資源、とりわけ水が、問題となっている紛争の主な理由、あるいは理由の1つだったことがわかります。③もちろん、国のイメージ（体面）や、もしかすると国際社会の支持を確保するためなど様々な理由により、水であれ、石油であれ、鉱物であれ、天然資源を支配するために紛争を始めたとは誰も認めません。

5 ①これまでの歴史で、水資源への脅威から起こりうるひどい結果を例証する紛争の事例がいくつかあります。②こういった紛争が起こりうるのは、次の2通りです。③1つ目は、本物の水不足がありえます。つまり、その地域の水の供給が実際に不足している場合ですが、ちなみに、これは水資源を制限・支配した結果ではありません。④2つ目は、水が強奪や隣国を脅すための政治的な道具として使われるケースで、これは水が豊富なときでも起こりえます。

6　①2つ目のちょうどよい例は、イスラエル、ヨルダン、シリア、レバノンの事例です。② 1951年、ヨルダンは、ヤルムーク川を利用してヨルダン渓谷を灌漑する計画を発表しました。③これに反応してイスラエルは、イスラエル・シリア間の非武装地帯に位置するフーラ湿原から水を排出し始めました。④それに続いて、イスラエルとシリアの国境沿いで小競り合いが起こりました。⑤ 1953年、イスラエルは、国立水運搬設備の建設を開始しました。その目的は、ヨルダン川流域から水を得ているガリラヤ湖の北から、ネゲヴ砂漠へと灌漑のために水を輸送することでした。⑥シリアの国境沿いでの軍事行動と国際社会からの非難を受け、イスラエルはほかの摂取場所を選ぶことになりました。

7　①内部紛争の例には、2000年の中国のものがあります。この年、中国北部最大の自然湖沼・白洋淀からの水の使用と配分をめぐって、市民の不安が噴出しました。②水が政治的な道具として使われた好例は、1997年のシンガポールとマレーシアの事例です。③マレーシアはシンガポールの水の約半分を供給していますが、1997年、シンガポールによるマレーシアの政策批判に対する報復として、その供給を中断すると脅しました。④中東における明確な例には、ナイル川に関係して緊張関係にあるエジプトとエチオピアや、ユーフラテス川の水域をめぐって紛争になっているトルコ、イラク、シリアの事例があります。

8　①歴史的には、交戦中の国家や民族が敵を脅すために水資源を悪用し、井戸に毒を入れたり、必ずしも不足しているわけではない水の利用権を支配したりしました。②しかし最近の水をめぐる紛争は、本物の不足によって引き起こされています。

9　①これは心配な兆候です。②我々の自然環境は政治上の境界線を認識していないし、また我々も気候変動といった新たな環境課題に直面しているので、利用可能な資源を最適な形で利用できるようにするために、各国はより緊密に協力するべきです。③国のリーダーは、環境問題に対する理解を国内で促進し、環境政策が効果的に実行されるようにすべきです。④それはただ単に、まず真の理解を浸透させることもせずに、指示を伝えたり懲罰を課すだけのものであってはなりません。⑤国民を教育するのは、国家の責任なのです。

設問の訳・正解・解説

17 正解 Ⓓ　　MP3 239

教授が主に論じているのは何か。

Ⓐ 資源不足によって引き起こされる紛争
Ⓑ 資源が豊富な国の脆弱さ
Ⓒ 世界の水不足
Ⓓ 政治紛争における水の役割

解説　トピック問題。選択肢のすべてが講義内で触れられているが、「主に」論じているものが問われている点に注意。2 ②以降は、水資源の話で、とりわけ過去の紛争の事例とともに話が展開しているので Ⓓ が正解。Ⓐ は、ほかの資源も含めた話となり不適切。

18 正解 [A]、[D]　　MP3 240

教授によれば、アラブ遊牧民のダルフール南部への移住は何が原因か。2つ選びなさい。

[A] 砂漠化
[B] 民族分裂
[C] 内戦
[D] 干ばつ

解説　詳細理解問題。3 ②、③から判断できる。

19　　MP3 241

講義中、次の水資源に関わる出来事を教授が討議したかどうか示しなさい。正しい欄にチェックマークをつけなさい。

正解

	Yes	No
a. イスラエルはヨルダンのヨルダン渓谷に関する作意に反応した。	✓	
b. イスラエルは取水計画を変えなければいけなかった。	✓	
c. 主要河川の水の奪い合いは中国で内紛を引き起こした。		✓
d. マレーシアはシンガポールへの水の供給停止を検討した。	✓	
e. エジプトはトルコとイラクの紛争に加わった。		✓

解説　情報整理問題。6 全体で a. と b. について言及されている。7 で「シンガポールがマレーシアの政治批判をしたことによってマレーシアが水の供給を止めると迫った」とある。他の内容は言及されていない。

20 正解　Ⓑ　MP3 242

水が関与する紛争に関して、教授が示唆しているのは何か。

Ⓐ 基本的に近代的現象である。
Ⓑ さらに深刻化している。
Ⓒ その紛争に関して、しばしば環境保護主義者に責任がある。
Ⓓ アナリストや環境保護主義者は、その紛争を隠蔽しようとしている。

解説　推測問題。2 の③で「水に関する紛争はずっと以前から」のものと説明され、「水不足と国境をまたぐ水路をめぐる論争が、国際紛争を激化させている」とあり Ⓐ は誤り、Ⓑ が正解。4 の①で「アナリストや環境保護主義者」の言及があるが Ⓒ、Ⓓ の内容は含まれていない。

21 正解　Ⓐ　MP3 243

次のうち、資源不足に関する教授の見解を一番よく表しているのはどれか。

Ⓐ 国々がこの問題解決に力を貸すべきだ。
Ⓑ 水を保留している国は罰せられるべきだ。
Ⓒ 現時点では解決策を見つける望みを失っている。
Ⓓ それらは資源保有国の責任である。

解説　態度・意図問題。9 ②から1カ国だけの力ではなく、国々が協力し、問題理解と解決のための教育を施す必要があると述べている。

22 正解　Ⓒ　MP3 244

水に関する紛争について教授はどのように要点を整理しているか。

Ⓐ 起きた年代順に
Ⓑ 深刻さの低いものから高いものへ
Ⓒ 紛争のカテゴリーによって
Ⓓ 地理的な位置によって西から東に

解説　構成把握問題。5 で教授は、水に関する紛争の原因を、地理的条件などによる水不足と、政治的な交渉の道具として操作された結果の 2 つに分けて説明している。

実戦模試 4　講義 2 の語彙・表現

1

□ **conflict**	〔名〕紛争
□ **extraction**	〔名〕採取、抽出
□ **clear-cut**	〔形〕はっきりした
□ **vulnerable**	〔形〕傷つきやすい、攻撃されやすい

2

□ **ignite**	〔動〕発火させる
□ **freshwater**	〔形〕淡水の、真水の
□ **shortage**	〔名〕不足、欠乏
□ **dispute**	〔名〕論争

3

□ **simmer**	〔動〕くすぶる
□ **nomad**	〔名〕遊牧民、放浪者
□ **drought**	〔名〕干ばつ
□ **distribution**	〔名〕分配

4

□ **guarantee**	〔動〕保証する

5

□ **consequence**	〔名〕結果
□ **arise from**	〔動〕～から生じる
□ **threat**	〔名〕脅し
□ **genuine**	〔形〕本物の、真の
□ **scarcity**	〔名〕不足
□ **restriction**	〔名〕制限、限定
□ **extortion**	〔名〕強要
□ **abundant**	〔形〕豊富な

6

□ **irrigate**	〔動〕灌漑する
□ **commence**	〔動〕開始する
□ **drainage**	〔名〕排水
□ **swamp**	〔名〕湿地、沼地
□ **skirmish**	〔名〕小競り合い
□ **ensue**	〔動〕後に続く
□ **basin**	〔名〕流域
□ **military**	〔形〕軍事の

7

□ **unrest**	〔名〕（社会的な）不安、混乱
□ **erupt**	〔動〕噴出する、勃発する
□ **allocation**	〔名〕配分
□ **retribution**	〔名〕報復
□ **tension**	〔名〕緊張

8

□ **tribe**	〔名〕部族
□ **scarce**	〔形〕不足した

9

□ **challenge**	〔名〕課題
□ **optimum**	〔形〕最適の
□ **facilitate**	〔動〕促進する
□ **implement**	〔動〕実行する
□ **slap on**	〔動〕不用意に適用する
□ **instill**	〔動〕教え込む

実戦模試 4　ディスカッション 1 解答・解説

Discussion　Questions 23–28

正解一覧

23. Ⓑ　24. Ⓐ　25. [A]、[D]　26. Ⓒ　27. Ⓓ　28. Ⓐ

スクリプト

MP3 245

Listen to part of a lecture in an environmental science class.

1 **Professor:** ① OK, so let's pick up on our discussion from last week. ② Over the last month we've been looking at climate change. ③ In particular…erm…human contributions to these changes. ④ We've discussed acid rain, air pollution, global warming, greenhouse effects, and the melting of the ice caps. Q24 Key➡ ⑤ And as I mentioned at the end of last week's lecture, it seems like the human race is doing a good job of making our world uninhabitable! Q23 Key➡ ⑥ So to pick up where we were last week, let's continue with this theme of human influence on our environment and examine the processes involved in desertification. ⑦ We will look at certain locations around the world at increased risk…erm…to put it simply… where land turns to desert. ⑧ Or to define the process more academically as, "the process of fertile land transforming into desert, typically as a result of Q25. D Key➡ deforestation, drought or Q25. A Key➡ inappropriate agriculture." ⑨ North and South Africa, Australia, the Middle East, and the American Midwest are classified as being areas with a very high vulnerability to desertification, where land is being degraded…an erosion where the soil is lost as a result of human behaviour and also natural phenomenon.

2 **Student A:** ① Sorry Professor, but would you agree that parts of Europe could also be termed as areas of very high vulnerability? ② Some of the background reading I've done suggests this is the case.

3 **Professor:** ① That's a good point. ② Certainly Spain is classified as being highly vulnerable to desertification, but you'll note that my list focuses on the "very high" vulnerability range. ③ Now, remember that land provides us with food, so it is essential for our survival. ④ And as populations are increasing around the world, this is stretching resources to the limit. Q26 Key➡ ⑤ This rapid population growth needs land. ⑥ We need land for agriculture. ⑦ And this is where we can identify the main causes of desertification. ⑧ Land is overused for agriculture, and poor management in the herding of animals leads to the overgrazing of lands…which creates a loss

of vegetation in the land. Q27 Key ⑨ With the loss of vegetation, studies have emphatically shown that the environment suffers and soil erosion rates increase. ⑩ Add to these causes the insatiable human thirst for fuel and construction materials, and you get deforestation…another human effect contributing to desertification.

4 **Student B:** ① Doesn't Brazil have good reforestation programs to help with this though?

5 **Professor:** ① Yes, they and other countries have introduced such measures in an attempt to alleviate the issue, but to what extent have they been successful? ② Are reforestation rates at the level they need to be to really make an impact? ③ These are some of the questions we need to consider. ④ And this is a good example of a countermeasure I'd like you to come up with a bit later.

6 **Student B:** ① So, you're saying that reforestation programs are ineffective in reversing desertification?

7 **Professor:** ① I'm saying that the idea is good, yes. ② But we need to examine whether countries are fully committed to such a process and what levels are needed to really make a difference. ③ Coming back to my point…with the loss of vegetation and exposure to water and wind, the land cannot regenerate and this dry land becomes infertile and unproductive… ④ From soil to sand… ⑤ From land to desert. Q28 Key ⑥ Before we examine this process in more detail, I'd like you to get into groups of four. ⑦ Together think about ways this process can be prevented, and in your teams exchange views on potential countermeasures. ⑧ Then, we will go over your ideas in whole-class mini-presentations. ⑨ OK, so if you can get into your groups…

第5章 実戦模試

訳

環境学の授業での講義の一部を聞きなさい。

1 **教授**：①さあ、それでは先週からの議論を引き続き取り上げましょう。②先月は気候変動を見てきました。③特に…、えー…、こうした変動に対する人為的な要因ですね。④酸性雨、大気汚染、地球温暖化、温室効果、氷冠の融解について議論してきました。⑤そして、先週の講義の終わりに述べたように、人類は私達の世界を居住不可能にするといういい仕事をしているようです！⑥では、先週やったところから、環境に対する人間の影響というこのテーマを続けて、砂漠化に関わるプロセスを調べてみましょう。⑦世界で危険性が高まっている特定の地域…、えー…、簡単に言うと…、地面が砂漠になっている場所を見てみましょう。⑧より学問的にこのプロセスを定義すると「一般的には森林伐採や干ばつ、不適切な農耕の結果、肥沃な土地が砂漠へと変化するプロセス」となります。⑨アフリカの北部と南部、オーストラリア、中東、そしてアメリカの中西部は、砂漠化に対する脆弱性の高い地域として分類されていて土地が劣化しています。人間の行動と自然現象の結果として土壌が失われている浸食ですね。

2 **学生A：**①すみませんが教授、ヨーロッパの一部も非常に脆弱性が高い地域と言えるかもしれないということには賛成なさいますか。②私が読んだ背景資料の一部は、そうであると示唆していました。

3 **教授：**①よい指摘ですね。②確かにスペインは砂漠化に対する脆弱性が高いと分類されますが、私のリストは脆弱性の範囲の「非常に高い」場所を中心にしていることに注意してください。③さて、大地は私達に食料を提供してくれるので、私達の生存のために不可欠ですよね。④そして、世界中で人口が増加しているので、このことで資源が限界に達しつつあります。⑤この急速な人口増加は土地を必要とします。⑥私達は農業をするために土地が必要です。⑦この点が、砂漠化の主な原因を特定できるところなのです。⑧農業のために土地が酷使され、家畜のずさんな管理が過度な各地の放牧につながり…、その土地の植生が失われます。⑨植生の喪失により環境が被害を受け、土壌の侵食率が高まっていることが研究によってはっきりと示されています。⑩こうした原因に加え、燃料や建築資材を得たいという人間の飽くなき欲求により、森林伐採が起こります。これが、砂漠化の原因であるもう1つの人為的影響です。

4 **学生B：**①でも、ブラジルにはこの状況に対処するのに適した森林再生プログラムがあるのではないですか。

5 **教授：**①ええ、ブラジルやその他の国々はこの問題を緩和しようと、そのような対策を導入してきていますが、それらはどの程度成功しているでしょうか。②森林再生の速度は、本当に効果を生じるのに必要なレベルに達しているでしょうか。③こうしたことは、私達が検討すべき問題の一部です。④そして、これは、皆さんに後ほど考え出していただきたい対策のよい例です。

6 **学生B：**①では、森林再生プログラムは砂漠化を覆すのに無効であるとおっしゃっているのですか。

7 **教授：**①アイディアはよいでしょうね、確かに。②しかし、各国がそのような措置に全力で取り組んでいるのかどうか、そして本当に変化を起こすためにはどの程度のレベルが要求されるのかを検証しなければなりません。③私が話していた点に戻りましょう。植生の消失を伴って水と風にさらされると、土地は再生できなくなり、この乾燥した土地は痩せ、非生産的になります…。④土壌が砂となって…。⑤土地が砂漠になるのです。⑥より詳しくこの過程を調べる前に、皆さんには4人ずつのグループになってもらいましょう。⑦チーム内で一緒にこのプロセスを防げる方法について考えて、可能性のありそうな対策に関して意見を交換してください。⑧その後、クラス全体のミニプレゼンテーションで皆さんの考えを見直していきます。⑨それでは、自分のグループに入れたら…。

設問の訳・正解・解説

23 正解 Ⓑ　MP3 246

主に何についての講義か。

Ⓐ 環境問題の解決策
Ⓑ 地理的なプロセスの詳細
Ⓒ 農業における人間の役割
Ⓓ 過剰な人口を削減する方法

解説　トピック問題。教授は、1 ②から④で「先月は酸性雨、大気汚染、地球温暖化、温室効果、氷原の融解など気候変動の人為的要因を扱ってきた」と述べた後、⑥で「先週の続きとして砂漠化に関わるプロセスを取り上げよう」と言っている。複数の環境問題ではなく、砂漠化だけを取り上げるので、Ⓐ ではなくⒷ が正解。

24 正解 Ⓐ　MP3 247

地球環境に対する人間の影響について教授は何を示唆しているか。

Ⓐ 私達が環境問題の要因になっている。
Ⓑ 私達は地球温暖化を止める方法を検討してきた。
Ⓒ 私達は環境を救済するために雇用を創出する必要がある。
Ⓓ 私達は地球の生態系にもっと優しくなるべきである。

解説　推測問題。1 ⑤「先週の講義の終わりに述べたように、人類は私達の世界を居住不可能にするといういい仕事をしているようです！」という発言から教授が環境悪化の原因が人為的であると考えていることがうかがえるので Ⓐ が正解。ほかの選択肢の根拠となる発言はない。

25 正解 [A]、[D]　MP3 248

砂漠化の原因として教授の定義に含まれるものは次のうちどれか。2 つ選びなさい。

[A] 好ましくない農作業
[B] 降水量の増加
[C] 砂嵐の危険性
[D] 樹木の伐採

解説　詳細理解問題。1 ⑧で砂漠化が「一般的には森林伐採や干ばつ、不適切な農耕の結果、肥沃な土地が砂漠へと変化するプロセス」と定義されている。3つの原因のうち2つを言い換えた [A] と [D] が正解。

26 正解　Ⓒ　MP3 249

なぜ教授は人口増加に言及するのか。

Ⓐ 砂漠化の必要性を強調するため
Ⓑ なぜ植生が重要なのか示すため
Ⓒ あるプロセスにおける人類の役割を説明するため
Ⓓ 気候変動の一例を示すため

解説　構成把握問題。教授は、3 ⑤から⑧にかけて、砂漠化のプロセスの最初の段階として「人口増加により農業のために土地が酷使される」と指摘しているので Ⓒ が正解。

27 正解　Ⓓ　MP3 250

教授によれば、なぜ植生の減少が問題なのか。

Ⓐ 植生は土地の過放牧を助長する。
Ⓑ 多くの建設資材は植生から作られている。
Ⓒ 植生は農業にとって有益である。
Ⓓ 植生の欠如が土壌の劣化を加速化させる。

解説　詳細理解問題。教授は、3 ⑨で「植生が失われると土壌の浸食が進む」と発言しているのでⒹが内容的に一致する。Ⓒはもっともらしい内容だが言及されていないので不可。

28 正解　Ⓐ　MP3 251

講義の最後に教授は学生らに何をするよう指示したか。

Ⓐ 砂漠化を止め覆す方法を議論する
Ⓑ 砂漠化を促進するためのアイディアを提示する
Ⓒ 砂漠化を防止する方法についてメモを取る
Ⓓ 砂漠化に対抗するためのアイディアについて個々に考える

解説　詳細理解問題。7 ⑥から⑦で「砂漠化を防ぐための対策をグループで考えるように」指示しているので Ⓐ が正解。

実戦模試４　ディスカッション１の語彙・表現

1

□ **pick up on**	〔熟〕（議論などを）継続する
□ **acid rain**	〔名〕酸性雨
□ **ice cap**	〔名〕氷冠（地球の両極地帯にある氷）
□ **uninhabitable**	〔形〕居住に適さない、居住不能な
□ **fertile**	〔形〕肥沃な
□ **deforestation**	〔名〕森林伐採
□ **drought**	〔名〕干ばつ
□ **vulnerability**	〔名〕脆弱性
□ **degrade**	〔動〕悪化する、低下する
□ **erosion**	〔名〕浸食

3

□ **vulnerable**	〔形〕（攻撃や被害などを）受けやすい、脆弱な
□ **herd**	〔動〕（家畜の）世話をする
□ **overgrazing**	〔名〕過放牧
□ **emphatically**	〔副〕断然に、きっぱりと
□ **insatiable**	〔形〕飽くことのない、貪欲な
□ **contribute to**	〔動〕～の原因になる、～に貢献する

4

□ **reforestation**	〔名〕森林再生

5

□ **alleviate**	〔動〕（苦痛などを）軽減する
□ **countermeasure**	〔名〕対応策、対抗手段
□ **come up with**	〔熟〕(考えなどを）思いつく

7

□ **regenerate**	〔動〕再生する
□ **go over**	〔動〕調べる、検査する

[編著者紹介]

トフルゼミナール
1979年に英米留学専門予備校として設立以来、TOEFL、TOEIC、IELTS、SAT、GRE、GMATなど海外留学のための英語資格試験対策や渡航準備などを通し、多くの海外留学を目指す学習者をサポート。国内大学受験においては、東京外国語大学、早稲田大学国際教養学部、上智大学国際教養学部、ICUなど英語重視難関校対策や、AO・推薦入試のための英語資格試験対策、エッセイ指導等を行っている。

執筆協力: Markus Lucas, Michael McDowell, Geoff Tozer, Cameron High,
: R.A.Paulson, 小沢芳、髙橋由加梨
編集協力:飯塚香、山田広之
本文デザイン・DTP:有限会社トゥエンティフォー
装丁:佐藤真琴(株式会社鷗来堂 組版装幀室)
録音・編集:株式会社ルーキー
ナレーター: Howard Colefield, Peter von Gomm, Deirdre Ikeda, Edith Kayumi,
: Josh Keller, Rumiko Varnes

TOEFL® テスト集中攻略リスニング 改訂版

発行　　　　：2021年　3月10日　改訂版第1刷
　　　　　　：2022年12月20日　改訂版第2刷

編者　　　　：トフルゼミナール
発行者　　　：山内哲夫
企画・編集　：トフルゼミナール英語教育研究所
発行所　　　：テイエス企画株式会社
〒169-0075
東京都新宿区高田馬場1-30-5　千寿ビル6F
TEL　(03) 3207-7590
E-mail　books@tseminar.co.jp
URL　https://www.tofl.jp/books
印刷・製本　：図書印刷株式会社

ISBN978-4-88784-261-8　Printed in Japan